Niedersachsens Wälder im Wandel

Vom Raubbau zur Nachhaltigkeit

Herausgegeben von den
Niedersächsischen Landesforsten

Husum

Umschlaggestaltung unter Verwendung von Motiven aus dem Buch

Bibliografische Information der Deutschen Nationalbibliothek

Die Deutsche Nationalbibliothek verzeichnet diese Publikation in der Deutschen Nationalbibliografie; detaillierte bibliografische Daten sind im Internet über http://dnb.dnb.de abrufbar.

Gedruckt mit Papier aus nachhaltiger Waldbewirtschaftung

© 2014 by Husum Druck- und Verlagsgesellschaft mbH u. Co. KG, Husum
Gesamtherstellung: Husum Druck- und Verlagsgesellschaft
Postfach 1480, D-25804 Husum – www.verlagsgruppe.de
ISBN 978-3-89876-688-3

Inhaltsverzeichnis

Vorwort 7

EINE HÖLZERNE ZEIT 9

Friederike von Hasbruch – Eine Urahnin der Wälder ... 10

Wer den Harz hat, hält den Schlüssel zur Macht in der Hand –
Politik und Ressourcen im niedersächsischen
Raum zwischen 1200 und 1600 13

„Meine Zeit mit Unruhe" –
Der „wilde Heinze" von Wolfenbüttel 23

Zwischen Landeswohl und Reformation –
Der Streit um den Rammelsberg im Harz 25

Eine erste Holzordnung für den Wald 30

Eine Frage für ein Jahrhundert:
Wie lange reicht das Holz noch? –
„Dan die Höltzunge sein der Bergkwercke Hertze
und des Fürsten Schatz" 32

Dem Himmel so nah –
Die größte Holzkirche aus Harzer Mondholz 37

DIE ENTDECKUNG DER NACHHALTIGKEIT 41

Die Evolution des Nachhaltigkeitsgedankens
in der Bewirtschaftung des Harzes 42

Hans Carl von Carlowitz 50

Heinrich Albert von dem Busche 53

Die Oberharzer Wasserwirtschaft –
heute ein UNESCO-Weltkulturerbe 56

Die Vermessung der Welt – und ihrer Wälder 58

Johann Georg Ludwig von Langen 68

Das Wirken des Johann Georg L. von Langen 69

In „von Langens Fußstapfen" 76

SÄULEN DER NACHHALTIGKEIT 83

WALD UND WIRTSCHAFT 87

Eine Welt aus Holz –
Fachwerkarchitektur in Niedersachsen 88
Fachwerkhäuser in Niedersachsen 90
Das Zimmerhandwerk im Braunschweiger Land ... 92
Die Echternstraße Nr. 8 – Ein Beispiel für
Nachhaltigkeit im Holzbau 96

Nadelwäldern gehört die Zukunft –
Neue Wälder unter anderen Vorzeichen 99

Von der Sollingbuche zum Kinderstuhl –
Holzmöbel made in Germany 104

„... zum Besten vor anderen Büchen-Holtz am
theuresten zu versilbern 106

„Ohne ihn wäre Beethoven unerhört ..." –
Den guten Ton macht immer noch das Holz 108

Moderne Holzarchitektur im Herzen des Solling –
Deutschlands Waldgebiet des Jahres 2013 110

WALD UND UMWELT 114

„De Wind, de weiht ..." – Eine alte Ehrhorn-Sage 117

Die „edle Wildnis" –
Über die Anfänge des Naturschutzes 118

Von der Naturbewegung zur Wissenschaft 123

Urwälder entwickeln – Eine Idee wird Wirklichkeit ... 124

Der Hasbruch – Ein Kleinod unter den alten
Wäldern Nordeuropas 128

Die Krickmeere – Eine Natur aus zweiter Hand 134

Die Rückkehr in den naturnahen Wirtschaftswald 142

WALD UND GESELLSCHAFT 153

Harzreise im Winter –
Über eine berühmte Winterwanderung des
Herrn Goethe mit Förster Degen 154

Waldesruh und Waldeslust –
Oder wenn alle Menschen die Ruhe des Waldes suchen .. 158

„Wie man die Witwen und Kinder … versorgen könnte" –
1713 – Das Jahr einer ersten Sozialversicherung 164

Waldarbeit im Wandel 166

Erd-Äpfel gegen die Armut im Harz 168

DichterWald – Literarische Streifzüge 170

Kahlschläge, Waldsterben und „Totes Holz" 176

„Quimburga" – Ein Orkan wütet 1972 über
Niedersachsen 182

1972 – „Die Grenzen des Wachstums" 186

LÖWE – die „Langfristige Ökologische Waldentwicklung"
Ein Programm für die Niedersächsischen
Landesforsten 191
Die Vorgeschichte von LÖWE 191
Das LÖWE-Programm 197
25 Jahre LÖWE werden sichtbar 198
Für den Klimawandel vorbereitet 199

Nachhaltigkeitskriterien für die Wälder in Europa 200

WÄLDER VON MORGEN 205

Waldland Niedersachsen 206

Die Farbe des Wachstums 208

An der Schwelle zum solaren Zeitalter 210

„Mensch – Natur – Technik" 212

Die Intelligenz der Bäume 216

Den Nachwuchs sichern 218

Bildung für Nachhaltige Entwicklung 220

„Schulwälder gegen Klimawandel" 222

Arbeitsplatz Wald 224

Mensch – Natur –Technik 226

Der Alltag aus Holz 228

Indian Summer in Niedersachsen 230

Der Wald der Individualisten 232

Waldwege für die Gesundheit 234

Zurück in die Zukunft – Urwälder von morgen 236

Moore und Moorwälder 238

Trinkwasserqualität sichern 240

Ressourcen naturnah nutzen 242

Bestattungskultur im Wald 244

Multifunktionale Forstwirtschaft 246

Anmerkungen 248
Literaturverzeichnis 249
Autorenverzeichnis 250
Abbildungsnachweis 252

Vorwort

Liebe Leserinnen und Leser,

unsere niedersächsischen Wälder sind von faszinierender Schönheit!

Ob Harz oder Heide, ob der Solling an der Weser, der Teutoburger Wald im Westen, die Göhrde im Nordosten oder der nördlichste Wernerwald bei Cuxhaven – jedes dieser Waldgebiete hat einen ganz eigenen Charakter. Alle diese Wälder haben im Laufe der Jahrhunderte einen großen Wandel erfahren, weil sie den verschiedenen Epochen mit ihren unterschiedlichen Bedürfnissen gedient haben. In ihrem heutigen Zustand spiegelt sich deshalb die Geschichte der dort lebenden Menschen. Auch heute scheint die Spannung, die zwischen romantischen Bildern und eher mystischen Vorstellungen und den Segnungen ihrer Nutzung als Erholungsraum, aber auch als Quelle eines fantastischen Rohstoffes sowie als Landschafts- und Naturraum bestehen, größer denn je. Werden die Wälder von unseren vielfältigen Ansprüchen überfordert? Sind sie gar bedroht? Dieser Frage nachzuspüren, und das mit der Hilfe einer Reihe von Fachleuten, die aus ganz unterschiedlichen Blickwinkeln auf und in den Wald schauen, war ein reizvolles Anliegen. Ein besonderes Jahr bot sich dafür an.

300 Jahre gelebte Nachhaltigkeit

Pro Lebensjahr wächst ein Baum um einen Jahrring von etwa einem Millimeter bis zu einem Zentimeter Breite. Förster pflanzen deshalb Bäume ohne jede Aussicht auf eigenen Ertrag, der kommt immer erst späteren Generationen zugute. Oder wie Antoine de Saint-Exupéry es einmal ausgedrückt hat: „Wenn man eine Eiche pflanzt, darf man nicht die Hoffnung hegen, nächstens in ihrem Schatten zu ruhen."

Förstern ist damit ein Denken in Zeitspannen zu eigen, welches sie von anderen Berufsgruppen unterscheidet. Dieses langfristige Denken wurde jedoch erst wichtig, als die Wälder im Zuge eines ungeregelten Raubbaus fast völlig verschwunden waren. Aus der Not heraus hat der Berghauptmann Hans-Carl von Carlowitz im Jahr 1713 den Begriff der Nachhaltigkeit und damit eine Vision für den Wiederaufbau der zu dieser Zeit ausgeplünderten Wälder formuliert. Es bedurfte danach großer Anstrengungen und mehrerer Jahrhunderte, die Wälder wieder aufzubauen. Dieses ist in Deutschland gelungen. Nachhaltigkeit bedeutet seitdem vor allem Selbstbeschränkung. Sie bedeutet den Verzicht auf ein kurzfristig realisierbares Übermaß an Holznutzungen mit dem Blick auf den langfristigen Nutzen der Wälder für zukünftige Generationen. Damit ist der Gedanke heute aktueller denn je.

„Vorausschauend aus Tradition" – Eine Brücke in die Zukunft

Wird Nachhaltigkeit durch den Blick in die Vergangenheit verständlich, so ist sie vor allem für die Zukunft wichtig. „Vorausschauend aus Tradition" war denn auch das Motto des forstlichen Nachhaltigkeitsjahres 2013 überschrieben. Nachhaltige Forstpraxis bedeutet einen großen Wissensschatz. Er ist auch für die nächsten Jahrhunderte unverzichtbar, weil die Herausforderungen nicht kleiner werden: Holz wird als nachwachsender Rohstoff für eine auf 10 Milliarden Menschen anwachsende Weltbevölkerung an Bedeutung gewinnen. Wälder bedeuten jedoch mehr: Luft zum Atmen. Klimaschutz und Kohlenstoff-Senke. Sauberes Trinkwasser. Rückzugsraum bedrohter Tier- und Pflanzenarten. Erholungsraum für Ruhe suchende Menschen. Natur. Artenvielfalt. Biodiversität. Energie. Seit Beginn der 90er-Jahre ist die Nachhaltigkeitsidee deshalb weiterentwickelt worden. Als sogenanntes „Dreisäulenmodell" hat sich ein Nachhaltigkeits-Leitbild mit seinen ökonomischen, ökologischen und sozial-kulturellen Aspekten weltweit etabliert.

Dieser Bildband folgt den Spuren der Nachhaltigkeit. Er beschreibt den zeitgeschichtlichen Nährboden, auf dem nachhaltige Denkweisen gedeihen konnten. Zahlreiche namhafte Autoren erzählen Geschichten aus ihren Blickwinkeln, die den Leser – auch dank vieler bislang unveröffentlichter Archivdokumente, historischer Gemälde, Karten und Skizzen - die Entwicklung der Wälder und ihrer Bedeutung für die jeweilige Gesellschaft „miterleben" lassen.

Allen Lesern wünschen die Autoren ein großes Lesevergnügen.

Klaus Merker

EINE HÖLZERNE ZEIT

„Nie hat es vorher oder auch nachher wieder eine verfasste Wirtschaft und Gesellschaft gegeben, deren Existenz so entscheidend vom Holz abhing."

*Walter Kremser in seiner
Niedersächsischen Forstgeschichte (1990)*

Friederike von Hasbruch

Eine Urahnin der Wälder

Kein anderer Baum in Niedersachsen hat so weit zurückreichende Erinnerungen wie die Friederikeneiche. Wer als Baum so alt geworden ist wie diese Eiche im Hasbruch, einem Waldgebiet bei Oldenburg, der erhält von den Menschen einen Namen. Etwa 1200 Jahre ist sie alt. Genauer lässt es sich nicht sagen, nur schätzen. Viele Bäume dieses Alters gibt es in Niedersachsen und auch in ganz Deutschland nicht mehr. Vermutlich könnte sie noch als eine der wenigen erzählen, wie „Urwälder" in Niedersachsen einmal ausgesehen haben. Aber auch in ihrer Kindheit wurden diese echten und unberührten Urwälder, wie sie die Römer als älteste Quelle noch als unendlich und undurchdringbar beschrieben haben, schon seltener.

Im hiesigen Germanien gibt es niemanden, der behaupten könnte, er sei bis an das Ende dieses Waldes gekommen, wenn er auch 60 Tage ununterbrochen gewandert wäre, oder der auch nur vernommen, wo dieser Wald endet.
(Cäsar, ca. 50 v. Chr., über das Waldgebiet, das sich vom rheinischen Schiefergebirge, das hessische Bergland, den Harz, den Thüringer Wald, das Erzgebirge bis zu den Sudeten erstreckte.)

Das Land zeigt zwar im Einzelnen einige Unterschiede; doch im Ganzen macht es mit seinen Wäldern einen schaurigen, mit seinen Sümpfen einen widerwärtigen Eindruck.
(TACITUS; 70 n.Chr. über die Natur Germaniens.)

So also kann man sich die noch unberührten Urwälder im heutigen Niedersachsen vorstellen. Während die lichten Eichenwälder wegen ihres dichten Unterwuchses wohl kaum passierbar waren, waren dunkle und geschlossene Buchenwälder vermutlich noch einigermaßen wegsam. Vor allem in Nordwestdeutschland erstreckten sich zudem ausgedehnte und unpassierbare Moor- und Sumpflandschaften. Wasserläufe bildeten als natürliche „Wasserstraßen" Erschließungslinien in die Urwälder hinein. An ihnen konnte man sich ebenso orientieren wie an den Höhenzügen.
Die beiden Gemälde „Eichwald" und „Buchenwald" von Robert Zünd von 1859 vermitteln einen Eindruck, wie alte und weitgehend unberührte Eichenwälder und Buchenwälder ausgesehen haben können.
Wald war zu dieser Zeit pure Wildnis, die der Natur mit viel Mühe abgerungen werden musste, wollte man siedeln oder gar Ackerraum gewinnen. Anschließend musste der gewonnene Raum mit allen Mitteln gegen die Kräfte der Natur verteidigt werden. Die Natur erobert den Raum

Eine Urahnin der Wälder – Friederike von Hasbruch

Die beiden Gemälde „Eichwald" und „Buchenwald" von Robert Zünd von 1859 vermitteln einen Eindruck, wie alte und weitgehend unberührte Eichenwälder und Buchenwälder ausgesehen haben können.

rasend schnell zurück, wenn der Mensch sie lässt. Dies ist auch heute noch so.

Der Wald bzw. ein Eigentum an ihm waren zunächst nicht von großem Wert. Sein Wert bestand in der allgemeinen Lebensgrundlage, die er bot, nicht aber in einer Einnahmequelle. Man lebte von ihm. Wald war Speisekammer und Vorratskammer, lieferte Baumaterial und Brennstoff, Holz für die Werkzeuge und Gefäße, Beeren, Pilze, Honig für die Küche, Heilkräuter für die Hausapotheke. Er mästete die Schweine mit Bucheckern und Eicheln, die Ziegen und Schafe mit den grünen Trieben des Unterholzes. Und Wald konnte auch Grenzen zwischen verschiedenen Stämmen bilden. Sesshaft wurden die „Germanen" erst allmählich. Und so viele Menschen, dass die Wälder knapp werden könnten, gab es in dieser Zeit nicht. Was unberührt und im Überfluss vorhanden ist, kann von allen im notwendigen Maße genutzt werden. Jeder nimmt so viel, wie er braucht. *Nothdurft* nannte sich dies später.

Für den Winter wird Brennholz benötigt, die Eichen selbst müssen Mast für die Schweine tragen, damit sie fett werden können. Nur die absterbenden Äste – das dürre Holz – der Eichen werden abgeschlagen. Esel tragen das Holz ins Dorf. Schweinemast und Brennholznutzung sind zwei der wichtigsten Bedeutungen des Waldes im Mittelalter.

Da der Energieaufwand für die Waldrodungen sehr hoch war und die verfügbaren manuellen Kräfte überstieg, wurde vor allem dort gesiedelt und geackert, wo natürliche Blößen oder Geländeausformungen dies einfacher ermöglichten.

Erst durch die technische Weiterentwicklung wurden natürliche Energiegrenzen überwunden. Vom Steinbeil zur Stahlaxt, von der Handsäge zur Motorsäge und zum Harvester waren Quantensprünge, aber die benötigten, wie wir heute wissen, Jahr-

EINE HÖLZERNE ZEIT

Der Wald diente der Schweinemast.

somit – das ist bis heute so geblieben – auch Waldgeschichte.

Die Wälder dienten zunehmend den Bedürfnissen einer wachsenden Bevölkerung. Rodungs-, Siedlungs- und Wüstungsperioden wechselten aneinander ab. Die Landschaft veränderte sich und mit ihr die Wälder, die dort wachsenden Bäume, die Art der Nutzung. Aus dieser Zeit wüsste Friederike von Hasbruch wohl einiges zu berichten, da sie in einem Mittelwald vermutlich genau diesem Zweck dienen sollte: den Schweinen und Rindern zur Mast, den Menschen als dürres Holz und am Ende aber auch starkes Bauholz.

hunderte. Unterhalb der Siedlungen zu den Flussläufen hin konnte das Vieh weiden, oberhalb wurde Ackerbaufläche gewonnen.

Die sich erst allmählich herausbildenden Lehnsherren nahmen zunehmend besondere Rechte wahr, erhielten von ihrem Lehnsgeber im Gegenzug aber auch besondere Pflichten. Um diese finanzieren zu können, erhielten sie einen Anteil an den Naturalerträgen ihrer Lehen. Wald bekam in diesem Sinne letztlich erst durch die Rodung einen Tausch-, Verkaufs- oder Ertrags-Wert. Deshalb wurde er von den Landesherren im 1. Jahrtausend noch gerne zum Zwecke der Urbarmachung und Ansiedlung an Untertanen verschenkt oder verliehen, um zumindest einen Zehnten als Ertrag aus den folgenden Landnutzungen in die grundherrschaftliche oder fürstliche Kasse eintreiben zu können. Siedlungsgeschichte ist

Kulturhistorisch gepflegter Mittelwald. Die Landesforsten pflegen heute kulturhistorisch wertvolle Mittelwälder in ihrer ursprünglichen Form, wie hier bei Liebenburg im nördlichen Vorharz.

WER DEN HARZ HAT, HÄLT DEN SCHLÜSSEL ZUR MACHT IN DER HAND

Politik und Ressourcen im niedersächsischen Raum zwischen 1200 und 1600

Brage Bei der Wieden

Die Sage von Wieland dem Schmied ist uns – um 1300 – in einer Fassung aus dänischer Perspektive überliefert: Über Seeland herrschte der Riese Wate, der seinen Sohn Wieland (Völund) zu einem kunstfertigen Schmied ausbilden lassen wollte. Er nahm seinen Sohn und setzte ihn, als sie den Grønsund, der die Inseln Møn und Falster voneinander trennt, erreichten, auf seine Schultern und durchquerte das Meer zu Fuß. „Weiter", heißt es, „war von der Reise nichts zu sagen."

Endlich erreichten sie den Berg Kallova. Dort lebten zwei Zwerge, die es besser als alle anderen Menschen oder Zwerge verstanden, Metalle zu bearbeiten. Bei ihnen ging Wieland in die Lehre. Als die Zwerge ihm später nach dem Leben trachteten, erschlug er sie. Er kehrte in den Berg zurück, belud ein Pferd mit dem Handwerkszeug der Zwerge und so viel Gold und Kostbarkeiten, wie er fortschaffen konnte. Dann wandte er sich nach Norden. Nachdem er drei Tage lang gewandert war, erreichte er die Weser. Da er nicht übersetzen konnte, blieb er eine Zeit lang am Ufer des Flusses in einem großen Wald. Dort suchte er einen starken Baum, den er fällte und aushöhlte, sodass ein Einbaum entstand. Wieland fügte Glasscherben als Fenster ein, packte Werkzeug und Schätze in den Einbaum und ließ ihn zu Wasser. Sich selbst legte er hinein und verschloss den Einbaum von innen. So trieb er in 18 Tagen bis Jütland.[1]

Kurz skizziert so die Sage Nordwestdeutschland vor der Phase der Städtegründungen im 12. Jahrhundert. Eine ebene Landschaft, von der nicht viel zu sagen war, also den angrenzenden Gegenden Dänemarks ganz ähnlich. Wo immer möglich breiteten sich sicherlich Getrei-

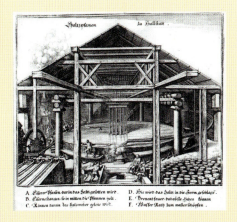

Lüneburg um 1740. Die Stadt Lüneburg verdankt ihre Entwicklung und ihren Reichtum dem Salzvorkommen. Um die Salzpfannen auf Temperatur zu halten, wurden jedoch Unmengen von Holz benötigt. Diesem Bedarf fielen die großen Waldungen des nordöstlichen Niedersachsens zum Opfer (s. a. S. 14). Das Holz wurde im Lüneburger Hafen abgeladen. Der Einblick in eine Salzsiederei zeigt den vor der Tür gelagerten Holznachschub und die Öfen für die Verbrennung.

defluren und Wiesenland aus. Erst die Mittelgebirge, die im Süden anschlossen, boten ein anderes Bild. Dort wurde Metall gewonnen und verarbeitet; es entwickelte sich ein kunstreiches Handwerk. Und es ist in diesem Zusammenhang ohne Bedeutung, ob der Erzähler den Harz meinte, den Meißner mit der Kalbe oder Balve im Sauerland. Spätere Passagen der Sage lassen erkennen, dass Wieland gelernt hatte, Eisen mit Stickstoff anzureichern – zu nitrieren – und so zu härten. Der Weserstrom trieb Wielands Einbaum zurück nach Norden, und wir erfahren von einem ausgedehnten Wald am Ufer des Flusses: Nennen wir ihn Solling, Kaufunger Wald oder Süntel (unter diesem Namen begriff man im Hochmittelalter auch die umliegenden Berge und Bergketten). Schließlich besaß Wieland

Unter Karl dem Großen (747–814) wurden erste Wälder im heutigen Niedersachsen zu königlichem Sondergut erklärt.
Ein Kapitular Karls des Großen von 813 steht für die älteren „hoheitlichen" Holzregelungen. Es heißt darin, dass Forestarii (Forstbeamte) die Forsten schützen und Wild und Fische bewachen sollen: „Wo aber Wälder sein müssen, da sollen die forestarii nicht zugeben, dass sie zu sehr behauen und verwüstet werden."

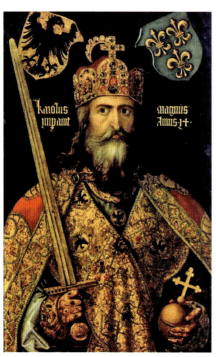

Glasscherben. Die Verwendung von Fensterglas außerhalb des sakralen Bereichs war bis in 15. Jahrhundert noch durchaus ungewöhnlich, sodass Wieland anscheinend zwei technische Innovationen nach Dänemark brachte: eine verbesserte Stahlerzeugung und die Verwendung von Fensterglas. Sowohl für die Eisen- wie für die Glasproduktion braucht man Holz in großen Mengen, wie die Wälder der niedersächsischen Mittelgebirge es verfügbar machen konnten.

Neben den Bergwerken gewannen schon sehr früh Salinen eine große politische und wirtschaftliche Bedeutung. Gerade im südlichen Niedersachsen konzentrieren sich zahlreiche Salzquellen. Die Salinen in Bodenfelde, Salzdahlum, Schöningen und Lüneburg arbeiteten schon vor dem Jahr 1000. Nirgendwo in Mitteleuropa war die Salzproduktion bedeutender als in Lüneburg. Zur Salzgewinnung wurde die Sole in großen Pfannen aus Metall eingedampft. Um in den Feuerungsanlagen die notwendigen Temperaturen zu erreichen, musste Holz verbrannt werden: ein Bedarf, der maßgeblich zur Entwaldung der heutigen Lüneburger Heide führte.

Hugo von Sankt Viktor († 1141), ein außerordentlich einflussreiche Theologe, der in Paris das Wissen seiner Zeit systematisierte, kam vom nördlichen Harzrand. Er beschrieb neben den sieben freien auch sieben technische Künste: die Wollverarbeitung, die Waffen- und Werkzeugherstellung, die Schifffahrt, die Landwirtschaft, die Jagd, die Medizin und die Schauspielkunst. Damit unterscheidet er nicht – wie heute üblich – Wissenschaft von Kunst und Handwerk, sondern Wissensbereiche, die vertiefte, spezifische Kenntnisse und Fertigkeiten verlangten. In gewerblicher Hinsicht handelte es sich um Textilproduktion und Metallverarbeitung. Diese beiden Wirtschaftszweige wurden zur Domäne der Handwerker in den Städten: Bereichen einer eigenen Herrschaftsstruktur im sonst feudal organisierten Umland.

Wir haben uns der Geschichte des nordwestlichen Deutschland und der Herrschaftsverhältnisse aus einer ökonomischen Perspektive angenähert und müssen jetzt genauer hinsehen. Herrschaft leitete sich ab von Königsrechten, von kirchlichen Rechten (nicht zuletzt der geistlichen Jurisdiktion und dem Zehntrecht), Verleihungen von Ämtern und Besitz, schließlich dem Eigentum an Land und Leuten. Daneben bestanden Gewohnheiten und Ansprüche, die umsetzte, wer über die notwendigen Machtmittel besaß. Noch gab es kein staatliches Gewaltmonopol, nur Friedensgebote, und ein Mörder und Totschläger wie Wieland der Schmied heiratete die Königstochter. Die Königsrechte beruhen auf der fränkischen Okkupation Sachsens: des heutigen Niedersachsens und Westfalens. Karl der Große hatte Grafen als regionale Amtsträger einsetzen lassen, deren Amt im Laufe der Zeit der Feudalisierung unterlag – ebenso wie das übergeordnete Amt des Herzogs, mit dem sich gerade in Sachsen auch hergebrachte Traditionen und Erwartungen verbanden. Einige nutzbare Rechte behielt der König sich zunächst selbst vor: das Bergrecht, das Münzrecht, das Zollrecht, auch einige Wälder und Heiden zum Zwecke der repräsentativen Jagd auf Rot- und Schwarzwild. Im heutigen Niedersachsen wurden der Bramwald und der Kaufunger Wald inforestiert – zu königlichem Sondergut erklärt –, weite Teile des niedersächsischen Berglandes, der Harz und der Reinhardswald. Für die südliche Lüneburger Heide und das Harzvorland sind Einforstungen bekannt, ebenso für das Osnabrücker Land und die Bremer Geest. Ein Kapitular Karls des Großen von 813 steht für die älteren „hoheitlichen" Holzregelungen. Es heißt darin, dass Forestarii (Forstbeamte) die Forsten schützen und Wild und Fische bewachen sollen: „Wo aber Wälder sein müssen, da sollen die forestarii nicht zugeben, dass sie zu sehr behauen und verwüstet werden."

Berg- und Münzrecht hatten eine große

Politik und Ressourcen im niedersächsischen Raum zwischen 1200 und 1600

Otto-Adelheid-Pfennig. Um das Jahr 1000 waren Otto-Adelheid-Pfennige, so genannt nach Kaiser Otto dem Großen und seiner Gemahlin Adelheid, im Norden Europas weit verbreitet. Die Münze wurde in einer Münzstätte im Harz geschlagen. Sie zeigt ein Kreuz mit dem Namen O-D-D-O in den Kreuzwinkeln. Die Umschrift der Rückseite lautet ATEAHLHT. Die Darstellung zeigt eine stilisierte Kirche, die sogenannte Holzkirche. Wie das Salz in der Heide war im Harz das Silber die Quelle des Reichtums. Dafür mussten die Wälder weichen.

Bedeutung für die wirtschaftliche Entwicklung des Harzes. Die überlegene Stellung der liudolfingisch-ottonischen Familie im Reich hatte ihre materielle Grundlage nicht zuletzt in der Eröffnung des Bergbaus am Rammelsberg; das Silber konnte unmittelbar ausgemünzt werden.

Den vornehmsten Amtsträgern der Könige, den Herzögen, gelang es in aller Regel, die übertragenen Rechte der Militärorganisation und Jurisdiktion mit anderen Lehns- und Eigentumsrechten zu verschmelzen und so die Grundlagen für eine spätere Landesherrschaft zu legen. Eine Urkunde von 1180 nennt als Elemente des Herzogtums: Rechte und Gerichtsbarkeit, Grafschaften, Vogteien, Geleitrechte, Hufen, Höfe, Lehen, Ministeriale und Hörige. Im Herzogtum Sachsen erlangte Heinrich der Löwe durch ein großes Erbe, enge Beziehungen zum Kaiser und rücksichtslose Gewaltmaßnahmen eine Machtposition, die er zu einem Parallelkönigtum ausbauen wollte. Nicht zufällig wählte er den Löwen, den König der Tiere, zum Symbol seiner Herrschaft. Dem Harz als alter Königslandschaft galt dabei sein besonderes Interesse. Schon Kaiser Konrad II. hatte den Grafen von Katlenburg den Forst (den Wildbann) in den Harzbergen erblich zu Lehen gegeben – Heinrich der Löwe ließ sich dieses Erbe bestätigen. Auf dem Hoftag in Goslar 1158 tauschte er von Kaiser Friedrich Barbarossa die Reichsburgen Herzberg, Scharzfeld und Pöhlde mit allen Zubehörungen ein. Blankenburg besaß er als Erbe der Süpplingenburger. Er erwarb die Harzburg und Osterode. 1203 zogen sich welfische Burgen in dichter Reihe um den Harz: Schildberg, Staufenburg, Osterode, Herzberg, Scharzfeld, Lauterberg, Hohnstein, Lauenburg, Blankenburg, Regenstein und Heimburg. Mit jeder dieser Burgen verbanden sich mehr oder weniger umfangreiche Waldnutzungs- und -aufsichtsrechte. Die Schutzvogtei über das Reichsstift Gandersheim diente Heinrichs Nachkommen als Rechtstitel, um sich in Seesen festzusetzen.

Die Machtposition des Löwen und seine Ambitionen forderten den Kaiser ebenso heraus wie die anderen Fürsten. Die Geschichte des Konflikts ist oft genug erzählt und, je nach Perspektive, zu Gunsten des Kaisers oder des Herzogs ausgelegt worden. In Chiavenna 1176 bat Kaiser Friedrich Barbarossa den Herzog um persönliche Heerfolge. Heinrich erwartete dafür Gegenleistungen und verlangte die Reichsstadt Goslar. Gerade diese Position aber wollte der Kaiser nicht aufgeben. Der Konflikt zwischen Kaiser und Herzog führte schließlich, weil auch die Fürsten drängten, zum Sturz Heinrichs des Löwen im Jahre 1180. Im selben Jahr noch ließ Barbarossa die Harzburg wieder herstellen und befestigte so die Herrschaft über Goslar.

Die wirtschaftliche Erschließung der Gegend betrieben indes zunächst die Klöster. Von Goslar aus wurde hoch oben auf dem Gebirge, im Quellgebiet der Gose, das Kloster Cella gegründet. Diese Gründung, die zuerst mehr den Verkehr in Richtung Walkenried abkürzen sollte, bezog den Oberharz in den Goslarer Berg-

Fußfall Kaiser Friedrichs I. vor Heinrich dem Löwen, 1176. Auch in der Auseinandersetzung zwischen Kaiser Friedrich Barbarossa und Herzog Heinrich dem Löwen spielte der Reichtum an Silber im Harz eine entscheidende Rolle. Heinrich der Löwe stürzte, weil er Goslar als Gegenleistung für die gewünschte Heerfolge forderte. Barbarossa war dazu nicht bereit und ließ ihn fallen.

Mönche spielten für die Besiedlung einsamer Regionen eine bedeutende Rolle. Sie nutzten die Wälder, um ihren Bedarf an Brenn- und Bauholz zu decken.

bau ein. Auf der Stätte des alten Klosters Zella entstand später Zellerfeld: der älteste Bergort des Oberharzes. Von Herzberg aus setzte der Clausthaler Bergbau ein. Bleibende Verdienste um die Erschließung der natürlichen Ressourcen der Gegend erwarben sich die Mönche des 1127 gegründeten *Zisterzienserklosters Walkenried*. Sie begannen damit, ein System von Gräben und Teichen anzulegen, um das knappe Wasser zu bewirtschaften. Bald erscheinen sie auch als Miteigner des Bergwerks in Goslar.

Mit dem Sturz Heinrichs des Löwen hatte sich die politische Szene in Norddeutschland schlagartig verändert. Das alte Herzogtum Sachsen war geteilt worden, der Titel „Herzog von Sachsen" auf die Askanier übergangen, die sich jedoch zwischen Elbe und Weser nicht durchsetzen konnten. Die Rechtstitel westlich der Weser versuchte der Erzbischof von Köln in einem neuen Herzogtum Westfalen zu vereinen. Heinrich der Löwe und seine Familie hatten keinerlei Teilhabe mehr an der Königsherrschaft, zählten nicht mehr zu den Fürsten des Reiches.

Einen Ausgleich der Interessen und die Basis für ein neues Fürstentum schuf *Kaiser Friedrich II. 1235*. Die Burg Lüneburg – welfisches Eigengut – und die Stadt Braunschweig, die der Kaiser in Besitz hatte, fügte er mit allen zugehörigen Besitzungen und Rechten zu einem neuen Herzogtum zusammen: dem Herzogtum Braunschweig, später Braunschweig und Lüneburg. Und der Kaiser vermehrte dieses Lehen um den Goslarer Zehnten (einschließlich der Reichsforsten): ein nicht zuletzt symbolischer Akt, der den alten staufisch-welfischen Gegensatz beilegen sollte. Der neue

Politik und Ressourcen im niedersächsischen Raum zwischen 1200 und 1600

Seit 2005 sanieren die Niedersächsischen Landesforsten die Teichanlagen des Klosters Walkenried mit EU- und Landesmitteln, um sie wegen ihrer kulturhistorischen Bedeutung langfristig zu erhalten. Heute präsentieren sich die Teiche als Kleinode des Naturschutzes.

1127 stiftete Adelheid von Walkenried das dritte Zisterzienserkloster im deutschsprachigen Raum. Während einer Pilgerreise hatte sie Mönche des neu gegründeten Zisterzienserklosters Kamp am Niederrhein kennengelernt und ihnen die Besiedlung ihres Landes angeboten. Der Bachlauf der Wieda und die unmittelbare Nähe zum Harz erfüllten die Standortkriterien der Zisterzienser: ausreichende Entfernung zu Siedlungen, Lage an einer Niederung mit Wasserlauf und Möglichkeit zur wirtschaftlichen Entfaltung, sodass der Gründungskonvent aus Kamp 1129 einzog und mit dem Bau der romanischen Kirche beginnen konnte.

Herzog, Otto das Kind, arrondierte diesen Besitz 1243 mit dem Rammelsberger Bergzehnten.

Die kaiserliche Politik dieser Zeit förderte ohnehin die Autonomie der Fürsten. Die fürstlichen Privilegien schrieb 1231 das „Gesetz zu Gunsten der Fürsten" (Statutum in favorem principum) dauerhaft fest. Letztlich geht der heutige Landeswald ganz wesentlich auf dieses „Gesetz" zurück, denn alle großen Waldgebiete des Landes wie der Harz, der Bramwald, die Göhrde oder andere waren durch diese Privilegien geschützt. Gleichzeitig wollte Friedrich II. die Hoheit des Reiches wahren und verdichten. Deshalb erließ er im selben Jahr 1235 den Mainzer Landfrieden, der dem Kaiser die oberste Gerichtsbarkeit, das Münz-, Zoll- und Geleitsrecht vorbehalten sollte. Diese Positionen konnten Kaiser und Reich allerdings nicht auf Dauer den entstehenden Landesherrschaften gegenüber behaupten.

Den Fürsten andererseits entstanden Herrschaftskonkurrenten in ihren eigenen Städten. Die Städte boten den Raum, um die Produktivkräfte des Handwerks zu entfalten. Die weit verzweigten Handelsbeziehungen der Kaufleute ermöglichten eine Warendistribution über ganz Europa hin. Hatten 1180 nicht mehr als zehn Städte im niedersächsischen Raum bestanden, namentlich Lüneburg, Bremen, Goslar, Hildesheim, Osnabrück, Stade und Braunschweig, so wurden 49 weitere bis 1350 gegründet, darunter Hannover, Hameln, Göttingen und Einbeck. Der ungeheuer steigende Holzbedarf dafür wurde in den umliegenden Wäldern gedeckt.

Die Macht der Städte gründete sich – wie bemerkt – auf ihre wirtschaftliche Position: auf den Fernhandel und das bürgerliche Gewerbe, zu dem auch das Brauwesen zählte. Die Konzentration der Menschen und Gewerbebetriebe erzeugte einen hohen Bedarf an Bau-, Brenn- und Werkholz. Die Gebäude bestanden gewöhnlich aus Balken, Bohlen und Rutengeflecht. Der Energieerzeugung diente Brennholz. Für den einsetzenden Fernhandel, begünstigt durch den Höhepunkt der Hanse, wurden immer größere Schiffe gebaut. Pro Schiff wurden 1000 alte Eichen benötigt. Kaum ein Handwerk konnte ohne Holz oder Produkte des Waldes auskommen. Tischler, Drechsler und Zimmerleute, auch Wagner und Böttcher, die Transportfässer und Fahrzeuge bauten, verarbeiteten Holz als Werkstoff. Selbst Arbeitsgeräte wie die Leisten und Zwecken der Schuster wurden häufig aus Holz hergestellt. Maßnahmen zur Waldbewirtschaftung setzten auch in mittleren Städten wie Göttingen und Hannover im 14. Jahrhundert ein. Die Stadt Lüneburg einigte sich 1341 mit einem benachbarten Grundherrn über die Holznutzung in der Mastzeit – man solle das Holz hegen, heißt es. Das Hildesheimer Hölting-Buch kannte 1543 bereits eine Schlageinteilung.

Landwirtschaftliche Produkte wurden – anders als Handwerkserzeugnisse wie Braunschweiger Messer, Göttinger Tuche oder Einbecker Bier – in aller Regel nur regional gehandelt. Überhaupt endet im 14. Jahrhundert die Phase der agrarischen Expansion, während welcher der Ackerbau auch auf minder ertragsstarke Böden ausgeweitet worden war; die Getreidewirtschaft ging in eine Phase der Rezession über. Zahlreiche Orte und Fluren gerade im mittleren und südlichen Niedersachsen fielen wüst. Ein Bevölkerungseinbruch, den Seuchenzüge, nicht zuletzt die Große Pest, verursachten, damit verknüpft das Sinken der Getreidepreise, bewirkten eine Konzentration der Anbauflächen. Die Grundherren reagierten unterschiedlich. In einigen Fällen führte eine Lockerung der leibherrlichen Bindungen und Reduktion der Herrendienste zu einer Intensivierung der Bodennutzung. Es bildeten sich Verhältnisse, die zu einer Vererbung größerer Höfe fortentwickelt werden konnten. Die intensivere Nutzung zeigte Spuren auch in den Wäldern. Es entstanden Genossenschaften, die die Waldnutzung reglementierten. Die Markgenossenschaft Kirchbrak im Solling verbot schon 1330 das Schlagen fruchttragender Bäume.

Bisher ist es noch nicht gelungen, ein Modell zu entwerfen, das die Rezession im

Friedrich II. mit seinem Falken. (Aus seinem Buch „De arte venandi cum avibus" – „Über die Kunst, mit Vögeln zu jagen".)
1235 fügte Kaiser Friedrich II. die Burg Lüneburg – welfisches Eigengut – und die Stadt Braunschweig, die der Kaiser in Besitz hatte, mit allen zugehörigen Besitzungen und Rechten zu einem neuen Herzogtum zusammen: dem Herzogtum Braunschweig, später Braunschweig und Lüneburg. Und er vermehrte dieses Lehen um den Goslarer Zehnten einschließlich der Reichsforsten. Der neue Herzog, Otto das Kind, arrondierte diesen Besitz 1243 mit dem Rammelsberger Bergzehnten. Auch der niedersächsische Landeswald lässt sich ganz wesentlich auf Friedrich II. zurückführen. 1231 schrieb das „Gesetz zu Gunsten der Fürsten" (Statutum in favorem principum) die fürstlichen Privilegien dauerhaft fest.
Alle großen Waldgebiete des Landes Niedersachsen wie der Harz, der Bramwald, die Göhrde oder andere waren durch diese Privilegien herrschaftlich geschützt.

Hatten 1180 nicht mehr als zehn Städte im niedersächsischen Raum bestanden, namentlich Lüneburg, Bremen, Goslar, Hildesheim, Osnabrück, Stade und Braunschweig, so wurden bis 1350 weitere 49 gegründet, darunter Hannover, Hameln, Göttingen und Einbeck. Der ungeheuer steigende Holzbedarf dafür wurde zunächst in den umliegenden Wäldern gedeckt.

Agrarsektor zur Bevölkerungsentwicklung allgemein und zu den Städtegründungen dieser Zeit in Beziehung setzt. Städte wurden als Erweiterungen von Festungen gegründet, aber ebenso als Gewerbezentren, die Mehrwerte erwirtschaften sollten, die höher lagen als die Renditen, die aus Agrarinvestitionen zu erwarten waren. Die Forschung spricht von einer Schere, die sich zwischen den Preisen für Agrarprodukten und den Löhnen auftat. Gleichzeitig – in der zweiten Hälfte des 14. Jahrhunderts – kam der Oberharzer Bergbau zum Erliegen. Der Betrieb stieß an technische Grenzen, es gelang nicht mehr, das eindringende Wasser zu beherrschen – und es fehlten an Investitionen, um Abhilfe zu schaffen.

Die sinkenden Einnahmen aus der Landwirtschaft und steigenden aus dem Handel mit Handwerksprodukten verschoben die politischen Kräfteverhältnisse. Während viele Fürsten und Herren sich einschränken mussten und die Ereignisgeschichte ein wenig strukturiertes Geflecht von Kleinkriegen und Fehden aufzeigt, begannen die größeren Städte sich zu vereinen, um über bloße Handelsinteressen hinaus die Politik zu bestimmen. Der wichtigste und dauerhafteste dieser Städtebünde war die Hanse, die den ganzen Ostseeraum dominierte. Braunschweig galt als das Zeughaus, Lüneburg als das Salzhaus der Hanse. Für den sächsischen Städtebund von 1426 wurde eine Matrikel aufgestellt, die einen Eindruck davon gibt, wie die Städte ihre Wirtschaftskraft gegenseitig einschätzten: Braunschweig sollte 200 Gulden zahlen, Hildesheim, Göttingen, Einbeck und Northeim je 70 Gulden. Etwas geringer schätzte man Goslar, Hannover und Halberstadt ein: mit je 50 Gulden. Osterode und Helmstedt trugen je 30 Gulden bei.

Städtische Einungen führten Kriege: siegreich auch gegen die welfischen Herzöge. 1466 fiel ein Heer der Städte Lübeck, Goslar, Braunschweig, Göttingen, Einbeck, Hannover und Nordhausen Herzog Wilhelm dem Älteren in seine Länder Calenberg und Göttingen, verbrannten Weende und Harste und hundert Dörfer zwischen Deister und Leine. Wenn man ferner liest, dass Pattensen und die Calenberger Neustadt in Flammen aufgingen, so erkennt man den Unterschied zwischen den großen Städten, die sich dem Zugriff ihrer Stadtherren weitgehend entzogen hatte, und den kleineren, über welche die Fürsten wie über Kammergut verfügen konnten. Dieser Krieg befestigte übrigens den Hass des Herzogs auf die Stadt Braunschweig, der sich über Generationen hin weiter vererbte und als psychologisches Element des Machtkampfes nicht zu unterschätzen ist.

Das Spätmittelalter mit seinen währenden Fehden und Kriegen, Überfällen und Gewalttaten erscheint unübersichtlich und verwirrend, ohne übergeordnete Ziele und ohne politische Konsequenzen. Doch ist dies die Inkubationszeit des modernen Staates. Die Kommunikation wirkte auf eine Verrechtlichung der personalen Herrschaftsbeziehungen hin. Die Formen dafür boten das Lehnsrecht und die Bestimmungen des römischen, des Kaiserrechts. Durch die Kriege mit ihren finanziellen wie genealogischen Folgen schieden zunächst die Edelfreien bzw. die friesischen Häuptlinge aus der Herrschaftskonkurrenz aus: Die Geschlechter starben aus, traten in die Dienstmannschaften größerer Herren ein (sanken al-

Belagerung der Calenberger Festung, Hildesheimer Stiftsfehde. Zu Beginn des 16. Jahrhunderts konnten die Fürsten des mittleren Hauses Braunschweig in der Konkurrenz der Herrschaften die Gewichte zu ihren Gunsten verschieben: Erich I. von Calenberg-Göttingen, Heinrich der Jüngere von Wolfenbüttel und seine Brüder, der Erzbischof von Bremen und der Bischof von Minden, kämpften darum, ihren Machtbereich zu erweitern. In der Hildesheimer Stiftsfehde, die militärisch schon verloren schien, triumphierten Erich und Heinrich, weil sie ihre guten Beziehungen zum Kaiser nutzten. Eine kaiserliche Kommission sprach ihnen 1523 den größeren Teil des Hochstifts Hildesheim zu. Damit dominierten sie das mittlere und südliche Niedersachsen – und zum ersten Mal in der deutschen Geschichte fiel durch Rechtsentscheid Kirchengut in weltliche Hand.

so in die Ministerialität ab) oder stiegen in den Grafstand auf. Die einzige fürstliche Familie dieses Raumes, das Welfenhaus, hatte ihren Besitz durch Erbteilungen zersplittert. Die Welfen gehörten nicht mehr zum Kreis der Königswähler, den Kaiser Karl IV. 1356 in einem Reichsgesetz festlegte. Dennoch konnten immer wieder Mitglieder des Welfenhauses Ressourcen in einer Weise bündeln, die ihnen im Kreis der übrigen Landesherren, der Bischöfe und Grafen, eine dominante Stellung verlieh.

Um die rechtlichen Formen zu instrumentalisieren, brauchte man eine Verwaltung. Amtsbezirke wurden gebildet, um Herrschaftsrechte konzentrieren und nutzen zu können: Großvogteien wie in Calenberg, Celle oder Wolfenbüttel. Rechts- und schreibkundiges Personal hielt die Rechte fest, fixierte die Leistungen und Termine und legte die Urkunden in Archiven nieder. Zielgerichtete Erwerbungen und politischer Druck arrondierten den Besitz. Eine flächendeckende Herrschaftsstruktur konnte allerdings nur durch die Einbindung anderer Herrschaftsträger erreicht werden. Das gelang durch die Intensivierung von Herrschaftsrechten, durch Gunstbezeugungen, Gewaltmaßnahmen und Schulden, die Gläubiger und Schuldner aneinander ketteten.

Die Entstehung der landschaftlichen Verfassung seit Ende des 14. Jahrhunderts beschrieb den Kreis der von einem Landesherrn abhängigen Herrschaftsträger: der Prälaten, Ritter und Städte. Sie verrechtlichte und fixierte die Hilfeleistungen für den Landesherrn ebenso wie die Schutzerwartungen und Privilegien der Landstände. Hier haben zwei Phänomene von großer und nachhaltender Wirkung ihre Wurzeln: die Parlamente und die Steuern. Die Auflegung immer regelmäßigerer Steuern schuf Staaten und Untertanen.

Die Versuche, eine entsprechende Organisation auf der Ebene des Reiches einzuführen, blieben unvollkommen. Immerhin erlaubt ein Blick in die Reichsmatrikel, das Reichssteuerverzeichnis von 1521, eine Einschätzung dazu, welche Landesherrschaften sich im niedersächsischen Raum gebildet hatten und welche Leistungsfähigkeit sie – relativ – besaßen. Aufgeführt werden: der Erzbischof von Bremen (90 Gulden), die Bischöfe von Hildesheim, Verden und Osnabrück mit je 60 Gulden, der Bischof von Münster (das Niederstift Münster liegt im heutigen Niedersachsen) wurde sogar mit 325 Gulden veranschlagt. Es folgen die weltlichen Fürsten: die Herzöge zu Braunschweig und Lüneburg für das Fürstentum Lüneburg 300 Gulden, für die Fürstentümer Wolfenbüttel und Calenberg-Göttingen je 180 Gulden, für das Fürstentum Grubenhagen 60 Gulden. Unter den Prälaten erscheint der Abt von Walkenried mit 60 Gulden. Die Grafen und Edelherren reihen sich an: der von Plesse (sechs Gulden), die Grafen von Ostfriesland (138 Gulden), Oldenburg (84 Gulden), Diepholz (14 Gulden), Bentheim (90 Gulden), Schaumburg (120 Gulden), Wunstorf (14 Gulden). Den Abschluss bildet die Reichsstadt Goslar mit stolzen 205 Gulden.

Zu Beginn des 16. Jahrhunderts konnten die Fürsten des mittleren Hauses Braunschweig in der Konkurrenz der Herrschaften die Gewichte zu ihren Gunsten verschieben: Erich I. von Calenberg-Göttingen, Heinrich der Jüngere von Wolfenbüttel und seine Brüder, der Erzbischof von Bremen und der Bischof von Minden, kämpften darum, ihren Machtbereich zu erweitern. In der Hildesheimer Stiftsfehde, die militärisch schon verloren schien, triumphierten Erich und Heinrich, weil

Politik und Ressourcen im niedersächsischen Raum zwischen 1200 und 1600

Ungeregelte Vielfachnutzung verwüstete im Mittelalter die Wälder. Neben den siedlungsnahen Wäldern, die die wichtigsten städtischen Bedürfnisse zu bedienen hatten, erfasste der Raubbau auch die stadtfernen Wälder. Heinrich der Jüngere förderte, als ein steigender Bedarf die Gewinnung von Silber, Blei und Kupfer wieder lohnend machte, neue Explorationen im Oberharzer Bergbau. Der Ausbau der Flößerei ermöglichte zudem einen Ferntransport der Hölzer auf dem Wasserwege.

Entwaldete Hänge im Harz

sie ihre Beziehungen zum Kaiser nutzten. Eine kaiserliche Kommission sprach ihnen 1523 den größeren Teil des Hochstifts Hildesheim zu. Damit dominierten sie das mittlere und südliche Niedersachsen – und zum ersten Mal in der deutschen Geschichte fiel durch Rechtsentscheid Kirchengut in weltliche Hand.

Mit der Reformation, die eine konfessionelle Unterscheidung möglich und erforderlich machte, ergab sich eine neue Dimension der Herrschaftsintensivierung.

1528 öffneten sich Braunschweig und Goslar der Reformation und vertieften so den Gegensatz zu Herzog Heinrich dem Jüngeren, der kaisertreu und Braunschweig-feindlich versuchte, den evangelischen Glauben zu unterdrücken.

Die Reformation, die sich während der Vertreibung und Gefangenschaft des Herzogs 1542–1547 zwischen Weser und Elbe rasch ausbreitete und schließlich von Herzog Julius durchgesetzt wurde, überantwortete den Fürsten nicht nur kirchliche Besitzungen. Sie bewirkte auch eine moralische Schließung gegen die anderskonfessionelle Umwelt – gemäß dem Bibelwort „Ein Herr, ein Glaube, eine Taufe, ein Gott und Vater unser aller …" (Eph. 4, 5–6). Diese Schließung wiederum hatte eine Disziplinierung der Untertanen zur Folge, eine Homogenisierung der Moral und eine Stärkung der Position der Fürsten.

Die Disziplinierung erfasste jedoch nicht nur die Untertanen, sondern wirkte auch auf die Herrschenden und ihr Personal zurück. Das ist – wenigstens im 16. Jahrhundert – der Sinn der Sage vom wilden Jäger Hackelberg, von dem jener „Jagd-Teufel" Besitz ergriffen hatte, den die lutherischen Prediger anprangerten, wenn die Jäger kein Maß hielten in ihrer Jagdleidenschaft und keine Rücksichten auf die Bevölkerung nahmen. Hackelbergs zentrales Vergehen aber war der gotteslästerliche Wunsch, das Himmelreich gegen ein fortwährendes Jagen einzutauschen. Seine Seele findet keine Ruhe, und in stürmischen Novembernächten jagt er, so erzählte man, mit seiner Meute über den Solling oder die Harzwälder dahin.

Parallel zur Herrschaftsintensivierung steigerten die Fürsten ihre Einkünfte. Die Schulden des Landes sollten durch Steuern die Landstände abtragen. Die Agrarkonjunktur zog an; davon profitierten die Grundbesitzer und Bezieher von Feudalrenten. Die ökonomisch am stärksten entwickelte Regionen Europas, die Niederlande, bezogen die Kornkammern an der Weser und den Getreidehandel auf der Elbe in ihr Versorgungssystem ein. Dadurch und durch den Zufluss des Silbers aus der neuen Welt stiegen die Getreidepreise.

Heinrich der Jüngere förderte, als ein steigender Bedarf die Gewinnung von Silber, Blei und Kupfer wieder lohnend machte, neue Explorationen im Oberharzer Bergbau und gründete die dortigen Bergstädte: Grund und Zellerfeld 1535, Sankt Andreasberg, Wildemann, Clausthal. Seine jährlichen Einnahmen sollen sich, alles in allem, nach einer italienischen Quelle 1547 auf 60.000 Gulden belaufen haben: Das markiert die Einschätzung einer Größenordnung und deutet auf gewachsene Handlungsspielräume hin.

Heinrichs Sohn Julius, ein ökonomisch denkender Fürst, der 1584 die Fürstentümer Wolfenbüttel, Calenberg und Göttingen unter seiner Herrschaft vereinen konnte, betrieb den Landesausbau ganz systematisch. Dem Bergbau, der einen großen Aufschwung erlebte, und dem Handel mit Bergbauprodukten – Eisen, Blei, Messing, Vitriol – widmete er ein besonderes Interesse. Scherzhaft schrieb er einmal, von ihm habe nicht der Jagd-, sondern der Bergteufel Besitz ergriffen. Seine Einkünfte allein aus dem Fürstentum Wolfenbüttel hat man für 1580 auf 150.000 Gulden berechnet. 1582 fiel die Grafschaft Hoya an die Welfen. Seit 1584 schloss der Herrschaftsbereich der Wolfenbütteler Herzöge die Fürstentümer Calenberg und Göttingen ein. Die in Wolfenbüttel residierenden Welfen konnten sich auf dieser Grundlage politische und kulturellen Repräsentationen leisten, die reichsweite Aufmerksamkeit auf sich zogen.

Letztlich bildete der Harz mit seinem Reichtum und der Kombination aus Bodenschätzen und vorhandenem Holz eine wichtige Machtbasis der Welfen. Aber auch andere Landesherren im niedersächsischen Raum – die Verwandten der Lüneburger Linie, die Bischöfe von Hildesheim und Osnabrück, die Grafen von Schaumburg und von Ostfriesland konnten um 1600 zumindest partiell in der Fürstenkommunität Akzente setzen.

Schon kurz nach seinem Regierungsantritt führte Herzog Julius in seinem Land die Reformation ein, was sein Vater Herzog Heinrich der Jüngere noch mit allen Mitteln verhindert hatte. Der Herzog gilt als nüchterner und wirtschaftlich kalkulierender Fürst, der sein Augenmerk auf die Förderung seines Landes richtete und nicht auf repräsentative Darstellung nach außen. Er förderte in merkantilistischer Orientierung insbesondere den Ausbau der Land- und Wasserstraßen sowie Bergbau und Hüttenwesen. Herzog Julius gelang es, die beiden Fürstentümer Braunschweig-Wolfenbüttel und Calenberg-Göttingen zu entschulden und seinem Sohn Heinrich Julius ein großes Vermögen zu hinterlassen.

„Meine Zeit mit Unruhe"
Der „wilde Heinze" von Wolfenbüttel

Die zersplitterten Machtverhältnisse zwischen dem Kaiser und dessen Reichsangelegenheiten auf der einen Seite und den Landesherren, hohem und niedererem Adel sowie den handelnden Städten auf der anderen Seite bei gleichzeitig repräsentativer Lebensführung aller Herrschaften führte dazu, dass aus den jeweiligen Regalien so viel Ertrag kommen musste wie möglich. Das trotz Verbots noch verbreitete „Faustrecht" führte zu einem ungehemmten Fehdewesen, in dem wechselnde Bündnisse zum gerade reichenden Vorteil zum Alltag gehörten. Das alles veranlasste den Adel und die eingesetzten Vögte, Amtmänner usw., immer neue Geldquellen zu erschließen und „Steuerschlupflöcher" zu schließen. Und die hohe Geistlichkeit verfuhr nicht anders.

Ertragen werden musste dies alles am Ende der Kette von den Bauern, denen von den Lehnsnehmern immer neue Abgaben abverlangt wurden. Landflucht und Verarmung bis in den niederen Adel waren die Folgen. Als Ventile wirkten die sich von Süddeutschland her ausbreitenden Bauernaufstände und die Reformation. Beide Ereignisse gaben zu Beginn des 16. Jahrhunderts der Befreiung von einer willkürlich agierenden Feudalherrschaft und Geistlichkeit und der Forderung nach einem gerechteren Gemeinwesen Ausdruck. 1525 beschlossen die bis dahin ungeordnet operierenden Bauernschaften ein 12-Punkteprogramm, das u. a. zwei Forderungen zum Wald enthält:

> „4. Ist es unbrüderlich und dem Wort Gottes nicht gemäß, dass der arme Mann nicht Gewalt hat, Wildbret, Geflügel und Fische zu fangen. Denn als Gott der Herr den Menschen erschuf, hat er ihm Gewalt über alle Tiere, den Vogel in der Luft und den Fisch im Wasser gegeben.
> 5. Haben sich die Herrschaften die Hölzer alleine angeeignet. Wenn der arme Mann etwas bedarf, muss er es um das doppelte Geld kaufen. Es sollen daher alle Hölzer, die nicht erkauft sind, der Gemeinde wieder heimfallen, damit jeder seinen Bedarf an Bau- und Brennholz daraus decken kann."

Die Flugschrift mit den 12 Artikeln des Bauernaufstandes wurde innerhalb weniger Monate mit einer für die damalige Zeit ungeheuren Auflage von insgesamt 25.000 Exemplaren in ganz Deutschland verbreitet.

Die Bauernaufstände zu Beginn des 16. Jh., die auch freie Jagd und Waldnutzung forderten, fanden am 15. Mai 1525 in der Schlacht bei Frankenhausen ihr Ende. Mit an der Spitze: Herzog Heinrich Julius der Jüngere von Wolfenbüttel.

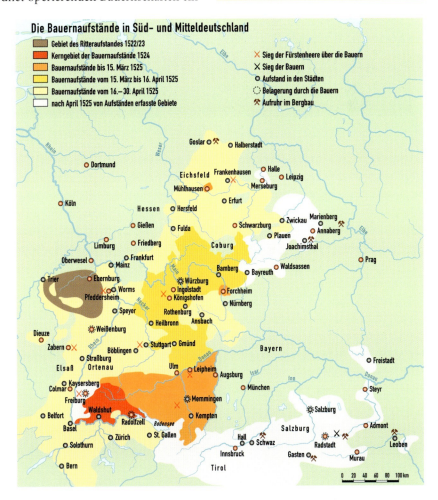

Herzog Heinrich „der Jüngere", Fürst von Braunschweig-Wolfenbüttel (1489–1568), regierte von 1518 bis 1568. Das Wappenschild über dem Portal seiner Wolfenbütteler Residenz war mit dem selbstgewählten Wahlspruch umrandet: „Meine Zeit mit Unruhe". Und daran hielt er sich auch.

Während seiner 50 Jahre währenden Herrschaft stand er treu an der Seite des Kaisers. Er war der heftigste Gegner der Reformation in Norddeutschland. Darüber hinaus bemühte er sich intensiv um die Entwicklung seines Territorialstaates und legte den Grundstein für eine moderne Staatsform in Wolfenbüttel. Gegen den Willen seines Bruders wurde die Primogenitur festgeschrieben, eine Teilung des Fürstentums sollte zukünftig unterbleiben. Er führte sein ganzes Leben lang kriegerische Auseinandersetzungen. „Wilder Heinze" von Wolfenbüttel wurde er jedoch spöttisch im Volksmund genannt, weil aus seiner langjährigen Affäre mit der Hofdame Eva von Trott zehn Kinder hervorgingen. Seinen Nachfolgern überließ er ein gefestigtes Fürstentum, indem er es vor allem im Harz erweiterte. Dort sicherte er ihnen wichtige Einkommensquellen.

Die Forderungen der Bauern liefen auf freies Jagen und Fischen und die Rückgabe des Gemeindewaldes hinaus. Das Programm lässt erkennen, welchen zum Teil existenziellen Wert die Waldungen und die Berechtigungen an ihnen für die einfache Bevölkerung, aber auch die Obrigkeit entwickelt hatten.

Selbst Martin Luther predigte jedoch gegen die „mörderischen und räuberischen Rotten der Bauern". Zu fest verankert waren noch feste Ordnung und Standeszugehörigkeit. So hatten die Bauern keine Chance. Am 15. Mai 1525 stand in der Schlacht in Frankenhausen am Kyffhäuser den etwa 8000 Aufständischen, die lediglich mit einigen wenigen Geschützen und umfunktionierten Arbeitsgeräten (Dreschflegel, Sauspieße, Sensen, Sichel) bewaffnet waren, ein hessisch-braunschweigisch-albertinesches Fürstenheer mit mindestens 6000 Landsknechten und Berittenen gegenüber. 6000 Bauern und deren Anführer Thomas Münzer wurden erschlagen und hingerichtet. So war der Bauernaufstand niedergeschlagen, die Reformation hingegen wurde damit nicht aufgehalten.

Mit an der Spitze des Fürstenheeres spielte der als „rauflustig" beschriebene katholische Herzog Heinrich der Jüngere von Wolfenbüttel „im Auftrag des Kaisers" eine entscheidende Rolle. Seine Teilnahme war eine Gegenleistung für des Kaisers Unterstützung in der Stiftsfehde und zur Verteidigung des katholischen Glaubens. In seine Zeit fällt die Entwicklung der Territorialherrschaften. Dafür brauchte er die Einnahmen aus den Bergwerken. Durch verschiedene Maßnahmen wollte er eine bessere Finanzlage seines Landes herbeiführen. Dazu gehörte auch der Zugriff auf die Waldungen in seinem Herrschaftsbereich. Wie wichtig ihm diese waren, und vor allem der Holzreichtum als Basis für die Bergwerke und seiner Herrschaft, das zeigte er nur wenige Jahre später, als er der Reichsstadt Goslar den Rammelsberg und die Rechte am Forst streitig machen und mit den Ständen die erste von einem Landtag beschlossene Holz- und Forstordnung in Niedersachsen verabschieden wird.

Der Streit um den Rammelsberg im Harz

Aus dem Roman „Meine Zeit mit Unruhe" von Hermann Janson

Das Streben nach reichlich bestückten Schatztruhen ist kein Privileg städtischer Krämerseelen. Auch weitsichtigen, auf Macht und Ansehen erpichten Fürsten steht es wohl an, für volle Staatssäckel Sorge zu tragen. Warum wohl öffnen andere Landesherren Tür und Tor dem Luthertum? Können sie sich dadurch nicht bequem schadlos halten an anderer Leute Eigentum, aus eingezogenen Klöstern und Regalien Geld in ihren Kassen klingeln lassen, ihre Macht mehren zu Lasten von Kurie und Kaiser, die eigene Unabhängigkeit stärken?

So jedenfalls deutet Heinrich der Jüngere den schnöden Glaubenswechsel mancher seiner Standesbrüder – und ein wenig Neid mag dabei mitspielen. Doch um allen Reichtum dieser Welt kommt ihm ein solcher Schritt gar nicht erst in den Sinn – die Gewissensfrage hin oder her. Der Tradition verpflichtet und dem Kaiser ergeben, hat sich seine altgläubige Standhaftigkeit bisher bezahlt gemacht. Der Vorteil aus seinem Erfolg in der Hildesheimer Stiftsfehde, schlaue und beharrliche Umtriebe zur langsamen Erholung des Staatshaushaltes, haben ihm erst einmal aus der Armutsfalle verholfen. Aber viel mehr ist aus dem agrarisch strukturierten Land nicht herauszuholen und noch drücken die erebten Schulden.

Sein Kanzler Conrad König, als Syndikus der vom Femhandel reich gewordenen Stadt Braunschweig einschlägig bewandert, hat ein Denken in ihm geschärft, das spätere Generationen als „frühkapitalistisch" bezeichnen würden. Nicht auf den Preis der Einlösung verbriefter Rechte an Ländereien kommt es an, sondern auf den nachhaltigen Ertragswert ihrer Bodenschätze. Mit Gruben und Hütten zu Reichtum zu gelangen, haben in Tirol und anderswo die Fugger vorgemacht. In Wolfenbüttel wird man es den Augsburger Kaufherren gleichtun.

In der Kanzlei wartet ihm Doktor König mit Gedanken von großer wirtschaftlicher Bedeutung auf. Sie betreffen den Harz. Von dessen Holzreichtum ganz zu schweigen, lagern dort gewaltige Bodenschätze – für den Besitzer von Grund und Boden eine schier unerschöpfliche Einnahmequelle. Seit eh und je hatte Heinrich ein begehrliches Auge auf die von seinem Vater rund um Goslar geerbten Ländereien geworfen, einige andere aus der Hildesheimer Stiftsfehde vereinnahmt. Schön und gut, doch die Sache hat einen Haken: nahezu alle Rechte an Berg- und Hüttenwerken waren im Laufe der Zeit von den notorisch verschuldeten Herzögen und Bischöfen an das benachbarte Goslar verpfändet worden.

Heinrich ist auf die Freie Reichsstadt noch nie gut zu sprechen gewesen. Die behäbigen und anmaßenden Bürger nagen an den süßesten Früchten seines Landes. Um das nicht länger mit ansehen zu müssen, hat er 4.000 Gulden für die Einlösung verpfändeter Forsten zusammengekratzt. Dass jedoch diese Summe in keinem Verhältnis zu dem Ertrag des Waldes steht, weiß er ebenso gut wie der Rat der Stadt Goslar.

„Die Herren fischen im Trüben", urteilt Doktor König nach Durchsicht alter Akten. „Wenn sie ihr Reichslehen, den so genannten Kaiserforst, um etliches größer angeben, als er in Wirklichkeit ist, kommen sie bei mir an den Falschen." „Um keinen Heller, keinen Meter lassen wir uns betrügen!", stimmt der Herzog hocherfreut ein. „Was habt Ihr unternommen?"

„Alles Notwendige, Durchlaucht", feixt der Kanzler. „Gleich zu Beginn des Jahres werden sie leckere Stücke herausrücken müssen, die Harzburger und Seesener Forsten. Der Fall liegt rechtlich klar auf der Hand – daran gibt es nichts zu deuten. Das habe ich dem Rat der Stadt deutlich zu verstehen gegeben." „Wie steht es um den Rammelsberg?", forscht Heinrich weiter. Die unmittelbar vor der Stadt Goslar liegenden Gruben sind reich an Silber und Blei. Schon im 14. Jahrhundert hatten Heinrichs Vorfahren sie der Reichsstadt verpfändet. Die zu einer Quelle ihres Wohlstandes ausgebauten Bergwerke würden sich die Goslarer nicht ohne Weiteres abringen lassen. Dem Herzog ist das so klar wie seinem Kanzler.

Das nötige Geld für den Rückkauf der Rechte mittels eines Darlehens aufzubringen, dieses durch Bleilieferungen in wenigen Jahren zu tilgen und dabei erheblichen Gewinn zu erwirtschaften, hatte Conrad König seine Fühler bereits ausgestreckt. Eine Geschäftsanbahnung mit dem Grafen Schlick aus dem erzgebirgischen Joachimthal war fehlgeschlagen. Dafür könnte man mit den Nürnberger Weisen schnell handelseinig werden. Den Goslarern würden die angesetzten 37.000 Gulden nicht genug sein, die einträglichen Gruben unter dem Rammelsberg über-

Auszug der Karte des nördlichen Harzes bei Goslar um 1530. Der Rammelsberg, um den sich Herzog Heinrich der Jüngere und die Stadt wegen seines Reichtums an Holz und Bodenschätzen streiten, ist in der Karte oberhalb der Stadt zu sehen.

haupt nicht hergeben wollen. Deshalb verteuerte ihnen die herzogliche Verwaltung erst einmal Holz und Kohle aus den umliegenden wolfenbüttelschen Waldungen. Es war zu Zwischenfällen und Beschwerden gekommen, ergebnislos verlaufenen Verhandlungen. Der rechtskundige Kanzler hält daran fest, dass die Regalien am ganzen Harz, Berg und Forst zum Fürstentum gehören. Goslar setzt dagegen, die strittigen Gebiete wären nach so vielen Jahren unangefochtenen Besitzes in ihr Eigentum übergegangen. „Da werden wir wohl vor dem Reichskammergericht enden", sieht König voraus. „Wenn schon – mir ist darum nicht bange. Wir haben hervorragende Argumente!"

Bei einem Treffen Anfang Juli 1526 in Braunschweig kündigen die herzoglichen Räte denen der Reichsstadt eine baldige Einlösung des Rammelsberges an. Um das zu verzögern, halten die Vertreter Goslars mit der Rechnungslegung zurück. Prompt führt der Herzog darüber Beschwerde bei den Vermittlern.
Dieweil nimmt das schriftliche Gerangel zwischen den Amtsstuben der streitenden Parteien und Vermittlern seinen Lauf. Wegen der Forsten beharren Heinrichs Verhandlungsführer auf dem Standpunkt, dass Goslar auf Ländereien außerhalb der Stadt keinerlei Anspruch habe. Ende November einigt man sich auf die für den Rammelsberg zu zahlende Summe. Am 14. Februar

1527 übergeben Doktor König, Hochwürden Konrad Gössel, die Räte Baumbach und Drachstedt im Beisein der Vertreter Philipps von Grubenhagen, der Städte Braunschweig und Magdeburg namens ihres Herzogs dem Rat von Goslar 24 663 Gulden, womit sie die Ablösung des Rammelsberges als erledigt betrachten.
Für die Goslarer Hüttenherren ist der 14. Februar 1527 ein schwarzer Tag. Sie versuchen, die herzoglichen Befehle zu umgehen, indem sie Erze heimlich und nächtens durch Wolfenbütteler Gebiet zu schmuggeln trachten. Das beobachten Günther Schmidts Spione. Die Grubenbesitzer werden vor den Bergrichter zitiert. Sie denken nicht daran,

der Vorladung Folge zu leisten. Zehn Wochen waren sie zur Stilllegung ihrer Hütten gezwungen, um des Herzogs unverschämte Preise für Holz und Kohle nicht bezahlen zu müssen. Jetzt, da man anderweitig Brennstoffe beziehen kann, werden sie am Abtransport gehindert und sollen als reichsfreie Bürger durch ein dem Fürsten höriges Berggericht abgeurteilt werden?

Die Grubenherren werden von Günther Schmidt und dessen Schöffen wegen Nichterscheinens vor Gericht in aller Form enteignet, der Herzog in ihre Rechte eingewiesen. Einige der Hütten erhalten seine treuesten Adeligen zu Lehen.

Der Rat der Reichsstadt greift zum letzten Mittel. Er nimmt den Rechtsgelehrten Doktor Dellinghausen aus Osterode in seine Dienste und sendet ihn nach Speyer zum Reichskammergericht. Die Voraussage von Conrad König bewahrheitet sich. Am 10. Juli betritt er des Herzogs Arbeitszimmer mit einer soeben eingegangenen Vorladung.

Heinrich liest und wirft das Papier unter dröhnendem Gelächter auf den schweren Eichentisch. Elende Pedanten, Leisetreter, Kümmelspalter, Rechtsverdreher! Glauben die, ihn einschüchtern zu können, einen Herzog zu Braunschweig und Lüneburg, engsten Freund des allmächtigen Kaisers?

Die zweifelhafte Freude bekommen die Goslarer schon am folgenden Tag zu spüren. Da rückt Herzog Heinrich nämlich mit 150 Reitern und doppelt so vielen Fußknechten im Kloster Riechenberg an und lässt es mit Wall und Geschütz befestigen. Mögen die Städter die Mönchsklause hinfort ruhig als Trutzfeste ansehen! Am nächsten Morgen erscheint er mit seinem Kriegsvolk an der Goslarer Landwehr. Lustvoll hauen die Knechte in den Baumbestand des städtischen Knicks ein. Zeigt sich das grimmige Gesicht eines Bürgers, fliegt ihm sogleich eine Musketenkugel um die Ohren. Gegen Mittag stellt der Fürst seine Reiter auf dem erhöhten Platz vor dem Kloster Georgenberg auf, von wo sie den verdutzten Goslarern bei der Verrichtung ihrer Geschäfte zuschauen können. Erst am Abend gebietet er seinen Berittenen und Fußknechten den Rückzug nach Riechenberg.

Die Goslarer gehen der von Conrad König ausgeheckten List auf den Leim. Ihren Bürgermeister an der Spitze, brechen sie andern Tags in hellen Scharen zum Georgenberg auf, machen das dortige Kloster mitsamt umliegender Gebäude dem Erdboden gleich. Das ehemals dem Stift Hildesheim zugehörige Anwesen ist seit 1525 Wolfenbütteler Hoheitsgebiet. Mit Fug und Recht sieht sich Herzog Heinrich veranlasst, durch den Propst von Georgenberg beim Reichskammergericht gegen die frechen Goslarer Bürger Klage wegen Landfriedensbruch zu erheben.

Der Streitgegenstand soll das Reichskammergericht über Jahre hinaus beschäftigen. Geht es doch um gewichtige Hoheitsrechte, die Wertschöpfung an den geförderten Erzen. Konnten zuvor Goslarer Bürger Gewinn daraus schlagen, bescheren sie nun dem Herzog beträchtliche Einkünfte. Das Silber lässt sich in der eigenen Münzschmiede zu harten Talern schlagen. Ebenso wertvoll ist Blei: Zur Herstellung von Geschossen für die zunehmend gebräuchlichen Handfeuerwaffen, wie für friedliche Zwecke, Gerätschaften und Einfassungen von Fensterglas ist das schwere Metall mehr denn je nachgefragt. Heinrich fühlt sich schon als Sieger im Ringen um Geld und Macht.

Heinrich steht treu an der Seite des Kaisers. Was aber heißt dies schon in all den Glaubenswirren und angesichts der über Nacht wechselnden Bündnisse. Fast jeder gerät dabei einmal zwischen die Fronten, auch Heinrich. Eine geschickt eingefädelte Intrige und seine Unvorsicht bringen ihn beim Kaiser in Ungnade. Zwei Jahre lang kann er seine Unschuld nicht beweisen und verbringt die Zeit im Kerker in Ziegenhain. Untätig muss er zusehen, wie die schmalkaldischen Gegner sein Fürstentum und seine Festung belagern. Erst 1547, nachdem Karl V. in der Schlacht bei Mühlberg den Bund besiegt hat, gelingt seine Rehabilitation. Der Kaiser setzt ihn uneingeschränkt wieder als Landesherrn ein.

Nun hat sich das Blatt wieder zu seinen Gunsten gewendet. Am 13. Juni 1547 kann Herzog Heinrich sein eigenes, lange vermisstes Schlachtross durch das aufgesperrte Burgtor lenken. Die für ihn herabgelassene Fallbrücke über den Festungsgraben von Ziegenhain eröffnet ihm den Weg in die Freiheit.

Zu später Stunde in Halle angelangt, empfängt ihn schon am nächsten Morgen der siegreiche Kaiser. Umgeben von seinen Heerführern und Beratern zeigt ihm Karl V. seine ganze Huld. Dem Herzog Heinrich von Wolfenbüttel stehe es frei, erklärt er, zu jeder Zeit mit seinen Söhnen als freier Fürst in seine Lande zurückzukehren. Sein Ungehorsam gegen kaiserliche Bestimmungen sei ihm verziehen, fügt er mit leisem Lächeln hinzu und bittet Liebden auf den Abend an seine Tafel.

„Komme nur ein wenig früher, dann können wir noch ein wenig ungestört plaudern", lispelt er mit einem Augenzwinkern, von den Übrigen unbemerkt. Die Privataudienz verläuft in herzlichem Ton. Mit einmal ist Heinrich für Karl jetzt wieder Heinze, wenn der auch bei der Anrede Kaiserliche Majestät bleibt. „Wir sind beide ein gutes Stück älter geworden", scherzt der Monarch, „besonders ich! Dass macht die dumme Gewohnheit, reichlich und scharf gewürzt zu speisen – sagen mir meine Quacksalber! Die dringen in mich, genügsamer zu sein, Gebratenes und Gesottenes nicht unzerkaut hinunterzuschlingen. Doch verrate mir, Heinze, womit?" Er bleckt die wenigen ihm verbliebenen Zahnstummel. Mein Gott, denkt Hein-

Während Herzog Heinrich d. Jüngere seine Zeit im Kerker in Ziegenhain verbringt, muss er untätig zusehen, wie die schmalkaldischen Gegner sein Fürstentum und seine Festung Wolfenbüttel belagern. Erst 1547, nachdem Karl V. in der Schlacht bei Mühlberg den Bund besiegt hat, gelingt seine Rehabilitation. Der Kaiser setzt ihn uneingeschränkt wieder als Landesherrn ein. In der Zwischenzeit haben die Besatzer aus Sachsen den Wald des Fürstentums untersucht und kommen zu dem Urteil, dass die Wälder in einem schlechten Zustand sind.

rich erschrocken – völlig verrottet! Und wie eingefallen sein Gesicht ist, wie gebückt die Haltung!

„Ich hoffe, Eure Majestät leidet nicht mehr an der Gicht?", erkundigt er sich höflich.

„Aber wie!", stöhnt Karl. „Die Schmerzen sind oft unerträglich. Doch reden wir von anderen Dingen, Heinze! Erinnerst du dich unseres Gespräches in Gent vor nunmehr sieben Jahren? Da hast du mir vorgeschlagen, die Schmal-

kaldischen sogleich anzugreifen. Damals habe ich dein Ungestüm belächelt, erst jetzt deinen Kriegsplan angewandt, in allen Einzelheiten genau – und gesiegt! Ich sollte mehr auf dich hören!" Das geht Heinrich glatt herunter.

Zwischen Landeswohl und Reformation. „Der Streit um den Rammelsberg im Harz"

Ein Taler von 1545 zur Feier der Festsetzung Heinrichs des Jüngeren, herausgegeben durch die schmalkaldischen Verbündeten

„Der Herzog, unser Heinze ist wieder da!" Mit Windeseile geht es von Mund zu Mund. Die Bauern im Braunschweigischen und Hildesheimischen, die Bergleute und Forstarbeiter im Harz geben die frohe Botschaft mit unverhohlener Genugtuung weiter. Längst sind sie der Fremdherrschaft überdrüssig gewesen. Die machte des gemeinen Volkes Los auch nicht besser! Schließlich will man seine Ruhe haben und zu der verhilft am ehesten das Althergebrachte. Der angestammte Welfenherzog zieht in ein Land ein, das ihn zu diesen sommerlichen Tagen untertänig willkommen heißt.

Aus der Feste Wolfenbüttel hat sich die Schmalkaldische Besatzung längst aus dem Staube gemacht. Aber Heinrich ekelt der traurige Anblick seiner Residenz. Kurfürst Moritz hatte ihm beim Abschied in Leipzig eine Skizze verehrt, eigenhändig gezeichnet von Lucas Cranach dem Jüngeren. Sie zeigt die Belagerung von Wolfenbüttel im Jahre 1542. Damals oblag dem angesehenen Künstler das Malen sächsischer Hoheitszeichen, die man an die Tore der eroberten Burgen und Schlösser zu nageln gedachte. So wurde Cranach zum Augenzeugen des Angriffs auf des Welfen feine Festung und der Zerstörung des Turmes. Das Bild hatte ihn mit Grausen erfüllt. Er befiehlt den Wiederaufbau seines Schlosses und hält vorerst in Gandersheim Hoflager. Willig fügt sich nun die Reichsstadt Goslar ins Unvermeidliche. Sie zahlt eine Strafe in Höhe von 40 000 Gulden. Die hübsche Summe streicht der Kaiser ein. Der Wolfenbütteler Nachbar tut sich an den über Jahrzehnte hart umstrittenen Berg- und Hüttenwerken gütlich.

(Mit freundlicher Genehmigung des Autors)

Kaiser Karl V. war im Norden auf treue katholische Verbündete angewiesen bei seinem Anliegen, die Reformation aufzuhalten. In Herzog Heinrich d. Jüngeren hatte er einen solchen Weggefährten. 1547 – nach dem Sieg über den Schmalkaldischen Bund – rehabilitierte der Kaiser den Wolfenbütteler umgehend. Dieser nutzte seine neue alte Machtstellung sofort tatkräftig.

Eine erste Holzordnung für den Wald

Nun erst kann Herzog Heinrich der Jüngere in seinem Fürstentum zu Ende bringen, was ihn schon all die Jahre mit Unruhe umgetrieben hat. Er nutzt die Gunst der Stunde und setzt noch aus Gandersheim regierend einen Landtag zu Salzdahlum an, auf dem er Widerstände der Stände nicht zu fürchten braucht. Zu eindeutig hat ihm der Kaiser den Rücken gestärkt. Wer sich nun mit ihm anlegen will, legt sich mit dem Kaiser an. Die vorbereiteten Beschlüsse werden alle in seinem Sinne gefasst. Damit sichert er sich auf lange Sicht die für ein aufwendiges Fürstentum notwendigen Einkünfte.

Sein Forstschreiber Johann Stein bringt umgehend eine Holzordnung zu Papier. Dabei kann Heinrich auf das fortgeschrittene Wissen und die Erkenntnisse der schmalkaldischen Besatzer zurückgreifen, die von 1542 bis 1547 die Wälder des besetzten Fürstentums untersucht haben – mit erschreckendem Ergebnis. Der aus dem Kerker zurückgekehrte Heinrich scheut sich nicht, das Wissen der Sachsen, die in Fragen der Bergwerksverwaltung der Zeit voraus sind, zu übernehmen. Seine Wälder, das haben sie festgestellt, sind in einem schlechten Zustand und müssen schonender behandelt werden.

Mit der ersten von den Ständen beschlossenen welfischen Holzordnung hat Herzog Heinrich der Jüngere 1547 nach dem Bergregal und den Harzer Forsten erfolgreich die Forsthoheit an sich gezogen. Ein wichtiger Schritt für die Schatulle seines kleinen Fürstentums, aber insbesondere auch für eine nachhaltige Entwicklung der Wälder.

Nach zwei Entwürfen von 1530 und 1535, die keine Rechtskraft entfalteten, ist die Holzordnung von 1547 das erste von einem „niedersächsischen Landtag" verabschiedete „Forstgesetz". Die Holzordnung von 1547 bildete die Grundlage für später weiterentwickelte Forstordnungen.

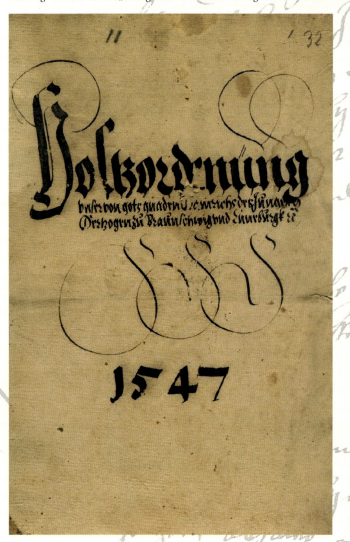

Aus der Holzordnung von 1547

„Nachdem wir Jn erfahrung khomen, daß vnsernn vnd vnsers furstenthumbs geholtzenn grosser schadenn vnd nachtheil zugefuegt wird, Demnach haben wir vnsernn landen vnnd leuten vnnd deroselben nachkhomen auch gemeinen nutz Zum besten vorgenhommen, solch holtzer Zuverwahren, hegen vnd hawen zu lassen, Jnmassen wie folgt.

Nemblich daß niemandt, wer der sey, Zu behuef seiner feur holtzunge gruen holtz Jn gedachtenn holtzern abhawe oder niderschlage, sunder daß durre abgefallenn holtz Zuuor darauß furenn lassen soll, vnnd wan sollich abgefallenn holtz gar herausser gefurdt ist, Alsdann sollenn die vntertthanen daß gemeine holtz Zu behueff Jhrer feur holtzung mit wissen, willenn vnd anweisung vnser Amptleute, holtzfursternn oder andern vnsernn dartzu vorordenten leuten thuen vnd abhawen, Es soll auch niemandt keinen hundt Jn daß holtz mit Jhme, weder mit wagen, pferden oder zu fueß nhemen noch furen, Jtem das die geholtz nach Jharenn vnnd antzall nach ordnung gehawen werdenn, vnnd daß man etzliche hohe hester vnd Zwißelbernn vnuorletz stehen lassenn,

Jtem wer bawholtz hawen will, daß sollichs auch mit wissen der obgenanten vnser beschlossenn manne, der Erben gemeinheit, Amptleuten, fursternn vnnd geschwornen geschehe vnd die sollens h Jhme auch nach gelegenheit vnd notturfft vorgunstigen vnd ausweisen vnnd solich holtz soll alleß mit der malaxt getzeichnet werdenn,"

(Abschrift nach Graefe)

Eine erste Holzordnung für den Wald

Emblem aus dem Pagenbuch des Herzogtums Braunschweig von 1734.
Die Holzordnung von Herzog Heinrich Julius von 1547 regelte, dass Bauholz lediglich nach vorheriger Kennzeichnung durch die landesherrlichen Amtleute, Holzförster oder andere dazu ermächtigte Personen den Wäldern entnommen werden darf.
Forstleute wurden erst in der zweiten Hälfte des 18. Jahrhunderts systematisch ausgebildet, vorher übernahmen oft landesherrliche Jäger (Jagdpagen) die Aufsicht über die Waldnutzungen.
In der Abbildung bezeichnen Jagdpagen die Grenzen des Waldeigentums oder der Gemeindemarken.

Durch das vorherige Auszeichnen – und der Einführung eines Vorbehaltes der fürstlichen Beamten – soll die regellose Holzernte eingedämmt werden. Damit sind die ersten Schritte zu einer pfleglichen und nachhaltigen Waldbehandlung getan.
In der Abbildung schlagen die Förster einen zu fällenden Baum mit Waldhammer und Stempel an. Nur die so gekennzeichneten Holzstämme werden mit der Axt zu Schichtholz aufgetrennt und aufgesetzt.
Im Hintergrund die bis in das 18. Jh. allgegenwärtige Waldweide

EINE FRAGE FÜR EIN JAHRHUNDERT:
WIE LANGE REICHT DAS HOLZ NOCH?

„Dan die Höltzunge sein der Bergkwercke Hertze und des Fürsten Schatz"

Die hölzerne Zeit ist mit der ersten Holzordnung noch lange nicht zu Ende. Aber eine neue Entwicklungsphase ist eingeläutet. Spannende 150 Jahre beginnen nun. Heute würde man vielleicht von einem Innovationssprung sprechen, der bevorsteht. Zu Beginn der Neuzeit dauern solche Prozesse noch etwas länger als heute. Ein Wandel vollzieht sich in maßvollem Tempo – und der Dreißigjährige Krieg lähmt zudem eine schnelle Weiterentwicklung.

Nicht nur am Wolfenbütteler Fürstenhof dreht sich vieles um die Bergwerke und florierende Gewerbe. Auch in anderen Regionen, wie in Sachsen und der Oberpfalz, liefern Waldungen eine kostbare Ressource, die durch den fortschreitenden ungeregelten Raubbau immer knapper wird. Je mehr Holz verbraucht wird und die Waldvorräte abnehmen, desto drängender werden die Fragen nach einer zukünftigen und kontinuierlichen Versorgung der Bergwerke und Gewerbe. Steht zunächst die Frage der „Holz fressenden" Bergwerke und Gewerbe im Vordergrund, wie man die verbliebenen Ressourcen strecken kann, damit sie länger vorhalten, so gewinnen die Erkenntnisse der zunehmend eigenständig agierenden Forstleute an Bedeutung, wie man die Vorräte effizienter nutzen, Wald wieder aufbauen und damit Holzerträge steigern kann.

1589 – Der Raubbau und die Schäden in den Wäldern reißen nicht ab. Herzog Julius nimmt vieles selbst in die Hand, von ihm wird man später als einem der ersten „Landesväter" sprechen. Er intensiviert die Forstbereitungen, heute würde man von Inspektionen oder Interner Revision sprechen. Die Protokolle und ein Entwurf einer neuen Forstordnung lassen keine Zweifel aufkommen: Bei Hofe ist man sich des Problems bewusst. Georg Engelhard von Löhneyss nimmt seinen Dienst für den Erbprinzen Heinrich Julius auf und wird 1589 nach dessen Regierungsantritt Berghauptmann in Clausthal.

1624 – Aus einer pfälzischen Adelsfamilie stammend und wegen einiger Dienstjahre am Hof des Kurfürsten August von Sachsen bringt Georg Engelhard von Löhneyss Verbindungen mit. Als Berghauptmann fällt ihm quasi per Amt die Rolle zu, eine Bergwerksordnung (1617) und – für einen Cameralisten der Zeit auch völlig üblich – ein Hausväterbuch über die Regierkunst zu schreiben (Aulico Politica), das aber erst 1624 posthum erscheint. Das Forstkapitel hierin, ein Entwurf einer Forstordnung, entpuppt sich erst später bei genauerer Analyse – allerdings durchaus segensreich für den Welfenhof – als „Quasi-Plagiat" der Schriften des berühmten oberpfälzischen

Herzog Julius

Herzog Heinrich Julius

Die Herzöge Julius (links) und sein Sohn Heinrich Julius von Wolfenbüttel haben ständige Probleme mit fehlendem Holz und übernutzten Wäldern.
Herzog Julius bereiste 1583 höchstselbst seinen Harz und entwarf im Anschluss daran eine neue Forstordnung. Das Bereitungsprotokoll vom 15. April 1583 bringt die existenzielle Bedeutung der Wälder zum Ausdruck: „Dan die Höltzunge sein der Bergkwercke Hertze und des Fürsten Schatz, wann keine Höltzung vorhanden, sein die Bergwerke gleich wie eine Klocke ohne den Kneppel undt eine Laute ohne Saiten, Gott gebe es rede darwider wer da wolle."
Sein Sohn und Nachfolger Heinrich Julius ernennt 1589 Georg Engelhard von Löhneyss zu seinem neuen Berghauptmann im Harz.

Titelkupfer von: Berghauptmann Georg Engelhard Löhneysen (1552–1622): Seine Hof-, Staats- und Regier-Kunst erschien postum 1624 und enthält eine Forstordnung, die das für die Zeit fortschrittlichste Wissen aus den oberpfälzischen Schriften von Noe Meurer in Wolfenbüttel etabliert. Neben einer Beschränkung der Nutzung schwindender Holzressourcen entwickeln sich neue Ideen für eine Verbesserung der Waldungen. Saat, Pflanzung, Schutz des Nachwuchses, Begrenzung der Waldweide, Anbau zuwachsstärkerer Nadelbäume: Es entstehen Vorstellungen für eine pflegliche Waldbehandlung (Hier: eine Ausgabe von 1679).

Forstschreibers Noe Meurer. Ihm gebührt denn auch wohl in erster Linie der Ruhm, neben einer Beschränkung der Nutzung der schwindenden Holzressourcen neue Ideen für eine Verbesserung der Waldungen eingebracht zu haben. Saat, Pflanzung, Schutz des Nachwuchses, Begrenzung der Waldweide, Anbau zuwachsstärkerer Nadelbäume: Es entstehen Vorstellungen für eine pflegliche Waldbehandlung.

1648/1654 – Im Dreißigjährigen Krieg blieb einiges an Arbeit liegen an den Höfen und im Land. Dann erklang Friedensgeläut in den Kirchen landauf, landab. Wie nach jedem Krieg, bedeutete der Friedensschluss einen Neubeginn. 1648 wurde für den Kommunionharz eine Forstordnung erlassen, in der die Bergwerke noch einen absoluten Vorrang hatten. Der Nutzungsbedarf wurde von den Bergleuten bestimmt, die Forstleute hatten zu liefern. Und im Wald sah es immer katastrophaler aus. Unter dem neuen Herzog August d. Jüngeren wird als Schreiber der Forstordnungen von 1648 und 1654 der Jagdpage Schnoor genannt. Die Regelungen zum Schutz des Waldes wurden jetzt strenger. Erstmals erfolgt eine Trennung der Zuständigkeiten für Amts- und Forstgeschäfte (§ 1), *„um den Verwaltern der Aemter und Güter allen Einfluß auf die Bewirthschaftung der Forsten zu entziehen, welchen sie oft genug zum eigenen Nutzen und zur Versorgung ihres Viehbestandes auf Kosten des Waldes ausgebeutet haben mochten."* Damit war der Grundstein für eine fachlich verselbstständigte Forstverwaltung gelegt. Und noch etwas taucht da plötzlich in dieser Zeit zum ersten Mal auf: ein ganz unverdächtig scheinendes Wort, das eine Weltkarriere machen wird. Das kann aber zu diesem Zeitpunkt noch niemand ahnen: Eine *nachhaltende* Holzversorgung der Sägemühlen solle sichergestellt werden. Hier taucht das Zauberwort der Nachhaltigkeit erstmals auf.

1683 – Bis zum Dreißigjährigen Krieg hat es mit den verschiedenen welfischen Herzögen eine mehr oder weniger zielstrebig-einheitliche welfische Forstpolitik in Niedersachsen gegeben. Seit dem Jahr 1634 drifteten die welfischen Häuser auseinander. In der Folge entstand das „Land" Hannover und damit eine Zeit welfischer Kräfteverschiebung. Einer der größten Gelehrten und Denker der Zeit forschte in Hannover im Auftrag seines Herzogs Ernst August für die „beste aller möglichen Welten" und wandelte auch für einige Jahre zwischen den welfischen Welten: Gottfried Wilhelm Leibniz. Das ausgeklügelte Wasserfördersystem im Oberharz stockte im Jahreslauf je nach Wasserverfügbarkeit – und damit auch die Produktion im Berg. Beide Staatshaushalte in Hannover wie in Wolfenbüttel waren aber auf die Erträge aus dem Harz angewiesen. Er reiste rund dreißig Mal in den Harz und hielt sich dort insgesamt rund drei Jahre auf, scheiterte schließlich aber doch an technischen Problemen.

1713 – Die Zeit höchsten Holz- bzw. Energienotstandes fällt in die Jahre von 1680 bis 1720. „Er habe in diesen Haien keinen einzigen Oberbaum gefunden, der stark genug gewesen wäre, um einen Communionförster daran aufzuhängen", beklagt sich ein Wolfenbütteler Oberforstmeister 1680. Im Harz werden jährlich statt der in produktiven Wäldern möglichen 8 m³ Holzzuwachs pro Hektar etwa 25 m³ geerntet. Angesichts der zerhauenen Zustände muss das zwangsweise ein Ende der Wälder herbeiführen. Der Berghauptmann Heinrich-Albert von dem Busche müht sich zu dieser Zeit redlich, die Weichen für eine neue und zukunftsfähige Energieversorgung zu stellen. Wasser, Wind, Torf und Kohle sollen im Harz das Holz als Energiequelle entlasten. In Freiberg in Sachsen schlägt die „Sternstunde" des dortigen Berghauptmannes Hans-Carl von Carlowitz. Wie von dem Busche im Harz will er dort die Weichen für eine pflegliche Waldnutzung und eine sichere zukünftige Bergverwaltung stellen – und

> **„Capitel V. Von den Segemühlen"** **aus der Forstordnung von 1654**
>
> „Wann … an ein oder andern Orte eine Segemühlen zulegen/ in Vorschlag kommen sollte/ solle vor erst wol überlegt werden … *wie lange die Holtzung/* so auf solchen Segemühlen zu verschneiden/ vorhanden/ *nachhalten könne.*"

„Er habe in diesen Haien keinen einzigen Oberbaum gefunden, der stark genug gewesen wäre, um einen Communionförster daran aufzuhängen", beklagt sich ein Wolfenbütteler Oberforstmeister 1680 über den Waldzustand im Harz. Dass es Oberbäume im Dreißigjährigen Krieg zu diesem Zwecke durchaus gab, davon zeugt der Stich „Der Galgenbaum" von Jacques Callot. Direkt nach dem Dreißigjährigen Krieg bereitet Herzog August d. J. eine Trennung der Verantwortlichkeiten von Bergwerks- und Forstverwaltung vor, mit dem Ziel, die Plünderung der Wälder einzudämmen.

Dan die Höltzunge sein der Bergwercke Hertze und des Fürsten Schatz

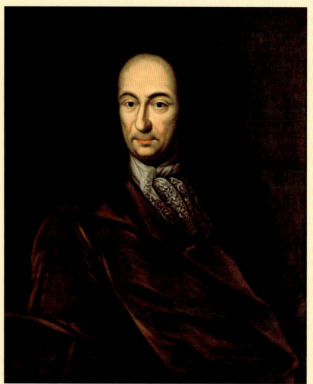

Abb. links: Vertikalwindkunst von Leibniz (Modell: Historisches Museum Hannover)
Abb. rechts oben: Gottfried Wilhelm Leibniz, Porträt von Christoph Bernhard Francke, um 1700
Abb. rechts unten: Horizontalwindkunst, Modell aus der Gottfried Wilhelm Leibniz Bibliothek Hannover

Der „berühmte Herr Leibniz" war nicht nur Philosoph, sondern auch Mathematiker – und Tüftler. Er weckte in Hannover wie in Wolfenbüttel die Erwartung, mit neuen Windmühlen die kontinuierliche Silberförderung stabilisieren zu können.
In den Berg sickerndes Wasser wurde im Harz als Energiequelle genutzt und dafür aus den Gruben in das System des Oberharzer Wasserregals gepumpt. Das System war in Trockenjahren ohne ausreichende Niederschläge anfällig. Leibniz wollte deshalb Windkraft für den Antrieb der Pumpengestänge einsetzen. Mit einer Horizontalwindmühle wollte er unabhängig von der Windrichtung jederzeit und kontinuierlich Wasser in höher gelegene Teiche pumpen, um sie von dort über das System von Gräben auf die Antriebsräder leiten zu können. Heute, in aktuellen Zeiten der Energiewende, wird die dem Prinzip zugrunde liegende Idee als Pumpspeicherwerk wieder verfolgt. Am Ende scheiterte er aber mit dem Projekt doch an technischen Problemen.

1724 verweigert der Viceberghauptmann von Imhof der Anforderung aus der Bergwerksverwaltung die Lieferung von Holz. Es ist ein weiter Weg gewesen zu dem Prinzip, „dass der Betrieb undt Umgang des Bergk- und Hüttenwerkes sich nach dem jedesmahligen Zustand der Forsten und Holzungen undt nicht die Forsthaußhaltung nach dem Betrieb des Hüttenwerkes sich zu richten habe." Auf seiner persönlichen Bergkanne, die aus dem Jahr 1734 stammt, ist eine frühe Darstellung der Harzer Fichtenwirtschaft erhalten.

formuliert dabei in seinem Buch die *Nachhaltigkeit* als Wirtschaftsprinzip.

1724 – Von 1547 bis 1713 sind etwa 150 Jahre vergangen, in denen die Wälder im heutigen Niedersachsen, aber nicht nur hier, sondern in ganz Deutschland, einer wachsenden Bevölkerung und ihrer steigenden Bedürfnisse in einer gesellschaftlichen Weiterentwicklung geopfert worden sind. Von ungeregelter Nutzung kann man nun nicht mehr sprechen, weil die in dieser Zeit erdachten landesherrlichen Regelungen an Dichte und Schärfe durchaus zunahmen. An der fehlenden Erkenntnis, etwas ändern zu müssen, hat es somit nicht gelegen. Die Abhängigkeit vom Holz in der Energiefrage war aber derart ausgeprägt, dass erst ein geradezu revolutionäres Umdenken gepaart mit alternativen Energiequellen die Wälder von dem Nutzungsdruck entlasten konnte. Die Zeit war erst zu Beginn des 18. Jahrhunderts reif für diesen Prozess. 1724 verweigerte der Viceberghauptmann von Imhof im Harz die Bewilligung zum Holzeinschlag von Schacht- und Grubenholz. Es ist ein weiter Weg gewesen zu dem Prinzip, „dass der Betrieb undt Umgang des Bergk- und Hüttenwerkes sich nach dem jedesmahligen Zustand der Forsten und Holzungen undt nicht die Forsthaußhaltung nach dem Betrieb des Hüttenwerkes sich zu richten habe."

DEM HIMMEL SO NAH
Die größte Holzkirche aus Harzer Mondholz

Durch den Abbau von Silber hatte die Bergstadt Clausthal ihre große Bedeutung erlangt. Die Schätze im Berg und der Holzreichtum auf dem Berg: Die Clausthaler wussten, wem sie zu danken hatten. Der sonntägliche Kirchgang zum Dank gehörte genauso zum Leben in dieser Stadt, wie die Kirchenglocke über den Tagesablauf der Bergleute bestimmte. Mit der Marktkirche errichteten die Clausthaler Bergleute zu Beginn des 17. Jahrhunderts einen Prestigebau, nachdem die vorherige Kirche nicht mehr genügend Plätze bot. So kommt es, dass heute die größte Holzkirche Mitteleuropas im Oberharz in Clausthal steht. Wenn aus 2.000 Kehlen das Bergmannslied hier erklingt, dann lässt sich noch etwas von jener Atmosphäre erahnen, als das Bergwesen pulsierte und das Leben im Harz bestimmte. Ganze Wälder seien damals für den Kirchbau abgeholzt worden, sagt der Restaurationsleiter Gisevius, der in den letzten zehn Jahren die Sanierung der Marktkirche geleitet hat. Allein der Turm ist aus 56 Tonnen Holz gebaut – ein Wunderwerk technischer Holzkonstruktion.

Die Schätze im Berg und der Holzreichtum auf dem Berg; die Clausthaler wussten, wem sie zu danken hatten. Am Pfingstsonntag 1642 wurde die Marktkirche zum Heiligen Geist nach acht Jahren Bauzeit geweiht. Entstanden war eine imposante Kirche, die nach Erweiterung Platz für 2000 Menschen bot. Der Glockenturm wurde von der Berghauptmannschaft finanziert und bereits 1637 noch vor dem eigentlichen Kirchengebäude errichtet, damit die Bergleute durch die Anfahrglocke zum pünktlichen Schichtbeginn gemahnt werden konnten. Seit ihrer Sanierung 2013 erstrahlt die Kirche wieder in „Bergblau".

Der Bergbau brauchte große Glocken

Im September 1634 fiel das erst 24 Jahre vorher erbaute Gotteshaus zusammen mit dem Rathaus, der Schule und über 160 Wohnhäusern einem Großfeuer zum Opfer. Die Hälfte der etwa 3000 Bürger wurde obdachlos und musste in anderen Behausungen untergebracht und versorgt werden. Trotz der schwierigen Umstände wollte die Stadt schon nach kurzer Zeit die Kirche neu aufbauen, merkte aber, dass das ihre finanziellen Möglichkeiten zunächst überstieg. Für die Bergbauregion war aber vor allem das tägliche „Anläuten" wichtig, denn das regelte die Arbeit der Bergleute. Und so übernahm denn auch die Bergbaubehörde die Kosten für einen neuen Glockenturm. Im Dezember 1636 fällten Zimmerer das nötige Holz und mit Beginn des darauffolgenden Frühjahrs errichteten sie in nur wenigen Monaten den neuen Turm. Erst zwei Jahre später begann man mit dem Bau der eigentlichen Kirche. Das Langhaus wurde 1642 fertig und in den folgenden Jahrhunderten immer wieder erweitert, umgestaltet und ausgebessert.

80 rund 100 Jahre alte Fichten wurden für die Sanierung der Kirche von den Niedersächsischen Landesforsten bei abnehmendem Mond im Clausthaler Forst gefällt. Die Zimmerleute nutzten die Gelegenheit zur Demonstration ihrer hohen Holzbaukunst, die in einer Gegend wie dem Harz auf eine lange Tradition zurückblicken kann.

Glocken lassen Turm bedrohlich schwingen

Die neuen Glocken erwiesen sich jedoch als zu groß. Genauer gesagt: Ihre Schwingungen waren zu stark. Zwar war der Glockenstuhl als separates Gerüst in den Turm hineingestellt und konstruktiv nicht mit diesem verbunden, doch seine Balken verformten sich mit der Zeit immer bedenklicher. Zur Stabilisierung verband man im 19. Jahrhundert beide Konstruktionen mit neuen Balken und Schraubbolzen. Doch das verschlimmerte das Problem nur: Die starken Schwingungen wurden nun auch in die Außenwände geleitet. In den 1970er-Jahren stellten Sachverständige dort bedenkliche Schäden fest. Die waren bei einer weiteren Untersuchung Ende der 1990er-Jahre nochmals fortgeschritten. Allerdings war die gesamte Kirche in einem angegriffenen Zustand. In den 1960er-Jahren wurde die Bleideckung fehlerhaft erneuert und an vielen Stellen drang seither Feuchtigkeit ein. Zuerst wollte man eigentlich den kunsthistorisch wertvollen Innenraum retten. Doch die Situation des Glockenturms spitzte sich zu. Im September 2006 wurde er als akut einsturzgefährdet eingestuft und mit sog. „Schwungsteifen" notabgestützt. Im Laufe des Sommers 2007 zeigte sich deutlich, dass seine Sanierung vorgezogen werden musste. Und das bedeutete: die bestehende Konstruktion komplett abbauen und durch eine neue ersetzen. Am 12. November 2007 hob ein großer Autokran die Haube ab und anschließend konnte der Turm dann Etage für Etage von oben nach unten abgetragen werden. Das geschah

Eine spektakuläre Bauphase: Ein Kran hebt den zusammengebauten Turmschaft mit seinem 65 Tonnen vom Richtplatz auf die neuen Fundamente.

sehr sorgfältig, weil man ja die vorhandene Konstruktion detailliert dokumentieren und wieder verwendbare Bauteile genau kennzeichnen musste.

Am 9. Juni 2008 war es dann so weit: Ein Autokran hob die 65 t schwere Konstruktion hoch und setzte sie auf die neuen Fundamente – der wohl spektakulärste und zugleich kritischste Moment der gesamten Baumaßnahme. Der Rest ging dann schnell. Eine Holzkirche zu sanieren, ist kein alltägliches Geschäft, schon gar nicht, wenn es sich um eine so große handelt. Aber Holzbau liegt in einer so waldreichen Region wie dem Harz natürlich nahe und hat dort auch Tradition. Die Zimmerer versteckten sich während ihrer Arbeiten nicht hinter einem hohen Zaun, sondern nutzten die Gelegenheit zur Demonstration ihrer hohen Holzbaukunst.

Die Qualität von Mondholz

Mit dem natürlichen Baustoff Holz hatte sich die Bauleitung vor dem Start intensiv beschäftigt. An die Holzbeschaffung wurden besondere Anforderungen gestellt. Das Holz sollte aus den umliegenden Wäldern stammen und als Mondholz geschlagen werden. Das Forstamt Clausthal der Niedersächsischen Landesforsten konnte diesen Wunsch erfüllen, suchte 80 rund 100 Jahre alte Fichten aus und fällte sie im Februar 2008 bei abnehmendem Mond. Sechs Wochen blieben sie anschließend im Wald liegen, um langsam und gleichmäßig zu trocknen. Dann wurden die Stämme aufgearbeitet, entrindet und ins Sägewerk gebracht. Die Verwendung von Mondholz gleicht einer Glaubensfrage. Bewiesen ist es nicht, aber es soll besonders stabil sein, weniger reißen und auch weniger anfällig für Pilz- und Schädlingsbefall sein.

Gute Erfahrungen wurden jedenfalls mit dem besonderen Holz gemacht, betonten alle beteiligten Holzbauunternehmen. Am Erntedanksonntag 2008 läuteten die Glocken zum ersten Mal nach der Restaurierung. Heute erstrahlt die Kirche mit ihrem neuen Anstrich im „originalen Bergblau" in frischem Glanz.

(Veränderte Fassung eines Beitrags mit freundlicher Genehmigung von Verena Sohns)

DIE ENTDECKUNG DER NACHHALTIGKEIT

„Es ist erhellend, einmal zurück zu den Wurzeln zu gehen und Hans Carl von Carlowitz bei seinem tastenden Suchen nach dem prägnanten Wort über die Schulter zu schauen."

Autor Ulrich Grober zum „Jahr der Nachhaltigkeit", 2013

Die Evolution des Nachhaltigkeitsgedankens in der Bewirtschaftung des Harzes

Brage Bei der Wieden

Hans Carl von Carlowitz, der gelegentlich zum Vater des Nachhaltigkeitsgedankens erklärt wird und jedenfalls das Verdienst hat, die erste forstwissenschaftliche Monografie vorgelegt zu haben, war kursächsischer Berghauptmann. Ein wacher Geist, der dafür gerühmt wurde, durch die Besichtigung auswärtiger Bergwerke „annoch unbekannte Erfahrungen" erlangt und zum Nutzen der sächsischen Lande angewandt zu haben.

Weiter als im Erzgebirge reichen Begriffsgeschichte und Praxis der Nachhaltigkeit im Harz zurück. Hier resultieren die Anfänge der nachhaltigen Forstwirtschaft aus dem Versuch, Bergbau, Wasserhaltung und Holzproduktion in ein sich regulierendes System zu bringen.

Im 13. Jahrhundert hatten die Waldleute (silvani), die im Harz die Schmelzhütten betrieben, noch das Recht, Kohlen zu brennen, wo sie wollten. Die Bergordnung von 1271 trifft erste Einschränkungen: Ein Bergwerk soll das Holz so weit gebrauchen, wie seine Abzugsgräben und Gruben reichen. Der Niedergang des Bergbaus in den folgenden Jahrhunderten lockerte zunächst die Notwendigkeit, mit dem Holz Maß zu halten. Erst als Mitte des 15. Jahrhundert die Konjunktur für Bergwaren anzog und die Probleme, das Wasser kontinuierlich aus dem Berg zu leiten, gelöst werden konnten, kam es zu weiteren Regelungen. Das Goslarer Holzgericht, eine gemeinsame Behörde für den Montanbetrieb und die Waldwirtschaft, bestimmte, dass nur Stämme einer gewissen Stärke gefällt werden dürften. 1456 verbot es das Fällen von Holz aus reiner Habsucht und legte fest, dass ein Köhler auf seiner Kohlstätte wenigstens zehn ältere Bäume stehen lassen sollte.

Nachdem Herzog Heinrich der Jüngere zu Braunschweig und Lüneburg (Wolfenbüttel) im Riechenberger Vertrag 1552 die Stadt Goslar zur Rückgabe des Bergzehnten und eines Großteils der Forsten gezwungen hatte, erließ er eine Bergordnung, die zunächst an der Holznutzung nichts änderte. Die Voraussetzungen aber dafür, aus Eigeninteresse der Obrigkeit Bergbau und Forstwirtschaft aufeinander abzustimmen, waren gegeben. Anders verhielt es sich etwa in der Steiermark, wo zur gleichen Zeit die landesherrliche Bergnutzung keine Rücksicht auf die Waldeigentümer nahm. Ein weitgehender Ausgleich der unterschiedlichen Interessen gelang damals in den Chiemgauer Alpen: Das Holz sollte angemessen bezahlt werden, Lassreiser auf den Schlägen stehen bleiben und junges Gehölz verschont werden.

Für die braunschweigischen Harzforsten galt im Prinzip auch die Forstordnung, die Herzog Heinrich der Jüngere 1547 für das Fürstentum Wolfenbüttel erlassen hatte. Eine eingehende Forstordnung mit detaillierten forsttechnischen Anweisungen, die sein Sohn Julius 1585 hatte erarbeiten lassen, trat wegen des Widerstandes der Landstände nicht in Kraft, war jedoch für die Bewirtschaftung der landesherrlichen Forsten maßgebend. Julius veranlasste außerdem eingehende Forst-

Der Harz war nicht nur ein Gebirge und großes Waldgebiet. Wegen seines Reichtums an Erzen war es ein Montangebiet, eines der größten europäischen Industrielandschaften des Mittelalters. Die Köhlerei bildete mit ihrer Arbeit die Grundlage für alle weiteren Nutzungen. Die Meiler waren die Kraftwerke des Mittelalters, die Gebirge voll davon. 8.000 Meilerplätze waren es wohl etwa, die in der Hochphase unerbittlich gleichzeitig an den Wäldern nagten. Die barocke Darstellung aller Arbeiten, die im Zusammenhang mit der Köhlerei stehen, stammt aus einem Buch von „Adelicher Haus-Vatter".

bereitungen. Im Protokoll einer Forstbereitung im Harz werden bereits 1583 Überlegungen angeregt, wie lange das Holz, das in einem Zeitraum von 30 Jahren aufwächst, „das berg- undt hüttenwerck *halten* könne". Das Forstwesen im Ober- und Unterharz unterstellte Herzog Julius den Bergbehörden.

Eine Konkurrenz zwischen Bergbau und Holznutzung deutet die Geschichte an, die sich im Jahre 1605 unter Herzog Heinrich Julius zu Braunschweig und Lüneburg zugetragen haben soll: In Thale schickte ein armer Bauer seine Tochter in den nächsten Busch, um Brennholz aufzulesen. Als sie ihre Körbe gefüllt hatte, trat ein weiß gekleidetes Männchen zu ihr – ein Berggeist – und fragte: „Was trägst du da?" „Aufgelesenes Holz", antwortete das Mädchen, „zum Heizen und Kochen". „Schütte das Holz aus", sprach das Männchen, „ich will dir etwas zeigen, das besser und nützlicher ist als Holz" und führte sie an einen Platz, an welchem Silbermünzen eines alten Gepräges aus dem Boden quollen. Da füllte sie ihre Körbe und brachte Silber genug nach Hause. Nachher hat aber niemand die Silberquelle finden können …

Diese Sage zeigt die Verlockungen auf, die Edelmetallfunde auslösten, das Hintanstellung existentieller Bedürfnisse in der Erwartung, durch Geld genug nie mehr Not leiden zu müssen – und die meist enttäuschten Hoffnungen. Sie folgt natürlich tradierten Erzählmustern, kann aber die Erwartungen spiegeln, die sich gerade um 1600 an Gewinne aus dem Bergbau hefteten.

Eine Generation später – 1634 – starb das mittlere Haus Braunschweig der Herzöge zu Braunschweig und Lüneburg aus. Die Verwandtschaft teilte sich das Erbe: mit Ausnahme der Montanregion im Harz, die in eine gemeinsame Verwaltung – die Kommunion – überging. Seit 1651 besaßen die hannoverschen Welfen vier Siebtel, die in Wolfenbüttel regierenden drei Siebtel des sog. Kommunionharzes. Die Produktivität der Bergwerke konnte durch neue Techniken – die Schießarbeit und verschiedene mechanische Künste – erhöht werden. Die Zeit um 1700 gilt als die goldene Epoche des Harzer Bergbaus. Auch im internationalen Maßstab schloss der Harz auf und gehörte bald wieder zu den wichtigsten europäischen Montanregionen.

1634 starb das mittlere Haus Braunschweig der Herzöge zu Braunschweig und Lüneburg aus. Die Verwandtschaft teilte sich das Erbe: mit Ausnahme der Montanregion im Harz, die in eine gemeinsame Verwaltung – die Kommunion – überging. Seit 1651 besaßen die hannoverschen Welfen vier Siebtel, die in Wolfenbüttel regierenden drei Siebtel des sog. Kommunionharzes. Die Produktivität der Bergwerke konnte durch neue Techniken – die Schießarbeit und verschiedene mechanische Künste – erhöht werden. Auch im internationalen Maßstab schloss der Harz auf und gehörte in der ersten Hälfte des 18. Jahrhunderts wieder zu den wichtigsten europäischen Montanregionen. Man sprach von der „goldenen Zeit".

Die goldene Unfruchtbarkeit

Zu jener Zeit erschien bei Homanns Erben, Nürnberg, eine Harz-Karte, welche den Titel trägt: „Delineatio aureae sterilitatis Herciniensis i.e. HERCINIAE METALLIFERAE". In der Übersetzung bedeutete dieser Text: „Darstellung der goldenen Unfruchtbarkeit des Harzes, d. h. des metallerzeugenden Harzes". Der Begriff von der „goldenen Unfruchtbarkeit" war im Zusammenhang mit dem Oberharzer Bergbau eine gängige Redensart. Die Karte war einer im Jahre 1753 von Christian Böse verfassten Schrift mit dem Titel „Generale Haushalts-Principia von Berg-Hütten- Saltz- und Forstwesen, inspecie vom Hartz", aufgesetzt von Christian Bösen, Fürstl. Heßischen Berg- und Hütten-Inspektor zu Schmalkalden, als „Zugabe" beigefügt worden.

Eine Medaille, die von Münzmeister Heinrich Bohnhorst in der Clausthaler Münze geprägt wurde und den Reichtum des Harzer Bergbaus herausstellt, trägt die Umschrift: **„AUREA HERCINIAE STERILITAS – DITESCIT AB IMO."** *In freier Übersetzung:* **Die Unfruchtbarkeit des Harzes ist eine goldene, sie steigt aus der Tiefe.**

Was bedeutete das fiskalisch? Aus dem geförderten Silber hätte man jährlich 150.000 Taler ausmünzen können, dazu kamen Blei und Kupfer und andere Bergbauprodukte. Die Betriebsergebnisse fielen allerdings Jahr für Jahr recht unterschiedlich aus. Die herzogliche Kammer in Wolfenbüttel erzielte 1680/81 aus „denen Communion Bergwercken, Forsten und Saltzwerck Julius Halle" Einnahmen von 5.170 Reichstalern. 1706/07 waren es 45.593, 1735/36 noch 23.530 Taler. Die Bergwerkseinnahmen der kurfürstlichen Kammer in Hannover flossen zu drei Vierteln aus dem Einseitigen Harz; insgesamt beliefen sie sich um 1700 auf etwa 230.000 Taler.

Mit Errichtung der Kommunion bildete das Revier einen eigenen Bergwerkstaat mit dem Bergamt in Zellerfeld als Regierung. Dass die obrigkeitlichen Funktionen auf die Bergbehörde konzentriert wurden, zeigt, wie sehr der Bergbau alle Lebensbereiche steuerte. Die Forstverwaltung war hier integriert, die obere Forstbehörde, das Forstamt, dem Bergamt nachgeordnet. In der Direktion wechselten sich Jahr für Jahr der hannoversche und der braunschweigische Berghauptmann ab.

Die jährliche Forstkonferenz, das Generalforstamt, stellte 1645 fest, dass – unzähligen zuvor publizierten Forstordnungen zuwider – keine Bäume, namentlich Eichen, nachgepflanzt worden seien. Eine prominent besetzte Kommission hannoverscher und braunschweigischer Deputierter beschäftigte sich 1656 mit den Verhältnissen in der Kommunion und traf eine ganze Reihe von Beschlüssen, auf deren Grundlage die weitere Bewirtschaftung einzurichten war. Als Forstresolutionen im engeren Sinne können 17 Verfügungen angesprochen werden, die aber zusammengenommen noch kein geschlossenes Gesetzeswerk abgeben.

Die unterschiedlichen Verordnungen, die aus den Berg- und Forstamtsprotokollen, den Bergrechnungsresolutionen und Forstrechnungsmonita extrahiert werden konnten, flossen in den Entwurf einer Forstordnung ein, die in der Literatur manchmal mit den Resolutionen von 1656 verwechselt worden ist. Tatsächlich erschien dieser Entwurf (ohne Intitulatio und Datum) in einer umfangreichen Sammlung zum Forst- und Jagdrecht im Druck (Corpus juris forestale), die der gräflich schwarzburgische Kanzler Ahasver Fritsch 1675 veranstaltete. Rechtskraft hat er nicht erlangt; er dürfte aber der forstlichen Praxis als Richtschnur gedient haben. Fritschs Sammlung benutzte übrigens auch Hans Carl von Carlowitz.

In dieser Forstordnung heißt es, die Forsten und Holzungen im Kommunionharz seien nicht allein des Bergwerks Herz, sondern es beruhen darauf auch des Landes und der Untertanen Wohlfahrt. Die Leistungsfähigkeit der Forsten müsse daher genau bedacht werden. Das Ziel sei es, so zu wirtschaften, dass sie „in guten Stand und Zuwachs auf die liebe posterität erhalten werden". Zu diesem Zweck sei erstens Jahr für Jahr der Holzbedarf zu überschlagen, zweitens eine genaue Beschreibung der Forstorte vorzunehmen: „zu consideriren … wie ein Berg mit dem andern wieder erwachsen sey/ damit man perpetuirlich an Holtzung bey diesem Bergwercke keinen Mangel leide." Auf dieser Grundlage könne die Forsteinrichtung erfolgen.

Auf dem Generalforstamt 1674 konkretisierte man die Jahresplanung. Fortan musste der Oberförster alljährlich den Berghauptleuten folgende Unterlagen aushändigen: einen Überschlag, wie viel Sägeholz im kommenden Jahr zu fällen sei, eine im Bergamt erstellte Rechnung zum Bedarf der Pochwerke und Hütten, schließlich auf Grundlage der Forstschreiberprotokolle eine Kalkulation des Bedarfs an Kohlen. Das war nicht nur die Proklamation einer Norm: Aus den Jahren 1703 bis 1707 haben sich solche vom Generalforstamt jährlich verfügten Ordnungen der Kohlen-, Röst- und Treibhölzer tatsächlich erhalten.

Der Entwurf einer Forstordnung für den Kommunionharz ist aber auch deswegen bemerkenswert, weil darin das Wort „nachhalten" zum ersten Mal in einem forstlichen Zusammenhang erscheint: „Wann … an ein oder andern Orte eine Segemühlen zulegen/ in Vorschlag kommen sollte/ solle vor erst wol überlegt werden … wie lange die Holtzung/ so auf solchen Segemühlen zu verschneiden/ vorhanden/ *nachhalten* könne." Das Wort kommt im Übrigen aus dem Niederdeutschen und findet sich zuerst in einer Redaktion des Braunschweiger Stadtrechts von ca. 1300 (dem Erben eines Heergewätes, der nicht gegenwärtig ist, solle man dieses „nachhalden"). Das Deutsche Wörterbuch der Brüder Grimm belegt „nachhalten" im Sinne von „anhalten, nachhaltig sein oder wirken" erst aus einem Goethe-Brief.

Die angemahnte genaue Beschreibung der Forstorte wurde nicht lange aufgeschoben. Ein Bericht der Berghauptleute von 1675 veranlasste die Vermessung und Beschreibung des Kommunionharzes in den Jahren 1676 bis 1680. Es entstand ein Forstabrissbuch in 74 Karten, das über 30.000 Hektar Wald Auskunft gibt, mit ausführlichen Beschreibungen zur Holzartenverteilung, Alter und Dichte der Bestockung, Zuwegungen, topografischen Besonderheiten und was sonst merkwürdig oder für die Bewirtschaftung von Interesse schien. Dieser „Atlas vom Kommunionharz" ist durch die Faksimile-Ausgabe der Karten und die digitale Text-Edition von 2010 allgemein bekannt und benutzbar gemacht worden (s. a. Beitrag Die Vermessung der Welt und ihrer Wälder).

Die erste Phase der Ausbildung einer nachhaltigen Forstwirtschaft erfuhr ihren Abschluss durch den Forstmeister Johann Georg von Langen, der 1732 mit seinem Atlas der unteren Blankenburgischen Forsten zum ersten Mal Periodentabellen vorlegte. Daraus konnte man die Flächengrößen, das Alter der Bestände, Schätzungen des Ertrages und des Zuwachses für 40 und 80 Jahre – getrennt

Das Prinzip, dass nicht die Holzmenge geerntet wird, die die Bergwerksverwaltung als Bedarf meldet, sondern nur das, was der Waldzustand auch pfleglich und dauerhaft hergeben kann, etablierte sich erst im 18. Jahrhundert mit verbesserten Methoden der Flächen- und Vorratsvermessung (hier: die Blankenburger Forst, Atlas von Langen 1732).

nach Laub- und Nadelholz – ablesen. Von Langen machte dadurch den aktuellen Waldzustand – nicht den Holzbedarf – zur Grundlage der Planungen. Und diesem Ansatz wurde zukünftig auch nachgelebt. Zahlreiche Quellen aus dem 18. Jahrhundert belegen das.

1757 brachte Wilhelm Gottfried Moser, württembergischer Expeditionsrat und Kameralist, die Nachhaltigkeit der Nutzung in ein System. Er hatte das Forstwesen im Harz kennengelernt, nicht zuletzt durch Johann Georg von Langen, und betrachtete die hannoverschen, braunschweigischen und stolbergischen Forsten als Muster. In seinen „Grundsäzen der Forst-Oeconomie" forderte er, dass die Forsteinrichtung ganz notwendig auf den „nachhaltigen Gebrauch und die wirtschaftliche Eintheilung der vorhandenen Forste und Hölzer" abzielen müsse. Die Nutzung müsse mit der „Erhaltung des Forsts" und der „Wohlfahrt des Staats" bestehen können.

Der Begriff „Forsteinrichtung" kann (so Steinsiek) nach derzeitigem Erkenntnisstand zuerst aus einem Reskript Herzog Karls I. zu Braunschweig und Lüneburg von 1754 belegt werden.[1] Das Grimmsche Wörterbuch kennt das Wort gar nicht.

Die nachhaltige Forstwirtschaft war keine zwangsläufige Folge bestimmter Bedingungen. Andere Gesellschaften haben ihre Wälder dauerhaft devastiert: im Mittelmeerraum, in England, im Alpengebiet. Auch heute geschieht dies noch in vielen Teilen der Welt. Gesellschaften und Individuen, die nur schlecht an die Umwelt angepasst sind und sich trotzdem erhalten können, gab und gibt es immer. Soziale Systeme verändern sich nicht unmittelbar durch Umweltwirkungen, sondern durch selbstreferenzielle Kommunikation. Deshalb ist die Frage, warum der Gedanke der Nachhaltigkeit sich im

17. Jahrhundert im deutschen Mittelgebirge ausbildete und nicht in anderen Waldgebieten und zu anderen Zeiten, keineswegs trivial und mit einer ökonomischen Notwendigkeit hinreichend zu erklären.

Will man versuchen, den Diskurs, der zur Verbreitung des Nachhaltigkeitsgedankens hinführte, zu beschreiben, so sind Forstordnungen die nächstliegende Quelle. Eine Verantwortung für die Nachkommen formulieren Forstordnungen seit dem 16. Jahrhundert. Die Eisenacher Forstordnung von 1645, die nachher vielen Forstordnungen als Muster gedient hat,[2] erklärte (es ist der Fürst, der hier redet): dass „Wir die Nothdurfft befundnen/ daß ... nechst guter Anstellung der Kirchen- Justiz- und Policey-Wesens/ auch ... eine richtige und solche Verordnung gemacht werden müste/ darmit die Gehöltze den lieben Nachkommen zum besten im pfleglichen Stande unverwüstet erhalten" bleiben und „durch gebürliche Hegung ein immerwährender Vorrath und Zuwachs gestifftet" werde.

Die Hausväterliteratur gibt einem Hausvater als Leiter des Hauswesens (der „Ökonomie") die notwendigen Hinweise, um vor Gott seiner Verantwortung für dieses Amt genügen zu können. Aus dieser Vorsorgepflicht des Haus- und Landesvaters bildete sich eine Verantwortungsethik, die den Erhalt der Waldungen einschloss. Darauf drängte als irdische Kontrollinstanz das Gewissen. Aus „Landes-Väterlicher Sorgfalt" gebühre es ihm darauf zu sehen, dass die Holzungen „conserviret und auff die libe posteritaet gebracht werden". (Porträt von August dem Jüngeren und Denkmal für ihn auf dem Marktplatz in Wolfenbüttel von 1904)

Es fordert also das Amt des Fürsten, des Landesvaters, hier tätig zu werden. Explizit betonte Herzog August der Jüngere zu Braunschweig-Lüneburg, aus „Landes-Väterlicher Sorgfalt" gebühre es ihm, darauf zu sehen, dass die Holzungen „conserviret und auff die libe posteritaet gebracht werden". Es scheint die Tradition der ökonomischen Literatur lutherischer Prägung durch, die als „Hausväterliteratur" bezeichnet wird. Die Hausväterliteratur gibt einem Hausvater als Leiter des Hauswesens (der „Ökonomie") die notwendigen Hinweise, um vor Gott seiner Verantwortung für dieses Amt genügen zu können. Deutlich formuliert ein verbreitetes Werk dieser Gattung, Wolf Helmhard von Hohbergs „Georgia curiosa" von 1682: Gott als oberster Schöpfer, Erhalter und Hausvater des Himmels und der Erde habe den Menschen zu seinem Verwalter, Pfleger und Obervogt über die Schöpfung berufen. Ganz wie es in der Bibel heißt: „Gott der Herr nahm den Menschen und setzte ihn in den Garten Eden, dass er ihn baute und bewahrte" (1. Mose 2, 15). Die Hausväterbücher behandeln gewöhnlich auch die Holzungen, und Hohberg führte im Hinblick auf diese aus, Gottes Willen und unserem Beruf folgend, könnten wir alles erlangen, was wir brauchten.

Jahrzehntelang durchzogen Söldnerheere das Deutsche Reich und hinterließen ein verheertes Land. Ein Drittel der deutschen Zivilbevölkerung starb. Mitten in dieser düsteren Zeit wurde im welfischen Erbfolge-Vertrag 1635 August der Jüngere Thronfolger in Wolfenbüttel. Aufgrund des tobenden Krieges musste er jedoch neun Jahre auf der Burg Dankwarderode in Braunschweig ausharren, bevor er erst 1644 seine arg in Mitleidenschaft gezogene Residenz in Wolfenbüttel beziehen konnte.

Das ist lutherische Rechtfertigungstheologie und lässt den Katechismus anklingen. Gott trägt die Gesamtverantwortung für seine Schöpfung. Das befreit den Menschen aber nicht von der Verantwortung, das ihm anvertraute Gut zu wahren und Rechenschaft darüber abzulegen. Wie es in Luthers Großem Katechismus zum 4. Gebot heißt: Gott will nicht Buben und Tyrannen im Regiment haben. Eltern und Obrigkeiten sollen ihre Kinder und Untertanen nähren, leiblich versorgen und zu Gottes Lob und Ehre auferziehen. „Darümb denke nicht, dass solchs zu deinem Gefallen und eigener Willköre stehe, sondern dass Gott strenge gepoten und aufgelegt hat, welchem du auch dafür wirst müssen antworten."

Hans Carl von Carlowitz (1645–1714), dargestellt als Reichs-Erbritter.
Das große Werk von Hans Carl von Carlowitz, seine „Sylvicultura oeconomica" von 1713, ist nicht alleine eine Schrift zur Förderung merkantilistischer Wirtschaftsbestrebungen, sondern darüber hinaus im Zusammenhang lutherischer Rechtfertigungslehre entstanden, wie sie durch die Hausväterliteratur popularisiert und konkretisiert wurde. Verantwortungsethik und rationale Durchführung der Planungen bildeten die Brücke zu Rationalismus und Aufklärung.

Aus dieser Vorsorgepflicht des Haus- und Landesvaters bildete sich eine Verantwortungsethik, die den Erhalt der Waldungen einschloss. Darauf drängte als irdische Kontrollinstanz das Gewissen. Lang anhaltende Bemühungen und Generationen von lutherischen Predigern hatten in den Gläubigen ein Gewissen erzeugt und verankert, dafür gesorgt, dass der strafende Gott internalisiert wurde. In der zweiten Hälfte des 17. Jahrhunderts war die Geistlichkeit in dieser Hinsicht weitgehend zum Ziel gelangt.

Christoph Hermann, Gutsverwalter der sächsischen Familie von Starschedel, rekurriert seinem Haushaltungsbuch von 1674 auf die Bedeutung des Gewissens: Hohe Standespersonen haben ihre Haußhaltungen so einzurichten, „daß das Gewissen bewahret/ und ein gnädiger Gott behalten werde."

Hans Carl von Carlowitz, auf dessen „Sylvicultura oeconomica" von 1713 sich das „Jahr der Nachhaltigkeit" 2013 bezieht, hatte die Hausväterliteratur verarbeitet. Er nennt Titel dieser Art jedoch nicht ausdrücklich – wie es für wissenschaftliche Werke charakteristisch ist, die sich von einer nur praktischen Tradition distanzieren wollen. Dennoch gehört auch sein Werk in den Zusammenhang lutherischer Rechtfertigungslehre, wie sie durch die Hausväterliteratur popularisiert und konkretisiert wurde.

Diese Tradition der lutherischen Ökonomie schrieb sich aus dem 16. Jahrhundert fort. Sie hat kaum Berührung mit der Vorstellung einer Conservatio als Ergebnis natürlicher Prozesse, der Vorstellung von einem Gott außerhalb seiner Schöpfung, der bloß ein Uhrwerk in Gang setzt, sondern sie rechnet mit einem persönlichen Gott, den der Gläubige in einen fortwährenden Dialog einbeziehen kann, der in den Lauf der Welt eingreift.

Die lutherische Ökonomie unterschied sich auch von rein merkantilistischen Erwägungen, wie sie in der berühmten „Ordonnace des eaux et forêts", die König Ludwig XIV. von Frankreich 1669 erließ, zum Ausdruck kommen. Zwar liest man darin ebenfalls von den großen Vorteilen einer Erhaltung der Wälder und den Früchten, die den Nachfahren zugutekommen sollen. Es fehlt aber an einer entsprechenden Ethik. Deshalb konnte dieses eingehende Regelwerk die Eingriffe nicht verhindern, die die französischen Wälder in Ludwigs weiterer Regierungszeit schwer schädigten.

Angesichts der Zeitstellung der hier behandelten Ideen – um 1700 – drängt sich der Gedanke auf, es könnten pietistische Ideen wirksam geworden sein. Gerade in dieser Epoche verbreitete sich der Pietismus im deutschen Luthertum und zeitigte Effekte, die nicht allein die Frömmigkeit betrafen. Philipp Jakob Spener und seine Nachfolger hatten eine praktische Theologie gepredigt: die Nachfolge Christi, das Streben nach individueller Vervollkommnung. Das vertiefte Bibelstudium in kleinen Gruppen sollten helfen, den richtigen Weg zu finden. Der Pietismus hat die Individualisierung, die Selbstbeobachtung und die Bildung befördert; in gewisser Weise auch die Wertschätzung des Praktischen gegenüber dem Theoretischen. Für den Waldbau lässt sich daraus nichts Wesentliches ableiten.

Es bleibt dabei: Eine je persönliche Verantwortung für die Bewahrung eines anvertrauten Gutes gestaltete die besondere Anforderung, Bergbau, Forstwirtschaft und Wasserhaltung ständig auszubalancieren, wie sie sich im Harz oder im Erzgebirge stellte. Der Gedanke der nachhaltigen Forstwirtschaft verfestigte sich in der zweiten Hälfte des 17. Jahrhunderts. Später verselbständigte er sich durch die Wiederholung regelmäßiger Planungen. Durch die Ratio der Planungen gewann er Anschluss an Rationalismus und Aufklärung. Ein ökologisches Denken entwickelte sich daraus noch nicht – und die Erhaltung der Biodiversität in ökologischen Systemen wurde erst Ende des 20. Jahrhunderts als forstwirtschaftliche Aufgabe formuliert.

DIE ENTDECKUNG DER NACHHALTIGKEIT

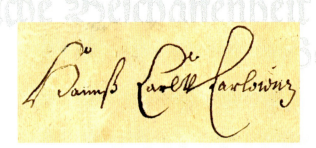

Hans Carl von Carlowitz

14.12.1645	Hans („Hannß") Carl von Carlowitz wird als zweites von 17 Kindern des Georg Carl von Carlowitz, eines Oberforst- und Landjägermeisters, auf Burg Rabenstein bei Chemnitz geboren.
1666	Studienbeginn in Jena (Naturwissenschaft, Jura und Sprachen)
1660–67	„Grande Tour" durch die Niederlande, England, Frankreich, Dänemark, Österreich und Italien
1666	Von Carlowitz wird in London nach dem „Großen Brand" kurzzeitig verhaftet, da Ausländer unter Generalverdacht gerieten, das Feuer gelegt zu haben.
ab 1672	Er hilft seinem Vater bei Amtsgeschäften, die dieser als Amthauptmann und Landjägermeister im Erzgebirge ausführt.
1675	Von Carlowitz heiratet Ursula Margarethe von Bose, Tochter von Christoph Dietrich von Bose d. Ä. (1628–1708), kursächsischer Geheimer Rat, Kriegsrat und Generalkriegskommissar. Aus der Ehe gehen drei Töchter hervor.
1677	Er unterstützt seinen Vater bei böhmisch-sächsischen Grenzvermessungen.
1679	Ernennung zum kursächsischen Vize-Berghauptmann
1680	Er übernimmt nach dem Tod des Vaters das Gut Arnsdorf.
1690	Die Familie zieht nach Freiberg, als das Anwesen in Arnsdorf nach einem Blitzeinschlag abbrennt.
1709	Von Carlowitz wird kursächsischer Kammer- und Bergrat.
1711	Beförderung zum Oberberghauptmann; damit wird von Carlowitz einer der wichtigsten Staatsdiener Augusts des Starken.
1713	Zur Ostermesse in Leipzig erscheint sein Werk *Sylvicultura oeconomica oder haußwirthliche Nachricht und Naturmäßige Anweisung zur Wilden Baum-Zucht.*
03.03.1714	Tod in Freiberg und Beisetzung in der dortigen Petrikirche.

Auf diesen berühmten Textauszug lässt sich die heute übliche Verwendung des deutschen Nachhaltigkeitsbegriffes letztlich zurückführen. Erst in den 80er-Jahren des 20. Jhs. wurde daraus der internationale Begriff „sustainable development" abgeleitet.

Hans Carl von Carlowitz und sein Hauptwerk „Sylvicultura Oeconomica – Anweisung zur wilden Baumzucht", in dem er den Nachhaltigkeitsbegriff in die Fachliteratur einführt.

DIE ENTDECKUNG DER NACHHALTIGKEIT

Was in Freiberg Hans Carl von Carlowitz, war zur gleichen Zeit im Harzer Bergbaugebiet Heinrich Albert von dem Busche. Ihm stand der tüchtige Viceberghauptmann von Imhof zur Seite. Das Gebäude des Clausthaler Bergamtes wurde während ihrer Amtszeit in den Jahren 1726 bis 1730 auf den Grundmauern eines im Jahre 1725 bei einem Stadtbrand zerstörten Vorgängerbaus gegenüber der Marktkirche errichtet. Auf dem Giebel über dem Eingang befinden sich das britische und das hannoversche Wappen.

Heinrich Albert von dem Busche

1664	Geboren am 25. August auf dem väterlichen Gut zu Offelten bei Preußisch-Oldendorf im Ravensberger Land. Über seinen Bildungsgang ist nichts bekannt. Er blieb unverheiratet und hatte keine Kinder.
1689	„Access in den Bergsachen" im Bergamt Clausthal
1692	Ernennung zum Vice-Berghauptmann
1695	Ernennung zum Berghauptmann
1703	Kurfürst Georg Ludwig genehmigt die von ihm beantragte Gründung einer Bergbaukasse (Bergbauaccisekasse). Diese sollte Finanzierungslücken für notwendige Investitionen, Probeschürfungen und ähnliche Maßnahmen schließen. Die Finanzierung sollte u. a. durch eine freiwillige Abgabe auf den Verbrauch von Wein, Bier und Branntwein erfolgen.
1701, 1709, 1713, 1722	In Ausübung seiner Kernaufgabe führen seine Hinweise zu reichen neuen Erzfunden, die lange Ausbeuteperioden in verschiedenen Gruben sicherstellen
1708	Wegen der Holznot forciert er ab 1708 energisch den „auswärtigen Kohlenhandel". Damit war aber nicht etwa Braun- oder Steinkohle gemeint, sondern die Anfuhr von Holzkohle aus den anderen Waldungen in Niedersachsen, so aus Lutter, aus dem Hils, aus Katlenburg, Hildesheim usw., sodass diese entlegenen Waldungen auch zur Versorgung der Bergwerke des Harzes hinzugezogen wurden.
	In der Folge – und das wird sein beruflicher Schaffensschwerpunkt – treibt er den Ausbau der wasserwirtschaftlichen Anlagen voran, um den höheren Bedarf an Kraftwassern zu decken.
1713	Nach schweren Lohn- und Arbeitskämpfen um die Jahrhundertwende versucht er zunehmend, soziale Härten durch soziale Reformen zu bewältigen. Er regt die Gründung einer Clausthaler Invalidenkasse an, was 1718 – nachdem alle inhaltlichen Fragen geklärt und administrative Hürden genommen wurden – verwirklicht wird. König Georg I. von England (und natürlich Hannover) stiftet der Kasse einen Betrag von 1.000 Reichstalern.
1713	Auf seine Veranlassung werden Versuche mit der Gewinnung von Torf als Ersatz für Holzkohle gestartet. 1719/20 wird für den Torfaufseher ein Haus errichtet – das Torfhaus. Die Brauchbarkeit des Harzer Torfes erwies sich aber als gering.
1716	Die in den Hochmooren des Ackerbruchberges jährlich gestauten Wassermengen sollen nach seinen Plänen in einem Graben auf die Clausthaler Hochebene gelenkt werden. Dieses Projekt wird erst nach seinem Tod vollendet.
1714–1721	Der Damm des Oderteichs wird unter seiner Verantwortung aus Granitquadern errichtet. Er staut 1,75 Mio. cbm Wasser und stellt den Kraftwasserbedarf für den Bergbau in St. Andreasberg sicher.
1718	Die Bergarbeit stellt härteste Anforderungen an die Gesundheit und fordert auch viele Todesopfer. Auf eigene Kosten fördert v. d. Busche die Errichtung eines Weisenhauses und erhöht selbst die Stiftung noch einmal 1730 kurz vor seinem Tode.
1718–1722	Die Ernährungslage im Oberharz ist zeitweise kritisch. Auf seine Veranlassung wird deshalb ein Kornmagazin in Osterode errichtet, aus dem das dort eingebrachte Korn an die Oberharzer Bevölkerung dauerhaft zu einem gleichbleibenden Preis verkauft wird. Die Ernährungsmisere wird gemildert, die Kaufkraft der Löhne erhalten.
1724	Der Viceberghauptmann von Imhof verweigert die Bewilligung zur Lieferung von Schacht- und Grubenholz, weil er die Waldnutzung auf ein nachhaltendes Prinzip ausrichten will, „dass der Betrieb undt Umgang des Bergk- und Hüttenwerkes sich nach dem jedesmahligen Zustand der Forsten und Holtzungen undt nicht die Forsthaußhaltung nach dem Betrieb des Hüttenwerkes sich zu richten habe".
1725	Eine verheerende Brandkatastrophe vernichtet in Clausthal zahlreiche Häuser und darunter auch das im Jahr 1700 fertiggestellte Amtshaus des Bergamtes, die Münze und das Rathaus. 1730 kann das neue Amtshaus – das heutige Oberbergamt gegenüber der Marktkirche – bezogen werden.
1728	Ernennung zum Kammerpräsident und Geheimen Rat im Kollegium in Hannover
1731	Tod am 4. Mai 1731

Grabmal:

Boni publici causa assidue vigilavit	Auf die Wahrung des öffentlichen Wohles
Hercyniae felicitatem & divitias	war er sorgsam bedacht.
Evexit, auxit, conservavit.	Des Harzes Glück und Reichtum hat er geweckt,
Omnibus bonis	vermehrt und erhalten.
Sui desiderium reliquit.	Allen Gutgesinnten bleibt das ehrende Andenken an ihn.

Der Harz bildete das größte montane Industriegebiet des Mittelalters. 50 % des Silberaufkommens in den deutschen Landen kamen von hier. Für den Wald wirkte sich dies verheerend aus. (Harzbergbau, kolorierter Kupferstich, 1750)

HARTZWALDS nebst PROSPECTUS HERCINIENSES, una cum Iconibus MACHINARUM

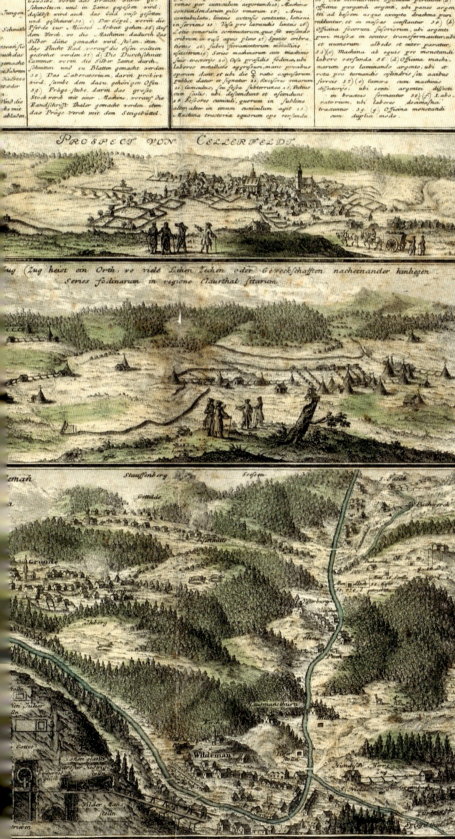
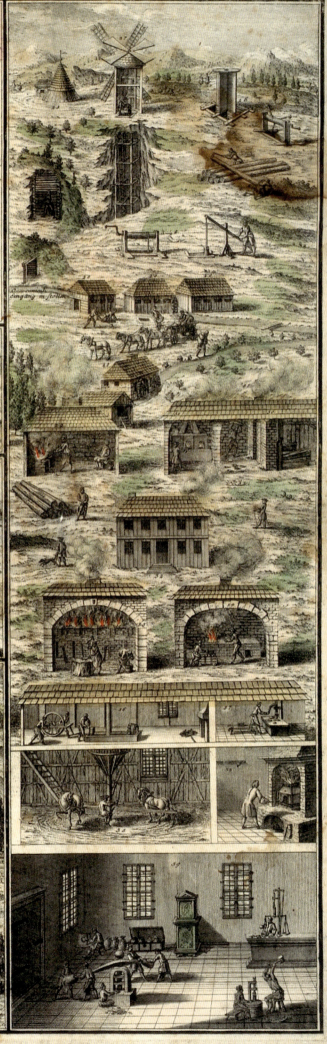

Prospect von Cellerfeldt

Die Oberharzer Wasserwirtschaft – heute ein UNESCO-Weltkulturerbe

Zwischen 1540 und 1730 entstanden im Harz mehr als 120 Teiche, mehr als 500 Kilometer Gräben und weitere 30 Kilometer unterirdische Gräben. Eine unglaubliche Leistung, wenn man an die verfügbaren Arbeitsmittel der damaligen Zeit denkt. In dieser Form existiert so etwas auf der Welt nicht noch einmal. Folglich hat das Welterbekomitee der UNESCO die historische „Oberharzer Wasserwirtschaft" im Sommer 2010 als Weltkulturerbe anerkannt.

Die Anerkennung erfolgte als Erweiterung der bereits bestehenden Welterbestätte „Erzbergwerk Rammelsberg und Altstadt von Goslar". Das Welterbekomitee bescheinigt damit dem gesamten Oberharz, ein Erbe der Menschheit von weltweiter Einzigartigkeit und internationaler Bedeutung zu beheimaten. In Niedersachsen gibt es insgesamt nur drei Welterbestätten: Hildesheim, das vorgenannte Welterbe im Harz und Alfeld. Eigentümer von etwa 85 Prozent der ausgedehnten Anlagen der „Oberharzer Wasserwirtschaft" sind die Niedersächsischen Landesforsten. Die technischen Anlagen haben eine lange und wechselvolle Geschichte. Sie beginnt mit der Wiederaufnahme des Bergbaus im Oberharz vor rund 500 Jahren. Ziel des Bergbaus war für die ersten Jahrhunderte Silber, später wurden auch Blei und zuletzt auch Zink abgebaut.

Besonders der Abbau von Silbererzen war äußerst lukrativ: Das Königreich Hannover erzielte im 17. und 18. Jahrhundert bei-

Zwischen 1540 und 1730 entstanden im Harz mehr als 120 Teiche, mehr als 500 Kilometer Gräben und weitere 30 Kilometer unterirdische Gräben – ein in der Welt einmaliges System zur Energieversorgung und Entwässerung der Bergwerke. Eine unglaubliche Leistung, wenn man an die verfügbaren Arbeitsmittel der damaligen Zeit denkt.

spielsweise bis zu 70 Prozent seiner Einnahmen aus dem Oberharzer Bergbau. Im Oberharz wurde bis Mitte des 19. Jahrhunderts die Hälfte allen Silbers in Deutschland gewonnen! Die Landesherren in Norddeutschland profitierten lange Zeit vom Reichtum der Oberharzer Lagerstätten.

Erst vor wenigen Jahren schloss die letzte Grube im Oberharz, nachdem der Bergbau im 20. Jahrhundert immer mehr an Bedeutung verloren hatte.

Der hohe und kontinuierliche Energieverbrauch vor allem für das Herauspumpen der Grubenwasser und das Heben der Lasten aus der Tiefe war eine gewaltige Herausforderung. Als einziger Energieträger kam Wasser infrage. Damit konnten Wasserräder betrieben werden. So entstand schon früh das System der Oberharzer Wasserwirtschaft. Intakt sind davon heute noch 65 Teiche, 70 km Gräben und 30 Wasserläufe (Gräben unter Tage) mit zusammen 21 km Länge; diese werden gemäß einem Vertrag zwischen Land und der Harzwasserwerke GmbH von dieser erhalten. Daneben gibt es noch 42 ehemalige Dämme, 240 km Gräben und 40 Wasserläufe mit 11 km Länge, die zum Welterbe gehören, aber nur noch ansatzweise funktionstüchtig sind.

Lange Jahre waren der Bergbau und die Waldnutzung sowie die Wasserwirtschaft in einer Hand („Berg- und Forstamt"). Durch die Anerkennung als Weltkulturerbe, dem „Ritterschlag" für Denkmalpfleger, ist die dauerhafte Erhaltung sichergestellt, und damit gleichzeitig auch eine hohe touristische Anziehungskraft für die Zukunft entstanden. Als Grundeigentümer des größten Teils der Anlagen arbeiten die Landesforsten und die Harzwasserwerke in der neuen „Stiftung Bergwerk Rammelsberg, Altstadt Goslar und Oberharzer Wasserwirtschaft" partnerschaftlich zusammen. Ziel ist es, auch künftig für alle zukünftigen Generationen sowohl die Nutzung der Oberharzer Wälder als auch den Schutz des ausgedehnten Welterbes zu gewährleisten.

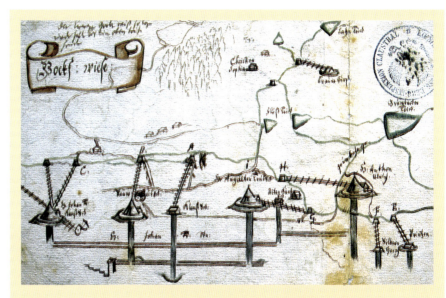

Die kilometerlangen unterirdischen Grabengänge transportieren das Wasser im Berg durch ein vorher berechnetes Gefälle exakt von Teich zu Teich quer durch den Harz. Die Anlage dieser Gräben erforderte technischen Verstand und wurde durch schwerste körperliche Arbeit mit nur mäßigem Fortschritt unter Tage erledigt.

Die Vermessung der Welt – und ihrer Wälder

Thomas Böckmann, Volker Stüber

Die Vermessung der Welt. Dieser Roman von Daniel Kehlmann aus dem Jahr 2005 beschreibt in einer in sich verschlungenen Parallelbiografie die Leben von Alexander von Humboldt und Carl Friedrich Gauß. Humboldt, der versuchte, die Höhe des Chimborazo in Ecuador zu bestimmen, des Berges, der damals als der höchste der Welt galt, und höher stieg als jeder andere vor ihm. Gauß, den großen aus Braunschweig stammenden Mathematiker und Astronomen, der so viel Zeit auf die Nachvermessung der neu erworbenen hannoverschen Gebietsteile verwendete und positionsgenau geodätische Dreiecke durch Moore und Gebirge legte.

Die Vermessung der Welt erfuhr mit Humboldt und mit Gauß im 19. Jahrhundert einen Höhepunkt. Eingesetzt hatte sie allerdings bereits im 17. Jahrhundert. Seit 1628 existierte in Schweden eine erste Landesvermessungsbehörde, die nach und nach den ganzen Grundbesitz im schwedischen Reich großmaßstäbig kartierte. In Frankreich gab Colbert den Anstoß zu einer Vermessung des Staatsgebiets. Die Franzosen gingen die Sache wissenschaftlicher an und begannen mit astronomischen Positionsbestimmungen. 1693 legten die Mathematiker Jean Picard und Philippe de la Hiare der Akademie der Wissenschaften und dem König eine Karte vor, eine „Carte de France corrigee par ordre du Roy", die sich auf verschiedene Orte auf den Meridian von Paris bezog und den Verlauf der Küstenlinie wesentlich genauer abbildete, als das bis dahin möglich gewesen war. Die gelehrte Welt bewunderte das französische Verfahren. Praktisch nutzbare Ergebnisse zeitigte aber vor allem das pragmatische schwedische Vorgehen. Im Heiligen Römischen Reich gab es unterschiedliche Versuche in der einen oder anderen Richtung. Die ersten beiden großen Landvermessungen auf exakt geometrischer Grundlage fallen in die Zeit um 1680: zum einen die Vermessung der württembergischen Ämter. Deren Ergebnisse, die Karten, wurden bedauerlicherweise im Zweiten Weltkrieg vernichtet. Und zum anderen die Vermessung des Kommunionharzes.

Auch für eine geregelte und nachhaltige Waldnutzung bedeutete die Vermessung der Landschaft entscheidende Verbesserungen, auch wenn sie den heutigen Anforderungen an moderne Kartenwerke noch nicht entsprachen. Historische Karten konnten den Landesherren zunächst eine hinreichende Übersicht über ihren Herrschaftsbereich, Grenzen und – mit Zusatzinformationen versehen – auch über ihre Ressourcen geben. Sie erleichterten damit den Landesherren schlichtweg das Regieren. Für die Herrschaftssicherung und das Landeswohl wurden Informationen über die Lage der Wälder, die in ihnen verbliebenen Holzreserven und eine nachhaltende Nutzbarkeit immer wichtiger. Dies war der wesentliche Antrieb für die Landesherren, mit den sich verbessernden Methoden immer neue Mess- und Inventurtrupps mit der Vermessung ihrer Ländereien und der Wälder zu beauftragen.

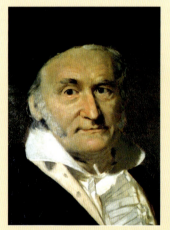

Carl Friedrich Gauß, (1777–1855), Porträtgemälde.
Die Landvermessung war mit den einfachen Hilfsmitteln jener Zeit kein einfaches Geschäft und im Ergebnis auch sehr ungenau. Die Triangulierung nach Gauß bedeutete einen großen Schritt zu einer höheren Genauigkeit. Er entwickelte den Heliotrop, mit dem das Sonnenlicht durch einen Spiegel auf weite Entfernungen den einen Messpunkt dem anderen wie ein heller Stern signalisiert.

Deckblatt eines Lehrbuchs von Johan Sems & Jan Pieterszoon Dou, 1616

Die Vermessung der Welt – und ihre Wälder

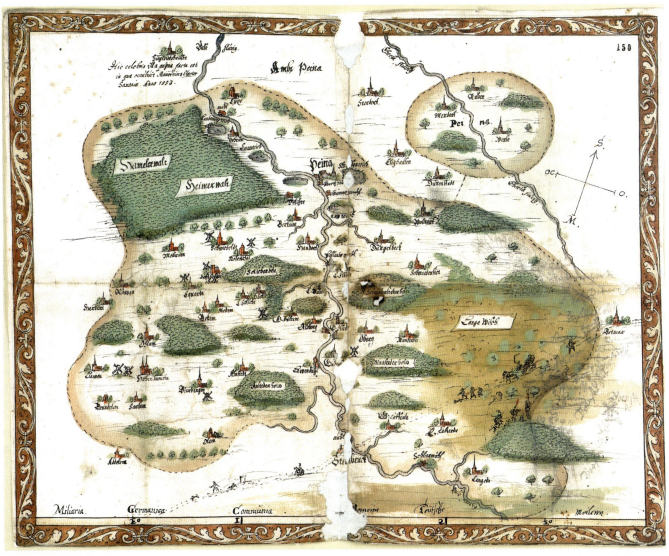

1574 konnte Herzog Julius die Ämter und Wälder seines Herrschaftsbereiches auf seinem Arbeitstisch im Wolfenbütteler Schloss auf einen Blick einsehen. Der von ihm beauftragte Gottfried Mascop-Atlas bestand aus 28 Blättern. Das Amt Peine gehörte zwar nicht zu seinem Fürstentum, die schöne Darstellung um 1600 zeigte ihm jedoch die Verbindungen ins „Deutsche Ausland". Noch heute stellt die B 1 über Bettmar und Steinbrück eine der wichtigsten Anbindungen Braunschweigs nach Westen dar.

Die Forstordnung von 1547 gibt den Startschuss

Die ersten Schritte zu einer geregelten und planmäßigen Forstwirtschaft wurden nicht nur im Herzogtum Braunschweig-Wolfenbüttel durch landesherrliche Forst- und Holzordnungen unternommen. In Wolfenbüttel liefen sie im Vergleich zu den anderen Welfenhäusern wegen der großen Bedeutung des Harzer Bergbaubetriebs ihrer Zeit nur etwas voraus. Mit seiner Forstordnung von 1547 hatte Herzog Heinrich d. Jüngere die Einteilung der Forsten in regelmäßige „Gehäue" vorgeschrieben. Als Basis dieser Arbeiten hätten Karten erstellt werden müssen, was jedoch nie durchgeführt wurde. Erst 1574 konnte sein Nachfolger, Herzog Julius, die Ämter und Wälder in seinem Herrschaftsbereich auf seinem Arbeitstisch im Wolfenbütteler Schloss auf einen Blick einsehen. Der von ihm beauftragte Gottfried Mascop-Atlas bestand aus 28 Blättern.

Eine für die Vermessung der Wälder spannende Zeit begann, weil alle Bemühungen, den Raubbau in den Wäldern zu verhindern, fehlschlugen. Die vom Holz abhängigen Bergwerke und Gewerbe florierten, das Holz wurde immer knapper, damit aber auch immer wertvoller. 1583 bereiste Herzog Julius höchstselbst seinen Harz und entwarf im Anschluss daran eine neue Forstordnung, die neben der Aufmessung der Ackerländereien auch im § 27 die Vermessung „aller unserer Wälder und Holzungen nach morgen und Ruthen-Zahl durch die Forstknechte" vorsah. Nach der Vermessung sollte das Land „auf mehreren Tafeln, alles perspectivisch und in unterschiedlichen Far-

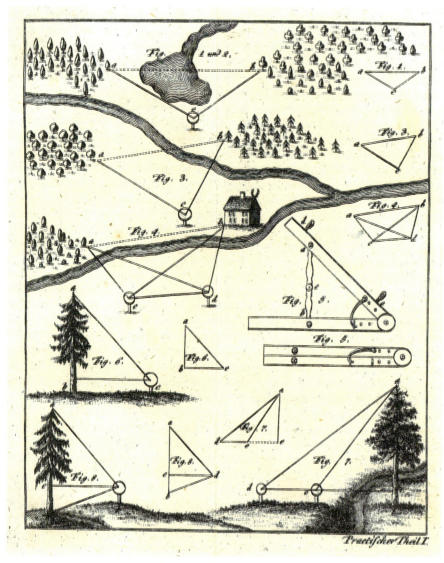

Aus einem Vermessungsbuch von 1767 im Schlossmuseum Herzberg

ben conterfeit" werden. Es blieb bei einem Entwurf, weil die Stände der Verordnung nicht zustimmten und sie somit nicht rechtskräftig wurde.

1648, als nach dem Ende des Dreißigjährigen Kriegs die Bergwerke im Harz wieder verstärkt arbeiteten, vergab Herzog August der Jüngere zu Braunschweig und Wolfenbüttel vor dem Hintergrund deutlich verringerter Rohstoffressourcen an das Generalforstamt Clausthal den Auftrag, wieder eine Forstordnung für den Kommunionharz zu entwerfen, die eine ordnungsgemäße Waldeinteilung vorschreiben sollte. „Wie lange reicht unser Holz noch?", so könnte man die den Herzog zunehmend plagende Frage heute vielleicht formulieren. 1660 ließ er alle Forsten bereisen, um Größe, Lage und Beschaffenheit von Boden- und Waldbestand festzustellen.

Für den Bereich der Kommunionforsten, den gemeinsamen Besitz der drei welfischen Linien (Braunschweig-Wolfenbüttel, Celle-Calenberg, Harburg) wurde 1670 eine Kommission benannt, die eine Bestandsaufnahme der Forsten und der Holznutzungen durchführen sollte. Das Gebiet umfasste etwa 30.000 ha des heutigen Westharzes nördlich der Linie zwischen Seesen und Torfhaus. Diese erste große Vermessung und Kartierung wurde 1675 bis 1680 durch GROSSCURT und ERNST[1] im gesamten Kommunionharz durchgeführt und in einer eingehenden Forstbeschreibung (1680) niedergelegt. Die beiden Vermesser GROSSCURT und ERNST arbeiteten mit Bussole und Messlatte mit einer für damalige Zeit sehr hohen Genauigkeit. Der unschätzbare Wert dieses Atlasses über den Kommunionharz liegt heute in seiner erstmalig systematischen Inventur eines großen Waldgebietes und der genauen verbalen Beschreibung des Waldzustandes der einzelnen Forstorte. So wertvoll diese Arbeit war und mit historischen Augen heute zu bewerten ist, fehlte es ihr nach wie vor an einer aus dieser Flächen- und Bestandesinventur abgeleiteten und in die Zukunft gerichteten Planung von Nutzungen und Verjüngungen.

Neue Fortschritte bei der Vermessung der Wälder gelangen in der ersten Hälfte des 18. Jahrhunderts. Mit dieser Zeit verknüpft sich der Name des wohl berühmtesten niedersächsischen Forstbeamten: Johann Georg von Langen. Mit der Verbindung von Vermessung, kartografischer Darstellung und Forsteinrichtung legte er die Grundlagen für ein modernes Verfahren einer Nachhaltigkeitsplanung im Wald.

Er fügte den Karten ein Zahlenwerk hinzu, die sog. „Periodentabellen", in denen viele Parameter aufgeführt sind, wie z. B. Aufteilung in Hart- und Weichholz, Flächeninhalt in Waldmorgen und Ruten, Alter, Erträge in Fuder[2] Kohle nach 5, 10, 15 bis 40 Jahren. Mit diesem Verfahren schätzte er sämtliche herrschaftlichen Waldungen für das Fürstentum Blankenburg bis 1732 (Forste von Blankenburg, Hasselfelde, Braunlage und die frühere Reichsabtei Walkenried) und später für den Solling 1745 bis 1763. Es entstanden Karten im Maßstab 1:20.000 und 1:40.000, die mit Baumsignaturen, Holzart, Bestandesalter und Bestockungsgrad bereits wichtige forstliche Informationen enthielten. Wichtiger noch waren die Abschätzung möglicher Nutzungen und eine verbale Beschreibung und Planung von Verbesserungsmöglichkeiten im

Die Vermessung der Welt – und ihre Wälder

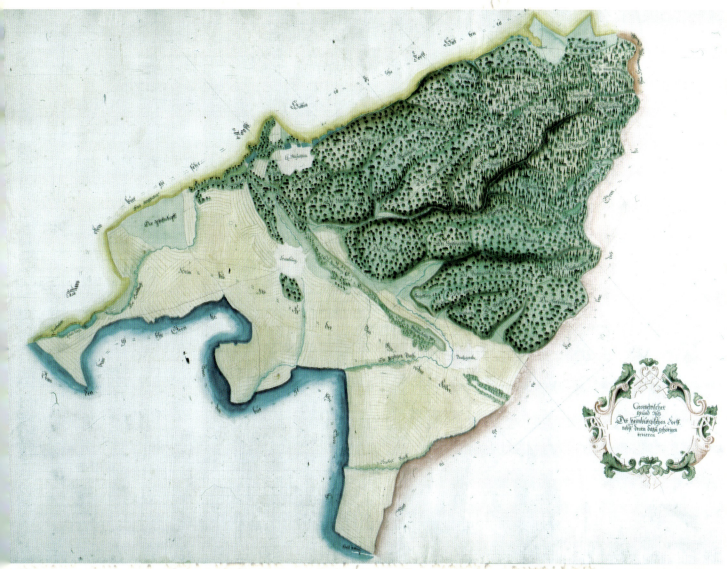

Atlas der Unteren Blanckenburgischen Forsten und die dazu gehörige Tabelle, Revier Heimburg³

Vermessungs- und Forsteinrichtungstrupp der Braunschweigischen Forsteinrichtungs- und Versuchsanstalt 1880, heute Niedersächsisches Forstplanungsamt, im Einsatzforstamt in Seesen

Sinne der landesherrlich vorgegebenen Ertragssteigerung.

Bis 1760 waren alle im Braunschweiger Einflussbereich liegenden Forstreviere und vermutlich auch alle anderen im heutigen niedersächsischen Territorium vorhandenen Wälder nach dem damaligen Wissensstand kartiert. Die sogenannten „Bereitungsprotokolle" zu den Vermessungen aus dieser Zeit stellen teilweise heute noch hilfreiche Informationsquellen dar, wenn die Ursachen für heutige Waldzustände sich nicht von selbst erklären. Gerne schauen dann gerade Fachleute in diese interessanten Bestandeshistorien.

Die technische Durchführung der damaligen Vermessungen erfolgte allgemein mit Hilfe des Astrolabiums (Bussole), des Höhengradbogens und einer Messkette, wahrscheinlich auch eines Messtischs. Mit zunehmender Genauigkeit der Technik stieg, vor allem nach den Erfindungen von Gauß, die Genauigkeit aller Vermessungsergebnisse, woraus wiederum höhere Ansprüche an vernünftige Karten- und Datengrundlagen hervorgingen. 1819 fordert die Taxationskommission deshalb eine Neuvermessung aller Reviere, da immer noch teilweise die Erstvermessung von Langens galt. Es sollte jährlich ein Oberforst vermessen werden, bis überall auf einer modernen Vermessung aufgebaut werden konnte. Einschließlich der weiteren Bearbeitung der Vermessungsergebnisse dauerte es bis 1830, bis alle Arbeiten abgeschlossen waren. Die dritte vollständig neue Vermessung orientierte sich dann an dem Dreiecksnetz der preußischen Landesvermessung. Als Instrumente waren die Bussole, der Messtisch sowie die Messlatte zugelassen, ab Mitte der 1870er-Jahre fand der Theodolit Verwendung.

> Nach der Formulierung des Nachhaltigkeitsprinzips war die regelmäßige Vermessung der Wälder und ihrer Zustände – und das mit immer besseren Methoden – wohl der zweite entscheidende Meilenstein auf dem Weg, die Übernutzung der Wälder einzudämmen. Erst mit der genauen Ermittlung des Vorhandenen war die wichtige Grundlage gegeben, mit Hilfe von gezielten Planungen die ausgeplünderten Wälder langfristig wieder aufzubauen. Ohne Vermessung, Zustandsermittlung und konkrete Planungsverfahren wäre dies nicht gelungen.

Gegen Ende des 18. Jahrhunderts wurde die Ausbildung der Forstleute auf eine neue Basis gestellt. Wer in den Staatsdienst aufgenommen werden wollte, musste eine der neu gegründeten Forstschulen besu-

Die Vermessung der Welt – und ihre Wälder

Von der Waldbeschreibung über die Vermessung zur Planung

Der Begriff „Forsteinrichtung" kann nach derzeitigem Erkenntnisstand (nach Steinsiek) zuerst aus einem Reskript Herzog Karls I. zu Braunschweig und Lüneburg von 1754 belegt werden:[4] „Da Wir gnädigst gern sehen, daß die Unterthanen in dem Amte Gandersheim zur willigen Annehmung der neuen *Forst-Einrichtung* an Erkenntniß, daß ihr eigener Vortheil und die Conservation der Holtzungen dadurch intendiret werde, gebracht werden; so haben Wir Unserm Hofjäger-Meister von Langen aufgegeben, sich ... dahin zu begeben und den Unterthanen dieserhalb diensame Bedeutung zu thun."

Wie eine Waldvermessung in dieser Zeit ablief, darüber gibt der Auftrag der Königlichen und Churfürstlichen Cammer zu Hannover zur accuraten Beschreibung der Sollingforsten von 1735 Auskunft.[5]

Demnach „*wird durch verständige und erfahrne Köhler und Holtz Hauer / welche zum Theil von denen zu der Hartz Forstbereitung gebrauchten Leuten zu nehmen sind / jedes Revier sowohl die bereits haubahre, als auch diejenige, so in 10 oder 12 Jahren haubahr werden können, in soviel möglich accuraten Anschlag zu bringen seyn, was aus denselben nach der itzigen Beschaffenheit an Bau-, Nutz- oder Klafter-Holtz, wann solche forstmäßig abgetrieben werden, erfolgen kann, und haben zu dem Ende gemeldete Holtz-Hauern und Köhlern jedes Revier strichweise, oder wie es sonst thunlich, durch zu gehen. Anbey werden an denen Örtern worinnen Bau-Holtz vorfället, Zimmerleute zu dessen Anschlage gebraucht werden müssen. Sollte es etwa an Leuten fehlen, welche die zu brauchende Köhler und Holtz-Hauer anzuführen haben, wird die Commißion solches an die Berg-Hauptmannschaft nach dem Clausthal berichten, um von daher ein oder ander dazu zusenden.*

6. Wann die sämbtliche Forsten in Anschlag gebracht, und beschrieben sind, wird nach dem quanto des vorräthig gefundenen Holtzes die Bilance nach Beschaffenheit der jetzigen consumtion zu machen, und zu überlegen seyn, was nach Abzug des für die in und an Sollinge belegene Ämbter und deren Unterthanen benötigten Bau-, Nutz- und Feuer-Holtzes, ingleichen zu der Flöße nach Hannover /: Von deßen allen erforderlichen jährlichen Notdurft die Beamte Anschläge zu übergeben haben :/ annoch an Kohlen und Holtz für die Haartzische Silber-Hütten, an Statt der Sieber und Lohnauer Eisenhütten, für die Sollingischen Eisenhütten, und für das Saltzwerk zu Sülbeck aus selbigen Forsten erfolgen könne, oder ob nöthig sey, die bisherige Consumtion für besagte Hütten einzuschrenken, oder nach Beschaffenheit des Herrschaftlichen Interesse ein Theil davon gantz abzustellen?

10. ... Um nun die Anschläge von denen gesambten Forsten desto accurater machen zu können, hat man diese Leuthe jeden Ort specialiter nach Beschaffenheit derer Holtzungen 40. 50. biß 70 und 80 Schritt nebeneinander durchgehen laßen, damit also ein jeder, die zwischen ihm und dem nächst bey sich gehenden befindliche Holtzung, desto füglicher oberserviren, und in Anschlag bringen können, neben dem letzten von diesen Leuthen hat man eine Plätzung gemachtet, und an derselben, wann der vorgenommene Ort in dem 1sten Durchgehen nicht absolviert war, den Rückweg genommen, und damit solange continuiret biß ein Ort nach dem andern in Anschlag gebracht worden. Die committirte haben dabey jeden Ort besonders in unterschiedenen Strichen durchgegangen, und so wohl auf die Anschläge mit Achtung gegeben, als auch die Beschaffenheit der Holtzung und sonsten alles soviel möglich nach der gegebenen Instruction genau observirt und examiniret, auch demnächst befundener maaßen nebst denen gemachten Anschlägen folgender maaßen niedergeschrieben."

Arbeitstrupp Forstvermessung. Kupferstich aus dem 18. Jahrhundert[6]

chen und eine Prüfung ablegen. Die Vermessungs- und Forsteinrichtungstechniken wurden wegen ihrer entscheidenden Bedeutung für eine vernünftige Nachhaltigkeitsplanung nun aufwendiger betrieben. Sie erreichten ab Ende des 18. und im Laufe des 19. Jahrhundert einen hohen Spezialisierungsgrad. In der Braunschweiger Landesforstverwaltung wurde deshalb 1880 eine zentrale Stelle gegründet, die *Braunschweigische Forsteinrichtungs- und Versuchsanstalt*. Heute hat das Niedersächsische Forstplanungsamt als deren Nachfolgeeinrichtung der Niedersächsischen Landesforsten ihren Sitz am Neuen Weg in Wolfenbüttel.

Waren die Karten mit ihrer zugrunde liegenden Flächenvermessung allmählich ausreichend genau, rückte mit neuen wissenschaftlichen Forschungsergebnissen über das Wachstum der Bäume die Messung von Holzvorräten und Zuwächsen für genauere Nutzungsprognosen in den Mittelpunkt.

Heute arbeiten die „Forsteinrichter", wenn sie die Wälder inventarisieren und beplanen, mit modernen Arbeitsunterlagen und Methoden wie zum Beispiel Luftbildern oder Satellitentechnik sowie auf der Basis von Stichprobeninventuren. Auch wenn diese Verfahren genauere Daten über Bestände erheben als alle historischen Messverfahren, wird auf den klassischen Waldbegang im Sinne einer „früheren Forstbereitung" nicht verzichtet. Der Wald ist eben keine Fabrik, in der man Schrauben oder andere Produkte technisch herstellt, sondern weiterhin eine Naturlandschaft.

In vielen Wäldern stellt der Umbau von Monokulturen und Reinbeständen in strukturreiche, leistungsstarke Mischwälder, der in Niedersachsen durch die „Langfristige Ökologische Waldentwicklung in den Landesforsten" (LÖWE) als Regierungsprogramm seit 1991 festgeschrieben ist, eine neue Herausforderung für die Waldmessung dar[7]. Zudem fordert die Gesellschaft heute, dass die Waldbesitzer ihre Wälder nicht mehr nur als Holzressource entwickeln, sondern als Natur-, Lebens- und Erholungsraum schützen und entwickeln. Grundsätzlich sind deshalb in einem naturnah bewirtschafteten Wald Nutz-, Schutz- und Erholungsfunktionen gleichrangig. An der Einzelfläche beurteilt und gewichtet der Forsteinrichter die Ausgangslage und legt dann erst die Bedeutung, die Ziele und die daraus abzuleitenden Maßnahmen für die nächsten zehn Jahre fest.

Seit dem Umweltgipfel in Rio de Janeiro (1992) mit den Folgekonferenzen in Helsinki und Wien wurden mittlerweile gesamteuropäische Kriterien und messbare Indikatoren für eine umfassende Nachhaltigkeit entwickelt[8, 9], die dem Zweck dienen, die Umsetzung der Nachhaltigkeit in den Wäldern europaweit zu fördern und die Vergleichbarkeit zwischen den Staaten und die Steuerung im europäischen Sinne zu verbessern.

Wie misst man einen Wald? Und wie plant man seine Nachhaltigkeit?

Einen Baumstamm zu vermessen, ist nicht besonders schwer. Zumal man ihn liegend messen kann, wenn er umgesägt worden ist. Lässt man die Krone einmal beiseite, entspricht sein Stamm einer Walze. Das Volumen einer Walze zu berechnen, erlernt jedes Kind in der Schule. Schwieriger ist es schon, einen stehenden Baum zu vermessen. In den Anfängen konnte man aus dem Abtrieb von Waldbeständen und dem Maß der liegenden Bäume mit einiger Erfahrung die Holzmasse ähnlich wachsender Bäume oder auch ganzer Waldbestände schätzen. Spätestens im 18. Jahrhundert ging man aber dazu über, durch die Messung stehender Bäume die Holzmasse von Waldbeständen zu ermitteln. Anfangs mit Spannketten, später mit sogenannten Kluppen wurde der Baumumfang oder Durchmesser in Brusthöhe (etwa 1,3 m über

Fünf auf einer baumlangen Leiter übereinander kletternde Waldertragskundler beim Vermessen des stehenden Baumes um 1900, ohne genaue optische Geräte noch eine schwindelerregende Forschungsarbeit

dem Boden) gemessen und das Holzvolumen des ganzen Baumes anhand von Formeln geschätzt. Über die Anzahl der Bäume konnte man dann näherungsweise auch auf die Holzmasse ganzer Wälder schließen.

Mitte des 18. Jhs. wurden von herausragenden Forstleuten sogenannte Forstschulen gegründet, an denen sie ihr Wissen in einer persönlich geprägten forstlichen Ausbildung an andere Förster weitergaben. Aus diesen entstanden später Hochschulausbildungen. Ab 1868 und vor allem nach dem Deutsch-Französischen Krieg von 1870/71 wurden in den Ländern zusätzlich Forstliche Versuchsanstalten gegründet. Die Verbesserungen im Versuchswesen führten dazu, dass die frühen okularen Schätzungen, was denn ein Baum oder ein Waldbestand an Klafter Holz enthält und welchen Holzzuwachs der Bestand wohl nachhaltig liefern könnte, messbar wurden. Mit neuen wissenschaftlich erprobten Methoden konnte man praxistauglich all diese Zahlen, die man für eine Nachhaltigkeitsplanung benötigt, viel genauer ermitteln. Prognosen wurden möglich und sie wurden vor allem immer treffsicherer.

Nachhaltigkeit im „Ideal" – Vorstellungen von einem „Normalwald"

Eine einfache Vorstellung einer Nachhaltigkeitsplanung teilte den Wald in ein *Flächenfachwerk* auf. Ein „Oberforst" wurde hierzu mit großen Buchstaben bezeichnet, die Wirtschaftsteile mit römischen Zahlen. Hierbei waren die „Districte" (= Forstorte) die kleinste dargestellte Größenordnung. Sehr große Forstorte wurden in mehrere Flächen zerlegt. Die Nutzung erfolgte nach einer festgelegten Reihenfolge und lieferte das Holz aus diesen Fachwerken. Beim „*Massenfachwerk*" legte man die Flächen in unterschiedlicher Größe fest mit dem Ziel, kontinuierlich gleich große Holzmengen entnehmen zu können.

Die Verfahren für eine Nachhaltsplanung wurden permanent weiterentwickelt. Beim „*kombinierten Fachwerk*" sollten nun genaue Bestandesbeschreibungen sowie eine Holzertragsschätzung bessere Informationen bereitstellen. Die Bestandesbeschreibungen umfassten als Grundlagenwissen die allgemeinen unveränderlichen Standortfaktoren pro Forstort, wie Klima, Boden, Lage sowie die Bestandesbeschaffenheiten. Bestandesbeschreibungen wurden für jede Wirtschaftseinheit gesondert beschrieben. Die Holzertragsschätzung, die als „Ocularschätzung" empfohlen wurde, beschränkte sich zunächst noch auf die Verjüngungsbestände sowie auf die Durchforstungsanfälle der nächsten Periode.
Dem „*kombinierten Fachwerk*" folgte die „*Bestandes- und Altersklassenmethode*".

Die Vorgehensweise unterscheidet sich grundsätzlich nicht vom Flächenfachwerk. Während im Massen- und Flächenfachwerk der Wald jedoch schematisch abgetrieben wurde, ging das neue Verfahren davon aus, dass im ganzen Wald Pflegemaßnahmen notwendig sind und daher Teilmengen nach bestimmten Plänen genutzt werden konnten. Zusätzlich sollte durch eine konkrete Verjüngungsplanung die nächste Waldgeneration geplant und nach diesen Plänen auch gepflanzt werden.

Von jetzt ab bildete der ganze Waldbezirk die Wirtschaftseinheit. Die innere Waldeinteilung erfolgte durch Abteilungen, die gleichzeitig Buchungs- und Betriebseinheiten wurden: ein Gliederungssystem, das bis heute Bestand hat. Der Zeitraum für eine Forsteinrichtungsperiode wurde auf 10 Jahre festgelegt. Das Ziel des Wirtschaftens bestand darin, auf eine ausgeglichen ausgestattete Altersklassenverteilung hinzuarbeiten, um nachhaltige Holzmengen nutzen zu können. Der Ausfall einer Altersklasse hatte ja zur Folge, dass in diesem Zeitraum auch kein nutzbares Ernteholz zur Verfügung stand, wenn man nicht auf jüngere – und damit noch nicht erntereife – Bäume zurückgreifen wollte.
Zudem versuchte man, den Wald im Sinne mathematischer Berechnungen kalkulierbar zu machen. Allen Berechnungsmethoden von Vorrat, Zuwachs und nachhaltiger Nutzungsmenge lag das sogenannte „*Normalwaldmodell*" als „*ideales Gedankenmodell*" zugrunde (s. a. S. 66). Mit der Festlegung von Umtriebszeiten, also dem Zeitraum von der Pflanzung bis zum Abtrieb eines Waldbestandes, war der Rahmen für eine Ideal-Gliederung der ganzen Betriebsfläche gegeben. Wird in diesem Modellbetrieb eine Fläche geerntet, muss eine gleich große Fläche bepflanzt werden. Die Zahl der Teilflächen entspricht dem Alter des ältesten Bestandes und ermöglicht die jährliche Abnutzung einer solchen Fläche. Das Modell ermöglichte es, vergleichende Kalkulationen auf der Basis der erhobenen

Parameter durchzuführen. Die Festlegung des nachhaltigen Hiebssatzes erfolgte unter Hinzuziehung von Nachhaltsweisern, wie z. B. Zuwachs bei unterstellter Umtriebszeit, Vergleich wirklicher Vorräte nach Fläche und Masse mit dem angestrebten Vorrat, Altersklassenausstattung, Nutzungsprozent etc.
Dieses Verfahren wurde auch noch nach dem Zweiten Weltkrieg angewendet. Durch die kriegsbedingten Übernutzungen und die anschließenden Reparations-Abtriebe der Alliierten waren Planungen für die Aufnahme eines wirtschaftlichen Betriebes vordringlich. Es begann eine neue Zeit des Waldaufbaus, denn die Holzvorräte in den Wäldern hatten gelitten – und der Wiederaufbau Deutschlands erforderte Unmengen von Bauholz. Wieder eine Zwickmühle, in der dem Wald alles abverlangt wurde. Umso wichtiger waren langfristige Nachhaltigkeitsplanungen.
Das Modell hatte für Berechnungen verschiedener Art und die Nachhaltigkeitsplanungen viele Vorteile, aber auch Nachteile. Was für theoretische Überlegungen zur Nachhaltigkeits- und Wirtschaftlichkeitsplanung hilfreich war, unterstützte gleichzeitig eine schlagweise und schematische Bewirtschaftung, die sich selbst wiederum am Modell orientierte. Der Blick in den Wald wurde auf das Schematische des Modells abgelenkt. Da die Natur jedoch die Regeln eines mathematischen Modells nicht immer einhält, entsprach der echte Waldaufbau niemals dem theoretischen Modell.
Zudem veränderte sich die Art der Waldbehandlung. Durch die Überführung in mehrschichtige, dauerwaldartig bewirtschaftete Bestände lösen sich die scharfen Bestandesgrenzen der Altersklassenwirtschaft immer mehr auf. Die Waldentwicklung wird in den Wäldern nicht mehr durch flächige Kahlschläge nach einer bestimmten Umtriebszeit beendet.
In solchen Waldstrukturen stoßen die alten für den schlagweise bewirtschafteten Wald entwickelten Inventurverfahren an ihre Grenzen. Auch die technischen

Verfahren, die der Waldbauplanung zur Verfügung stehen, haben sich jedoch noch einmal rasant weiterentwickelt. Mit der Einführung moderner digitaler Datenverarbeitungsverfahren ergeben sich ganz neue Möglichkeiten. Dazu gehört auch die Vermessung und Informationsgewinnung aus Luftbildern und zunehmend auch mit moderner Satellitentechnik. Heute werden geografische Informationen und Betriebsdaten miteinander verschnitten.

Die auf Altersklassen und Normalwaldmodell ausgerichtete Forsteinrichtung erweist sich in naturnahen Wäldern als weniger geeignet. Als neues Inventurverfahren wurde eine *Stichprobeninventur* entwickelt. Im Rahmen dieser Inventur werden die einzelnen Stichproben repräsentativ im Wald verteilt (s. a. S. 67). In jedem Stichprobenkreis wird eine Vielzahl an Messwerten an den vorkommenden Bäumen gemessen. Im Prinzip basiert diese Messung immer noch wie früher auf dem Durchmesser in Brusthöhe. Zur Volumenermittlung gibt es jedoch heute exakte Volumenfunktionen, die mit sehr hoher Genauigkeit Holzmassen berechnen. Besonders wertvoll wird das Verfahren, wenn die ersten Wiederholungsinventuren im bestehenden Stichprobennetz durchgeführt werden. Neben den vorhandenen Vorräten lässt sich dann der tatsächliche sogenannte „ertragsgeschichtliche" Zuwachs differenziert nach verschiedenen Durchmesserbereichen ermitteln. Zudem wird auch das stehende und liegende Totholz gemessen. Aus der Inventur lässt sich zudem eine Kohlenstoffbilanz errechnen, sodass eine Steuerung auch messbarer ökologischer Ziele möglich wird. Aus der Regionalisierung der Stichprobendaten werden wiederum noch genauere Wachstums- und Volumenfunktionen ableitbar[10]. Nach einem solchen Verfahren werden heute die regelmäßigen Bundeswaldinventuren durchgeführt.

> Aus der Rückschau lässt sich heute ein positives Resümee ziehen. Auf dem Höhepunkt der „Goldenen Epoche" der Bergwerke in den Gebirgen – etwa von 1650 bis 1750 – bestanden die niedersächsischen Wälder nur noch aus Resten. Einige Kupferstiche können uns heute nur ein ungenaues Bild von

Das sogenannte „Normalwaldmodell" als Gedankenmodell eines „idealen" Waldaufbaus prägte die Nachhaltigkeitsplanung für eine lange Zeit. Mit der Festlegung von Umtriebszeiten, also dem Zeitraum von der Pflanzung bis zum Abtrieb eines Waldbestandes, war der Rahmen für eine Ideal-Gliederung der ganzen Betriebsfläche gegeben. Die Schwäche dieses Modells war, dass der Wald sich nicht an das für ihn erdachte Schema hielt, weil immer wieder Störungen, wie Stürme und Trockenheiten „normal" waren.

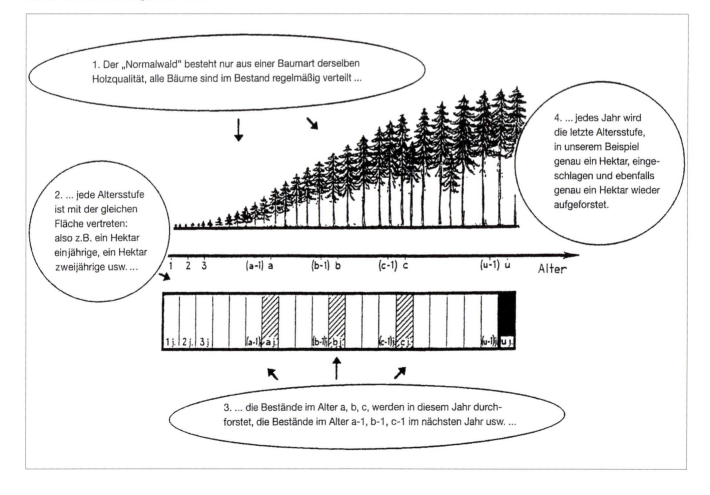

Die Vermessung der Welt – und ihre Wälder

Schematische Darstellung eines strukturreichen Buchen-, Fichten-, Mischbestandes

dem katastrophalen Zustand der Wälder vermitteln. Was darauf zu erkennen ist, reicht aber aus, wenn man zudem die vielen Bereisungsprotokolle zu Hilfe nimmt, um sagen zu können, dass es schöne und vorratsreiche Wälder in Niedersachsen nicht mehr gab. Die waren so gut wie verschwunden. Liest man die Forstprotokolle aus früherer Zeit, dann lässt sich ahnen, vor welcher Aufgabe Förster und Waldbesitzer immer wieder standen. Schließlich haben sie es aber, ausgehend von der strikten Einhaltung des Nachhaltigkeitsprinzips und einer systematischen Kartierung, Beschreibung und Vermessung, geschafft, die Wälder über einen langen Zeitraum wieder einem naturnahen Zustand anzunähern und die Holzvorräte, ihre Nutzung und die Verjüngung der Wälder auf eine nachhaltige Basis zu stellen. Daneben wurden alle anderen Funktionen der Wälder gleichrangig in die Planungen integriert und durch angepasste Messverfahren steuerbar. Wälder aufzubauen geht allerdings nicht von heute auf morgen – so etwas ist eine Aufgabe für Jahrhunderte.

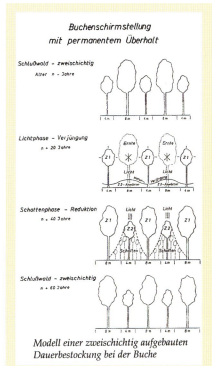

Modell einer zweischichtig aufgebauten Dauerbestockung bei der Buche

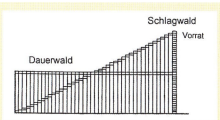

Die Veränderungen im Waldbau überführen den „normalen" Altersklassenwald in dauerwaldartige und naturgemäße Strukturen.
Im Modell dargestellt bedeutet dies eine stetige und gleichmäßige Vorratshaltung in den Wäldern.
Aus diesem „Warenlager" werden Bäume zur Pflege der Bestände oder bei Nachfrage spezieller Sortimente sowie bei Erreichen der Zielstärke entnommen.

Die Betriebsinventur erfasst den Waldzustand über eine Vermessung einer ausreichenden Anzahl von Stichprobenkreisen.

Johann Georg von Langen gilt als derjenige, der in Niedersachsen eine nachhaltige Forstwirtschaft begründet hat. Im Auftrag seines Braunschweiger Landesherrn kartierte und vermaß er ab 1745 den Braunschweiger Teil des Solling. Er führte dabei Neuerungen wie eine Zuwachs- bzw. Ertragsschätzung ein und erwartete von seinen planvollen Maßnahmen, wie der Pflanzung, der Abschaffung der Waldweide, dem Anbau von Nadelholz usw. eine erhebliche Steigerung der nachhaltigen Einkünfte. Seine Verfahren setzten sich später auch an anderen Höfen im heutigen Niedersachsen und darüber hinaus durch.

Johann Georg Ludwig von Langen

1699	Geboren am 20. März als viertes von acht Kindern auf dem väterlichen Rittergut in Oberstadt in Thüringen
1717	Als Jagdpage beginnt er seine Ausbildung bei dem Oberjägermeister von Wolfskehl am Hof in Blankenburg am Harz.
1719–1720	Die Ausbildungs-Reisezeit trägt ihn an verschiedene Fürstenhöfe in Stuttgart, München, Wien und Dresden.
1721	Ernennung zum Hof- und Jagjunker
1722	Im Auftrag des Herzogs Ludwig Rudolph von Braunschweig-Wolfenbüttel vermisst und zeichnet er die Forstreviere des Fürstentums von Blankenburg.
1726	Ernennung zum Jägermeister
1727, 1732	Er übernimmt die Aufsicht über die Reviere der „Unteren Forsten" und Braunlage, richtet diese selbst ein und überreicht dem Fürsten Rudolph den Atlas der Blankenburger Forsten als Geschenk.
1737–1743	Von Langen wechselt auf Bitte des Grafen von Stolberg-Wernigerode nach Norwegen und wird dort Leiter des Generalforstamtes, um die norwegischen Forsten nach seinen Verfahren einzurichten.
1743–1744	Rückkehr in den Harz, Unterstützung bei der Gewinnung und Aufbereitung der Torfvorkommen rund um den Brocken
1745	Durch Karl I. Herzog zu Braunschweig und Lüneburg erhält er den Auftrag, den Braunschweiger Teil des Solling (Weserdistrikt) zu vermessen. Einzug in die Dienstwohnung im Schloss Fürstenberg. Ernennung zum Hofjäger- und Oberforstmeister. Vorschläge für ein Flächenfachwerk mit einer Haubarkeit im 50-jährigen Umtrieb. Karl I. überträgt ihm die Aufsicht über die Weserforste.
Ab 1745	Übernahme der Leitungen zum Aufbau und Betrieb der Carlshütte in Delligsen, der Eisenhütte in Holzminden, der Glashütte Schorborn und der Spiegelglashütte in Grünenplan
1747	Am 11. Januar erfolgt die Gründung der Porzellanmanufaktur Fürstenberg unter seiner Leitung. Er hatte den Herzog dazu gedrängt, weil er bei einem Onkel im Meißener Direktorium Porzellan kennen- und schätzen gelernt hatte. 1753, nach der Einstellung verschiedener Fachleute, gelingt der Durchbruch und eine Porzellanherstellung von hoher Qualität.
1748	Von Langen legt einen Bebauungsplan für Holzminden vor.
1750	Von Langen legt dem Herzog Pläne für eine Arbeitersiedlung bei Grünenplan vor.
1753	Herzog Karl I. ordnet nach seinen Vorschlägen den Kartoffelanbau im Waldfeldanbau an. Von Langen unterbreitet den Vorschlag, die am Holzminder-Bach erbaute Reibe-Mühle zu einer „Holtz-Papier-Mühle" umzubauen. Papier wird noch mit Bütte und Handschöpfrahmen aus Hanf- und Flachslumpen gefertigt. Das Holzschliff-Verfahren wird Gottfried Keller erst 100 Jahre später erfinden.
1755	Von Langen führt Vermessungsarbeiten im Harz durch.
1763	Nachdem er sich im Solling mit einigen Projekten zwischen die Stühle gesetzt hat, pensioniert ihn Herzog Carl. Er nimmt das Angebot des Dänenkönigs Friedrich V. an, um dessen übernutzte und ausgeplünderte Forsten nach seinen Methoden einzurichten. Übersiedlung nach Kopenhagen
1764	Er gründet mit dem deutschstämmigen Oberjägermeister von Gram eine erste europäische Forstschule.
1776	Johann Georg L. von Langen stirbt am 25. Mai im Schloss Jägersborg und wird in der Kirche in Gentofte/ Kopenhagen beigesetzt.

VATER EINER REGELMÄSSIGEN FORSTWIRTSCHAFT IN NIEDERSACHSEN

Das Wirken des Johann Georg L. von Langen

Karl-Günther Fischer

Geht man von den „Dienstbezeichnungen" des im 18. Jahrhundert lebenden deutschen Forstmannes Johann Georg von Langen aus, ist ein Exkurs in Historie und Geografie unumgänglich:

„Herzoglich-braunschweigischer Hof- und Oberjägermeister" und

„Königlich-dänisch-norwegischer Generalforstmeister".

Ist dieser adelige deutsche Forstmann ein früher Europäer? Hat er uns heute überhaupt etwas zu sagen? Was weiß man über ihn in Deutschland, ganz im Gegenteil zu Norwegen und erst recht in Dänemark, wo in forstlichen Kreisen sein Name wohlbekannt ist?

Selbst in seinem Geburtsort, dem Wasserschloss Oberstadt, „entdeckte" man ihn erst wieder neu kurz vor seinem 230. Geburtstag, zu dessen Anlass auf dem Schlossplatz Informationstafeln und ein Gedenkstein zur Ehrung seines Lebenswerkes feierlich eingeweiht wurden. Dass er lange nicht die Beachtung gefunden hat, die ihm zustehen würde, hat vielleicht auch damit zu tun, dass seine ganze Lebensgeschichte nicht aus militärischen Heldentaten bestand, sondern Ergebnis friedlicher und stiller Arbeit zum Wohle der Menschen und des Landes, vor allem aber des Waldes war.

Verfolgen wir den Lebenslauf des als viertes Kind des Freiherrn Johann Ludwig von Langen auf Gut und Wasserschloss Oberstadt bei Hildburghausen/Thüringen (damals zur Grafschaft Henneberg gehörig) am Sonntag, den 22. März 1699 geborenen Johann Georg Ludwig von Langen. Den letzten Vornamen Ludwig verwendete er nur in abgekürzter Form bei seiner Unterschrift.

Johann Georg wuchs mit sieben weiteren Geschwistern in Oberstadt auf und muss dort – nach den später entwickelten Kenntnissen zu urteilen – eine gute Erziehung und eine vorzügliche Schulbildung genossen haben. 1716 trat er zunächst als Page in den Dienst der Herzogin Elisabeth Eleonore von Sachsen-Meiningen (Schwester des Herzogs Ludwig Rudolph, Reichsfürst von Blankenburg), wechselte aber am 26. Oktober 1718 an den Blankenburger Hof, wo er bis 1719 eine Ausbildung unter dem Oberjägermeister von Wolfskehl zum Hof- und Jagdpagen erhielt. Während seiner Ausbildung erfreute er sich des Wohlwollens eines der gebildetsten Fürsten der damaligen Zeit, des Blankenburger Reichsfürsten Ludwig Rudolph, ab 1731 auch Herzog von Braunschweig–Wolfenbüttel, der mit den kaiserlichen Häusern von Österreich und Russland verwandt war.

Dieser schickte ihn als „reisenden Jäger" auf eine Bildungsreise an die Höfe von Stuttgart, München, Wien und besonders Dresden, um dort praktische Erfahrungen nicht nur auf dem Gebiet der Jagd, sondern auch auf dem des Forstwesens zu sammeln. Hierbei könnte er auch das Buch „Sylvicultura Oeconomica" (Leipzig 1713) des sächsischen Oberberghauptmanns H. C. von Carlowitz gelesen haben, das seine späteren forstlichen Arbeiten beeinflusste und die Verlagerung seiner Interessen von der Jagd zur forstwirtschaftlichen, nachhaltigen Ökonomie zur Folge hatte!

Nach der Heimkehr von seiner Bildungsreise wurde er am 13. Juli 1721 zum Hof- und Jagdjunker ernannt und bekam zusammen mit seinem jüngeren Bruder Franz Philipp den Auftrag zum Vermessen der Forsten des Fürstentums Blankenburg: die Oberen Forsten (Braunlage) und die unteren Forsten (Blankenburg-Wienrode, Hüttenrode, Wendefurth, Heimburg). Zusammen mit seinem Bruder Franz Philipp wurden – ein Novum der damaligen Zeit – sehr genaue Forstkarten gezeichnet, die in Form eines Atlasses dem Landesherrn als Geschenk überreicht wurden. Mit diesen Forstkarten erregten die Brüder von Langen in Fachkreisen erhebliches Aufsehen, schufen sie damit doch die Unterlagen für die sich anschließende Flächeneinteilung als

Ludwig Rudolph von Braunschweig-Wolfenbüttel (* 22. Juli 1671 in Wolfenbüttel; † 1. März 1735 in Braunschweig) war ein mit der (später gefürsteten) Grafschaft Blankenburg ausgestatteter Prinz aus dem Haus der Welfen. Nach dem Tode seines Bruders wurde er 1731 selbst Fürst von Braunschweig-Wolfenbüttel. Johann Georg von Langen trat 1717 als Jagdpage in seine Dienste.

Voraussetzung für die von Langen angestrebte Forsteinrichtung.

1726 wurde Johann Georg vom Landesherrn mit 27 Jahren „zum Forstmeister gnädigst declariert" und erhielt die Inspektion der fürstlichen Forstreviere Braunlage, Wienrode-Blankenburg und Heimburg übertragen. Sein Hauptaugenmerk richtete er jetzt weniger auf die Jagd als auf die Erneuerung und Erhaltung der Wälder: Er wurde „Holzförster". 1728 wurde im Zuge der künstlichen Bestandesverjüngung erstmals eine Fichtensaat im Revier Braunlage ausgebracht. 1748 nahm er eine Wiederaufforstung in Form des Waldfeldbaues zusammen mit Kartoffeln im Brandhai bei Braunlage vor.

Auf der Suche nach einem fähigen Forstmann für seinen Vetter, den König Christian VI. von Dänemark und (in Personal-Union) Norwegen, bat Graf Christian Ernst von Stolberg-Wernigerode Johann Georg von Langen, seinen Dienst im Herzogtum Braunschweig zu quittieren, um das Forstwesen in Norwegen zu ordnen. Unzufriedenheit mit der Herzoglichen Kammer und dienstliche Querelen, z. B. mit seinem ehemaligen Ausbilder von Wolfskehl, erleichterten Johann Georg die Entscheidung.

Nachdem Herzog Karl I. von Braunschweig-Lüneburg (regierte von 1735 bis 1780) eingewilligt hatte, begannen beide Brüder von Langen nach Berufung zu dänischen Forstmeistern (1737) und dänischen Hofjägermeistern (1739) mit der Neuorganisation der norwegischen Forstwirtschaft durch Vermessen und Kartieren im Amt Akershus (Gebiet bei Christiania, dem heutigen Oslo). Am 17. April 1739 wurde von König Christian VI. das Generalforstamt für Norwegen in Kongsberg mit folgenden Aufgaben eingerichtet: Vermessung und kartografische Aufnahme des Landes, Einrichten der Forsten, Erfassen aller wichtigen Objekte in einer topografischen Beschreibung und Lösen technischer und organisatorischer Fragen der Holzverwertung: Köhlerei, Teer- und Pechöfen, Pottaschensiedereien, Glashütten (die ersten in Norwegen!). Zum Leiter des Generalforstamtes oder 1. Kommittierten wurde Johann Georg von Langen als Königlich-Dänischer Generalforstmeister berufen. Mit Franz Philipp von Langen als Vertreter seines Bruders oder 2. Kommittierten kamen noch vier weitere Jagdjunker und 26 Holzförster aus Deutschland nach Kongsberg, der königlichen Bergstadt mit den bedeutendsten Silberbergwerken Norwegens.

Auf einem 1969 auf dem Gelände des Norwegischen Forstmuseums in Elverum (Norsk Skogbrucksmuseum, 180 km nordwestlich von Oslo) sind auf der Vorderseite eines dort errichteten sogenannten „Forstmeister-Steins" die Namen aller Mitglieder der 1739 bis 1746 unter von Langen dort tätig gewesenen deutschen Forstleute aufgeführt. Auf der Rückseite steht folgender norwegischer, von W. Evers übersetzter Text:

Verborgen in der ehemaligen Forstwirtschaft liegt der Schlüssel zu der jetzigen.
So muss von ihrer Wurzel her
von Neuem beseelt werden,
wenn ihre Geschichte nicht dahinwelken soll.

Den Erlass einer umfangreichen Forst- und Jagdordnung empfand die einheimische Bevölkerung als Eingriff in ihre bisherigen freien Waldnutzungsrechte. Auch die Verwaltung war verärgert über den direkten Draht „der Deutschen" zum König, sodass Missgunst, Neid und sogar Bedrohungen aufkamen. Als diese Anfeindungen und Verleumdungen überhandnahmen, kehrte Johann Georg 1743 wieder in das Herzogtum Braunschweig zurück. Sein Bruder leitete noch bis 1746 das (ältere) Generalforstamt, das dann beim Ableben von König Christian VI. geschlossen wurde.

Die Brüder von Langen mit ihren Helfern hatten in wenigen Jahren das Fundament für eine künftige Verwaltung und Bewirtschaftung der Wälder Norwegens geschaffen. Damit hatten deutsche Forstleute mit einem größeren Projekt erstmals außerhalb Deutschlands die forstliche Entwicklung eines Landes grundlegend verändert. Mit dieser Förderung einer Forstwirtschaft im europäischen Ausland durch deutsche Fachleute kann die Arbeit der von Langens als Beispiel einer forstlichen Entwicklungshilfe, aber auch einer europäischen Zusammenarbeit angesehen werden.

Nach seiner Rückkehr aus Norwegen richtete Johann Georg von Langen zunächst die hohensteinschen Forsten des Grafen Christian Ernst von Stolberg-Wernigerode mit einer entsprechenden Forstordnung ein. 1745 trat er dann als Hofjägermeister in die Dienste des tatkräftigen und weitblickenden Herzogs Karl I. von Braunschweig-Lüneburg. Aus dieser Zeit (um 1750) stammt das im Braunschweiger Anton-Ulrich-Museum gezeigte Ölbild eines unbekannten Malers, das den 51-jährigen Herzoglich-Braunschweigisch-Lüneburgischen Hofjägermeister zeigt. Von dieser einzigen bildnerischen Überlieferung des Aussehens Johann Georg von Langens hingen in manchen Försterhäusern des Herzogtums Kopien.

Die forstlichen Verhältnisse im Herzogtum Braunschweig konnten im Ganzen als schlecht bezeichnet werden. Das war zurückzuführen u. a. auf den Raubbau „Holz fressender Gewerbe", allgemeine Holzverschwendung, überhöhte Wildbestände, Waldweide, Streunutzung, Verwüstungen, Übernutzung ohne anschließende Wiederbegründung der Bestände. Bergbau und Hüttenwesen hatten zu Holznot geführt und zwangen zu Betriebsregelungen.

Von Langen war es, der entscheidende Schritte vorankam. Hauptziel sollte eine geordnete, geregelte Forstwirtschaft sein, in der nicht mehr Holz geerntet werden sollte, als in einer bestimmten Zeit nachwachsen konnte. Die Beschränkung alleine konnte die überhauenen Wälder aber nicht verbessern. Dem war nur durch eine bessere Vermessung, eine planvolle Einrichtung und Verjüngung der Forsten (Säen und Pflanzen) und durch eine bessere Erschließung beizukommen. Ziele waren auch die bessere Nutzbarmachung des Holzes wie der heimischen Bodenschätze zur Hebung der Gesamtwirtschaft im damaligen Wirtschaftssystem, dem Merkantilismus. Vor allem aber müssten künstliche Bestandsbegründungen durch Aussaat oder Pflanzungen und die Begrenzung der Waldweide kommen. Entsprechende Vorgaben, aber vor allem auch die Kontrolle der Einhaltung sollten die Bewirtschaftung durch Gewerbe und Industrie in diesem Sinne verbessern. Diese Gedanken hatte der ideenreiche Forstmann und glänzende Organisator in unzähligen Eingaben, Plänen und Gutachten zu Papier gebracht.

Vor allem war aber eine Zuwachs- bzw. Ertragsschätzung neu. Während vorher – auch 1735 noch im hannoverschen Solling – das vorhandene Holz dem Bedarf (der Nachfrage) gegenübergestellt und entsprechend genutzt wurde und bei steigendem Bedarf immer mehr Bestände in immer kürzeren Abständen abgeerntet wurden, ermittelte von Langen erstmals das „Zuwachs-Potenzial" als Grundlage einer nachhaltig möglichen Nutzungsplanung. Um den Zuwachs zu steigern und dem steigenden Bedarf anzupassen, machte er sich stattdessen Gedanken über Aufforstungen zum Zwecke der Zuwachssicherung und -steigerung. Der Anbau von schnell wachsenden Nadelbaumarten ist auch andernorts als Mittel zur Erhöhung der Nutzungsmengen in Mode gekommen. Von Langen erwartet von seinen geplanten Maßnahmen – insbesondere von den Nachpflanzungen und dem Anbau von Nadelbäumen sowie dem Verzicht auf die Waldweide – eine geradezu ungeheure Steigerung der Einkünfte auf das Dreißigfache. Ein um die Zukunft seines Landes besorgter Herzog Carl folgt diesen Argumenten seines forstlichen Ratgebers natürlich gerne. 1745 wurde Johann Georg von Langen von Herzog Karl I. die Aufsicht über die Forsten des Weserdistrikts übertragen. Von seinem Dienstsitz Schloss Fürstenberg an der Weser aus begann er sofort mit den Vermessungs-, Kartierungs- und Einrichtungsarbeiten. Neben den forstlichen Arbeiten kümmerte er sich auch als Wirtschaftsplaner um Manufakturen und Fabriken im Hils-Solling-Bereich:

– Eisenhütten in Delligsen und Holzminden
– Glashütten in Schoborn und Grünenplan (Umgründung zur Spiegelglasfabrik)
– Porzellanmanufaktur Fürstenberg, die einzige Neugründung 1747, deren erster Leiter er bis 1763 wurde und die 1753 die ersten Porzellane mit dem blauen „F" auslieferte.

Herzog Karl I. von Braunschweig-Lüneburg

Schloss Wolfenbüttel

Herzog Karl I. (1713–1780) gilt als aufgeklärter Landesherr, der sich als merkantilistischer Herrscher vor allem der Aufgabe widmete, das Landeswohl seines Fürstentums zu fördern. Für seinen aufwendigen Lebensstil benötigte er hohe Staatseinnahmen, war aber stets mit Reformen um die Konsolidierung seiner Staatsschulden bemüht. Seine Ämter entwickelte er zu einer funktionierenden Staatsorganisation. Zunächst bezog er das Wolfenbütteler Schloss (heute ein Museum und Gymnasium), verlegte aber 1753 seine Residenz nach Braunschweig.

DIE ENTDECKUNG DER NACHHALTIGKEIT

Aus:
„Matricul derer Edel-Knaben so bey Regierung derer Herren Hertzogen Ludewig Rudolphus und Ferdinand Albrechts und Caris Durchl. unterthänigst aufgewartet nebst deren Geschlechts-Wappen und erwehlten Devisen angefangen in Anno 1710:

Nr. 12
Johann Georg von Langen aus dem Hennebergischen
‚Ehrt schon das Wild den Krummen Weg
So geh ich doch den Tugend Steeg.'

Am 26ten Sbris 1716 bey Ihro hochf. Durchl. Herzog Ludewig Rudolph alß Jagt-Page angetretten, den 13ten Juliy zum Jagt- und Hofjuncker.

Anno 1726 zum Forst Meister gnädigst declariret."

Das Wappen der Familie, seit 1276 im Emsland (Nieder-Langen) beurkundet, ist die rote Schafschere im weißen Feld, über dem Helm rote und weiße Flügel sowie rot-weiße Bausche und Helmdecke. Dieses Symbol lässt auf eine bäuerliche Herkunft schließen. Als Devise wählte er den „Weg der Tugend".

Herzog Karl I. beauftragte Johann Georg von Langen mit der Vermessung des Solling-Waldes im Weser-Leine-Distrikt. Daraus resultierte eine Karte mit vielen hilfreichen Informationen für den Landesherrn. Die Formulierung des Nachhaltigkeitsprinzips und die regelmäßige Vermessung der Wälder und ihrer Zustände bildeten eine gute Grundlage, konkrete Planungen zur Waldverbesserung und deren anschließende Umsetzung gaben aber letztlich den entscheidenden Anstoß zur Verbesserung der Wälder.
Johann Georg von Langen gilt als derjenige, der unter der Regentschaft von Herzog Carl I. die entscheidenden Reformen hierzu anschob.

Da der Landesherr im damaligen Merkantilismus als Hauptziel die Erhöhung der Finanzkraft seines Landes und damit seiner selbst sah, versuchte er Handel und Gewerbe wie auch die Zunahme der Bevölkerung zu fördern und jegliches Abwandern seiner Untertanen zu verhindern. Dank der Empfehlung Johann Georgs ließ er 1748 die hungernden Braunlager Kartoffeln im Waldfeldbau anbauen. Um Menschen, möglichst Fachleute, zu gewinnen, legte von Langen 1748 einen Bebauungsplan für Holzminden oder 1750 Pläne für eine Arbeitersiedlung (Holzberg-Siedlung) bei Grünenplan vor. Als „von-Langen-Reihe" wurde die Reihenhaussiedlung bezeichnet, die er in Fürstenberg errichten ließ. Die Ränder der von ihm ausgebauten oder neu angelegten Straßen ließ er mit Obstbäumen oder Eichen bepflanzen. Heute wird der gesamte Solling von den von ihm angelegten „Langenschen Alleen" durchzogen, die nun ein Alter von ca. 250 Jahren haben.

Der Siebenjährige Krieg (1756–1763) beendete

1745 zieht Johann Georg von Langen in die Dienstwohnung im Schloss Fürstenberg ein, nachdem ihm Herzog Karl I. die Aufsicht über die Weserforste übertragen hat. Am 11. Januar 1747 wird unter seiner Leitung die Porzellanmanufaktur Fürstenberg gegründet, die heute noch dort existiert.

Schloss Wehrden und Schloss Fürstenberg auf der Berghöhe über der Weserschleife um 1860

Zum 200-jährigen Jubiläum der Porzellanmanufaktur FÜRSTENBERG im Jahr 1947 entwarf der Werksmodelleur Walter Nitzsche ein Porzellan-Schachspiel, das in einer limitierten Edition farbig staffiert hergestellt wurde. Die Auflagenhöhe dürfte kaum mehr als einhundert Exemplare betragen haben. Drei der Figuren sind historischen Persönlichkeiten nachgebildet worden: So stellt der König den Herzog Karl I. von Braunschweig (1713–1780, regierte 1735–1780) und die Dame dessen Ehefrau Herzogin Philippine Charlotte (genannt Lottine) von Braunschweig, Prinzessin von Preußen (1716–1801), Schwester König Friedrichs II., des Großen, von Preußen dar. Der Läufer ist Hof- und Oberjägermeister Johann Georg von Langen, dem die Weserforste unterstanden, und erster Direktor der Manufaktur von 1747–1763. Die Figuren des Turms und des Pferdes stammen aus Modellen des 18. Jahrhunderts. Das Schachspiel wird auch heute noch in der Kollektion der Porzellanmanufaktur FÜRSTENBERG in weiß und Seladon geführt, erhältlich mit einem Schachbrett (Marmor) in einer Kassette. Die Figuren sind auf Anfrage auch handbemalt erhältlich.

durch Militäraktionen der Franzosen im Weserdistrikt das von Langen'sche Reformwerk in diesem Bereich. Nach Kriegsende mussten erst die Kriegsschäden beseitigt werden. Vieles wäre noch zu nennen. Von Langens ideenreicher Einfluss und die Erkenntnisse aus seiner Reisezeit scheinen unerschöpflich (Ansiedlung des Bergahorns, Einführung der Kartoffel im Harz, Eröffnung der Porzellanmanufaktur Fürstenberg, Entwicklung einer Holzschliffmethode für die Papiermühlen im Land). Von Langen hatte sich durch die vielen angeschobenen Verbesserungen aber nicht nur Freunde gemacht. Mit vielen Neuerungen geriet er auch „zwischen die Stühle", so bei der Begrenzung der Waldweide und damit ältesten Rechte der Untertanen im Solling. Da dadurch aber seine Aufforstungen in Gefahr gerieten, kannte er kein Pardon. Missgünstige und Neider fanden beim Landesherren schließlich doch Gehör und erreichten, dass von Langen im Alter von 64 Jahren durch Pensionierung entlassen wurde.

Er fühlte sich aber noch nicht zu alt, verzichtete auf seine Pension und nahm durch Empfehlung des Leiters der dänischen Jagd- und Forstverwaltung, dem deutschstämmigen Oberjägermeister von Gram, 1763 das Angebot des Dänenkönigs Friedrich V. an, seine übernutzten und ausgeplünderten Forsten nach der von Langen'schen Methode einrichten zu lassen. Am 13. Oktober 1763 traf von Langen mit zwei deutschen Holzförstern und acht im Harz ausgebildeten dänischen Forstpraktikanten in Dänemark ein und bezog seine Dienstwohnung im Schloss Jaegersborg bei Kopenhagen. In dieser Zeit (1767) gründete sein Schüler Hans Dietrich von Zanthier die erste Forstschule Deutschlands in Ilsenburg, die aber mit seinem Tode 1778 wieder erlosch.

Nach Billigung seiner Pläne und Verfahren durch König Friedrich V. erließ dieser am 25. Juni 1764 die „Gram-Langensche Forstordnung", nach der bis 1778 – dem „Goldenen Zeitalter der dänischen Forstwirtschaft" – die dänischen Forsten eingerichtet wurden. Das waren noch einmal erfolgreiche Jahre für Johann Georg von Langen!

Der alternde Johann Georg von Langen verwirklichte seinen letzten Wunsch, sein Wissen an nachfolgende Generationen weiterzugeben, durch die Gründung einer Forstschule, die er gemeinsam mit von Gram 1764 in Schloss Jaegersborg einrichtete. Hier hielt er Vorlesungen in Forstbotanik und Baumzucht und gab Kurse in Vermessung, Kartierung und Taxation.

Nach einem Schlaganfall folgte sein gesundheitlicher Verfall, der nach langem Krankenlager und Siechtum am 25. Mai

1776 zu seinem Tode führte. Sein treues Kammerdienerehepaar Otte sorgte bis zuletzt für ihn. Er selbst war unverheiratet. Im Mannesstamm scheint mit ihm die Familie ausgestorben zu sein. Am 31. Mai 1776 wurde er „mit großer Zeremonie begraben und liegt in der Kapelle, wo der Taufstein sich befindet, wo noch keiner begraben wurde, so lange die Kirche steht", so das Kirchenbuch der Gemeinde Gentofte im Amt Kopenhagen. Da er ohne Grabstein beigesetzt wurde, ist seine Grabstätte heute nicht mehr auffindbar.

Die dänische Staatsförstervereinigung ließ 1964 zum 200-jährigen Jubiläum der Gram-Langen'schen Reformen im Eingangsraum der Kirche von Gentofte, heute ein Villenvorort von Kopenhagen, folgende Erinnerungstafel anbringen:

Pflanzung von Eichen- oder Buchenheistern „für die Nachwelt" (aus KREMSER, W. 1990, Kupferstich aus Burgdorfs „Vorzügliche Holzarten" 1783). In den über Fluchtstäbe ausgerichteten Pflanzreihen werden die in Kämpen vorgezogenen mannshohen Bäume („Heister") gepflanzt. Diese „künstliche" Wiederverjüngung der Flächen setzte erst allmählich im 17. und 18. Jahrhundert ein.

OVERJAEGERMESTER J. G. v. LANGEN
FODT 22.3.1699 I OBERSTEDT,
THÜRINGEN
DOD 25.5.1776 I JAEGERSBORG
EN AF DANSK SKOVBRUGS FAEDRE

Übersetzt:
ER WAR EINER DER VÄTER DER
DÄNISCHEN FORSTWIRTSCHAFT

NICHT NUR DER DÄNISCHEN!

Man kann hinzufügen, dass er in Niedersachsen als „Vater der regelmäßigen Forstwirtschaft" bezeichnet wird, von dessen Früchten Skandinavien sehr profitiert hat.

Im Jahr 2013 ist der Solling zum Waldgebiet des Jahres in Deutschland gewählt worden. Auch Johann Georg L. von Langen kam dabei wieder zu Ehren, weil viele Einrichtungen auf sein segensreiches Wirken zurückzuführen sind.

In „von Langens Fußstapfen"

Johann Georg von Langen hat Spuren in Niedersachsen, Dänemark und Norwegen hinterlassen. Aus dem Dänischen übersetzt heißt der Bergahorn dort heute noch „Von Langens Fußstapfen". Wenn jemand so lange und nachhaltig gewirkt hat, dann hängen auch viele Geschichten um ihn herum im Stillen und unbemerkt zusammen und kreuzen sich wie Spuren im Schnee.

Friedrich Schiller, porträtiert von Friedrich Georg Weitsch, 1804

Einige seiner „Schüler" erlangten auch selbst wiederum Berühmtheit im Forstwesen und darüber hinaus. Walter Kremser führt in seiner Niedersächsischen Forstgeschichte neben von Zanthier u. a. auch **Carl Christoph von Lengefeld** *als seinen Schüler an, einen Schwarzburg-Rudolstädter Oberforstmeister und Kammerrat. Carl Christoph von Lengefeld (1715–1775) verfasste u. a. 1752 eine Schrift mit dem Titel „Forstanmerkungen zum Gebrauch in Niedersachsen". 1763 begutachtete er im Auftrag der Witwenregentin Anna Amalia die Sachsen-Weimarer Landesforsten. 15 Jahre nach seinem Tod heiratete Friedrich Schiller dessen Tochter Charlotte von Lengefeld und wurde somit „postum" zu dessen Schwiegersohn. Ein Sohn aus dieser Ehe – Karl Friedrich Ludwig von Schiller – wurde ebenfalls wieder Förster wie der Großvater. Und so lesen sich denn die wunderbaren Zeilen, die Schiller verfasste, wie eine familiäre Ode an die Förster:* **„Ihr seid groß, ihr wirket unbekannt, unbelohnt, frei von des Egoismus Tyrannei und eures stillen Fleißes Früchte reifen der späten Nachwelt noch."** *Von dem Sohn ist wiederum überliefert:* **„Mein Vater war gewiss ein großer Dichter, aber von Holz hat er nichts verstanden. Sonst hätte er in dem Lied von der Glocke nicht geschrieben ‚Nehmet Holz vom Fichtenstamme!', denn das ist nun einmal das schlechteste Holz!"**

Anna Amalia

Anna Amalia war eine sechzehnjährige Prinzessin von Braunschweig-Wolfenbüttel, als sie am 16. März 1756 mit dem Herzog Ernst August II. Constantin von Sachsen-Weimar-Eisenach vermählt wurde. Sie könnte von Langen bei Hofe persönlich begegnet sein. Schon zwei Jahre später – am 28. Mai 1758 – war sie unglücklich Witwe geworden und übernahm mit ihren 18 Jahren die obervormundschaftliche Regierung für ihren zweijährigen Sohn Karl-August bis zu dessen Volljährigkeit. Infolge dieser besonders schicksalhaften Konstellation musste sie sich auf enge Ratgeber verlassen, vorrangig auf ihren Vater aus Wolfenbüttel. Herzog Karl selbst und sein engster Vertrauter, Kanzler von Praun, übernahmen eine wichtige Beraterrolle für sie, insbesondere bei der Konsolidierung der Staatsfinanzen, so auch im Berg- und Forstwesen.
Dazu weilte Kanzler Praun zeitweise mehr in Weimar als in Braunschweig. Möglich scheint deshalb, dass es auch eine Empfehlung aus Braunschweig war, Christoph von Lengefeld, einen Schüler von Langens, zum forstlichen Gutachter für die Forsten zu ernennen. Zu diesem Zeitpunkt konnte noch niemand ahnen, dass aus Anna Amalia einmal die Begründerin des bewunderten Weimarer Musenhofes werden würde.

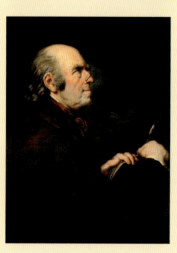

Pascha Johann Friedrich Weitsch (1723–1803)

Pascha Johann Friedrich Weitsch war ein berühmter Braunschweiger Maler. Er konnte seine autodidaktisch entwickelten Talente in der Buntmalerei der Porzellanmanufaktur Fürstenberg, wo er ab 1757 angestellt war, voll entfalten. Leiter der Porzellanmanufaktur – und damit sein Vorgesetzter – war zu dieser Zeit Johann Georg von Langen. Seine besten – und schließlich auch seinen Ruhm begründenden – Gemälde dürften diesem gut gefallen haben. Sie entstanden im Wald und vor allem hatten es ihm alte knorrige Eichenbäume angetan. Ganz besonders begeisterte ihn der Hutewald von Querum vor den Toren Braunschweigs, den er häufig malte.

„Eichenwald mit Hirt und Herde" (Pascha Weitsch, 1775).
Pascha Weitsch liebte alte Huteeichen und deshalb ist der Querumer Wald bei Braunschweig in vielen seiner Bilder verewigt. Hier zog es ihn immer wieder hin. Viele dieser Gemälde mit etwas veränderten Motiven hat er in alle Richtungen verkauft. Einige der alten Querumer Eichen, die Pascha Weitsch so fasziniert haben, stehen heute noch (Foto von 2006). Trotz aller Versuche, sie am Leben zu erhalten, sind aber viele bereits abgestorben. Die Waldgemälde von Pascha Weitsch passen in die Zeit. Friedrich Gottlieb Klopstock (1724–1803), der seine Lebensspanne mit Pascha Weitsch teilt, gilt als Begründer des Sturm und Drang und der Romantik, aber auch als derjenige, der die „deutsche Eiche" mit seinen poetischen und dramatischen Bearbeitungen zum Symbol für Deutschtum hat werden lassen. Ihm eiferten viele junge romantische Dichter nach.

Schloss Salzdahlum. Als Porzellanmaler erlebte Pascha Weitsch seinen Höhepunkt ein Jahr nach der Pensionierung seines forstlichen Vorgesetzten. 1764 erhielt er den Auftrag zur Bemalung eines 156-teiligen Tafelservice mit den Ansichten des Braunschweiger Herzogtums. 1788 ernannte ihn Herzog Karl Wilhelm Ferdinand zum Verwalter der herzoglichen Gemäldegalerie in Salzdahlum. Dort lebte er bis zu seinem Tod 1803. Das Schloss Salzdahlum war an jenem Platz aufgebaut worden, an dem die alten Landtage abgehalten wurden – und 1547 die berühmte Holzordnung verabschiedet worden war. Mancher Kreis schließt sich erst bei genauem Hinschauen. Am 12. Juni 1733 heiratete hier Kronprinz Friedrich von Preußen eine Schwester von Herzog Karl, Elisabeth-Christine von Braunschweig-Wolfenbüttel-Bevern. Und dann noch ein fast unvermeidlicher Besuch: 1784, vier Jahre bevor Pascha Weitsch einzog, hatte Goethe das Schloss schon besucht, um die Gemäldegalerie zu besichtigen.

„Der Harz*

Harz, du Muttergebürg, welchem die andere Schar
Wie der Eiche das Laub entsproßt
Adler zeugest du dir hoch auf der Felsenhöh
Und dem Dichter Begeisterung.
…
Gütig läßest du zu, dass dir dein Eingeweid
Mit der emsigen Hand durchwühlt
Nach verderbendem Gold und nach dem Silbererz
Unersättlicher Menschendurst,

Aber schenkest uns auch Kupfer und tödtend Bley
Eisen nützlich dem Menschengeschlecht
Das den Acker zerfurcht, Sterblichen Speise gibt
Und den gütigen Ofen Holz.

Wenn mit schneidender Axt Bäume der Hauer fällt
Die dein nährender Schoß erhob.
Aber bauest nicht auch Häuser zum Schutz uns auf?
Schützts uns nicht für der Feinde Wuth?

Deutsche Freyheit so werth, werther dem Biedermann
Als es zinsenden Perus Gold
Stehe furchtbar und hehr und unerschütterlich
Wie dein donnerndes Felsenhaupt."

* *Als Friedrich von Hardenberg als Novalis 1788 dieses schwärmerische Gedicht über den Harz schreibt (nur in Auszügen abgedruckt), ist er 17 Jahre alt. In seinem Hauptwerk „Heinrich von Ofterdingen" schenkt Novalis der Romantik einige Jahre später das Bild der „blauen Blume". Nicht leicht zu verstehen ist heute, dass ausgerechnet im Harz, in dem die Bergindustrie einen wüsten Waldzustand hinterlassen hatte, alle diese herausragenden Dichter – Novalis, Eichendorff, Hölderlin, Goethe, Heine – ihre literarischen Spuren hinterlassen haben.*

„Nach innen geht der geheimnisvolle Weg.
In uns oder nirgends
Ist die Ewigkeit mit ihren Welten,
die Vergangenheit und Zukunft."

Novalis

SÄULEN DER NACHHALTIGKEIT

Mit seiner Studie zu den „Grenzen des Wachstums" wirft der Club of Rome 1972 einen Stein in einen ruhenden See. Die „Grenzen des Wachstums" werden zu einem weltweiten Synonym für die Endlichkeit der Ressourcen auf der Erde. 15 Jahre später – 1987 – pflanzt der sogenannte Brundtland-Bericht mit dem Titel „Our Common Future" das forstliche Leitbild der Nachhaltigkeit weltweit in die politische Landschaft. Seitdem ist der Begriff in aller Munde: Ökonomische, ökologische und gesellschaftlich-soziale Ziele sollen im Einklang stehen. Die drei Säulen der Nachhaltigkeit wirken nun vielfältig in die Gesellschaft hinein und auch in den Wald zurück.

Wald und Wirtschaft

 Wald und Umwelt

 Wald und Gesellschaft

„Wälder sind der größte, unerschöpfliche Schatz unseres Landes und seiner Wohlfahrt. Mit ihrer Hilfe kann man zu Reichtum an Metallen gelangen. Unsere Oekonomen sollten sich darauf konzentrieren, dass dort, wo Wald abgetrieben worden ist, auch künftig wieder Bäume wachsen."

„Unsere Vorfahren und Forstleute sprechen nur dann von holzgerecht, wenn damit ein Lob ausgedrückt werden soll. Wird diese Voraussetzung nicht berücksichtigt, d. h. das Gleichheit zwischen An- und Zuwachs sowie Abtrieb gegeben sind, ist die Wirtschaft fehlerhaft und es entstehen Mängel."

So schreibt Hannß Carl von Carlowitz 1713 in seinem Buch.

„Ich habe Solarpanels auf meinem Dach und heize mein Haus mit selbst gehacktem Holz aus dem Wald, aber ich habe auch 10 Hektar Land. Glauben Sie nicht, dass man mit sieben Milliarden Menschen auf dem Planeten so die Probleme lösen kann.
Die Regenerativen [Energien – Anm. Herausgeber] liefern hauptsächlich Elektrizität. Was wir brauchen, sind Treibstoffe und Wärme für die Industrie."

Dennis Meadows, Mitautor der Studie „Limits to Growth" von 1972 am 4. Dezember 2012 in einem Interview in der Frankfurter Allgemeinen Zeitung auf die Frage: „Wenn wir alle die kostenlose Energie der Sonne viel stärker nutzen, sind da nicht gleich viele Probleme auf einmal gelöst?"

SÄULEN DER NACHHALTIGKEIT 85

Dr. Gero Harlem Brundtland in einem Interview zum 300-jährigen Jubiläum der Erfindung der Nachhaltigkeit durch Hans Carl von Carlowitz im Jahr 2013. Die ehemalige norwegische Ministerpräsidentin etablierte 1987 im sogenannten Brundtland-Bericht den Begriff der „Nachhaltigen Entwicklung" in der internationalen Politik.

„Carlowitz hat als Erster die Bedeutung eines nachhaltigen Wirtschaftens erkannt. Vor allem für Wirtschaftszweige, die direkt von der Natur leben. Unsere Kommission hatte die Aufgabe, das große Ganze zu analysieren.
Wir wollten klar machen, dass es keinen Weg in eine nachhaltige Zukunft gibt, wenn man nicht auch die Bedürfnisse der Bevölkerung und die Menschenrechte in die Gesamtrechnung aufnimmt.
Das führte zu unserer Definition von ‚Nachhaltiger Entwicklung' als ein Muster für Entwicklung, das die Bedürfnisse der aktuellen Generationen berücksichtigt, ohne dass man zukünftigen Generationen die Chance raubt, ihre eigenen Bedürfnisse zu stillen. Das war damals eine neue Art zu denken, zumindest außerhalb der Forstwirtschaft."

Säulen der Nachhaltigkeit

Wald und Wirtschaft

Wald ist die Quelle eines wunderbaren natürlichen und nachwachsenden Rohstoffes. Nachhaltigkeit im ökonomischen Sinn bedeutet eine effiziente Nutzung und Verwendung der knappen Ressourcen in einer Weise, dass nachfolgende Generationen in ihren Ansprüchen nicht gemindert werden.
Oder wie es vor 200 Jahren formuliert wurde: „Der Wald ist ein Fideikommiß, der Generationen Redlichkeit anvertraut, ein Capital, dessen Ertrag der lebenden Welt, es selbst der Ewigkeit angehört."

(LINZ, 1781–1862)

Eine Welt aus Holz – Fachwerkarchitektur in Niedersachsen

Elmar Arnhold

Das Bauen mit Holz geht in Mitteleuropa auf die Ursprünge des Bauens insgesamt zurück. Vor der Verbreitung steinerner Architektur im Zuge der Christianisierung in der Karolingerzeit war der Holzbau in der Region des alten Herzogtums Sachsen allein vorherrschend. Unter fränkischer und ottonischer Herrschaft wurden im 9. und 10. Jahrhundert erstmals in größerem Umfang herausragende Sakralbauten und Herrschersitze (Pfalzen) als Massivbauten errichtet.

Die Holzarchitektur stellte sich bis in das Hochmittelalter in Form von Pfostenkonstruktionen dar, hier waren die tragenden Stützen eingegraben. Dies gilt auch für zahlreiche frühe Kirchenbauten. Diese Pfostenbauten waren nicht dauerhaft haltbar, da die Stützenfüße im Erdreich der Verrottung ausgesetzt waren. Pfostenkonstruktionen sind daher lediglich durch archäologische Befunde nachweisbar.

Vermutlich im 12., spätestens im 13. Jahrhundert entstand der voll ausgeprägte Fachwerkbau, der im Mittelalter als sogenannter Ständerbau in Erscheinung tritt. Hier ruhen die Stützen (Ständer) auf waagrechten Schwellhölzern, die einem Steinsockel aufliegen und somit von direkter Bodenfeuchte geschützt sind. Die Wandständer sind untereinander durch Riegel verbunden und werden oberseitig mit einem Rähmholz zusammengehalten. Die Quergebinde mit den Balkenlagen sind durch Kopfbänder ausgesteift und erhalten somit ein rahmenartiges

„Ein harter Ort"
Der berühmte Stich stammt aus dem Forst-Lehrbuch von Johann Andreas Cramer von 1766. Er zeigt die Nutzung von Laubholzbeständen (sogenanntem Hartholz) und die Sortierung des Holzes nach Bau- und Kohlholz sowie Sondersortimenten. Eichenholz wurde für den frühen Fachwerkbau wie auch im Schiffsbau in großen Mengen benötigt. Ganze Eichenwälder wurden fast vollständig dafür verbraucht.

konstruktives Gefüge. In die Zwischenräume dieser Skelettkonstruktion, die Gefache, sind in der Regel Füllungen mit Lehmflechtwerk eingebracht. Aussteifungen erfolgen mit Streben und Kopfbändern, wobei die Streben zur Längsaussteifung auf die Ständerreihen aufgeblattet sind. Über der obersten Balkenlage ist ein Sparrendach aufgesetzt.

Die mittelalterliche Ständerbauweise, in der das Haupttragwerk aus durchlaufenden Ständern mit ein- oder durchgezapften Balkenebenen besteht, wurde im 16. Jahrhundert durch die Stockwerkbauweise ersetzt. Stockwerksbauten zeigen eigenständig verzimmerte Geschosse, hier sind die Ständer demnach jeweils lediglich geschosshoch und die Deckenbalken auf die Rähmhölzer der Wandgefüge aufgelegt. Diese Konstruktion ermöglicht die charakteristischen Auskragungen der Stockwerke, indem die Deckenbalken über den Rähmhölzern der darunterliegenden Geschosse bis zu 0,50 m weiter laufen und außenseitig mit Knaggen unterstützt werden. Im niederdeutschen Fachwerk sind in den Stockwerksbauten die Wandständer, Deckenbalken und Sparrengebinde axial aufeinander bezogen. Damit ergibt sich ein strenges grafisches Erscheinungsbild der norddeutschen Fachwerkarchitektur.

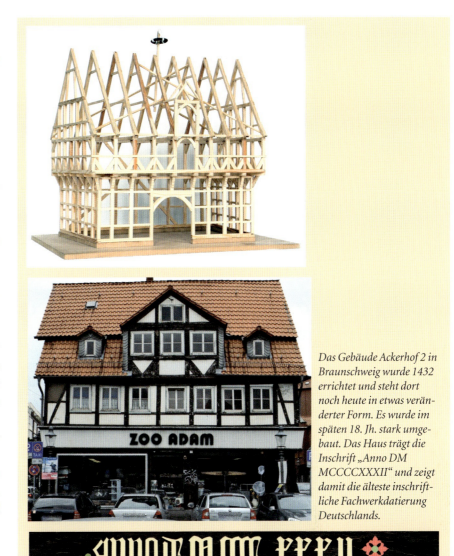

Das Gebäude Ackerhof 2 in Braunschweig wurde 1432 errichtet und steht dort noch heute in etwas veränderter Form. Es wurde im späten 18. Jh. stark umgebaut. Das Haus trägt die Inschrift „Anno DM MCCCCXXXII" und zeigt damit die älteste inschriftliche Fachwerkdatierung Deutschlands.

Die Fachwerkbauweise prägte das Baugeschehen bis weit in das 19. Jahrhundert. In der Zeit zwischen der Mitte des 15. Jahrhunderts bis zum Dreißigjährigen Krieg entfaltete die Fachwerkarchitektur besonders im Raum zwischen Weser, Harz und Lüneburger Heide eine besondere Blüte. Die Fachwerkgefüge mit ihren vorkragenden Obergeschossen wurden mit Schnitzwerk ausgeschmückt, wobei sich in den großen Städten ein jeweils individueller Formenkanon ausbildete. Braunschweig, Hildesheim und Halberstadt, aber auch Hannover, Goslar, Göttingen und viele mittlere und kleinere Städte erhielten gerade durch ihre Fachwerkarchitektur ein besonderes Gepräge. Die erstgenannten, bedeutendsten Fachwerkstädte sind leider Opfer des Zweiten Weltkrieges geworden.

Auch in der Barockzeit, im 17. und 18. Jahrhundert, blieb das Bauen mit Holz aktuell, und dies nicht nur für die Architektur der Bauern und Bürger. Schlossanlagen wie das Residenzschloss Wolfenbüttel und das nicht erhaltene Lustschloss Salzdahlum sowie Herrenhäuser und auch öffentliche Bauten beweisen dies.

Die Gestaltung der Fachwerkbauten wurde jedoch den zeitgenössischen Steinbauten entlehnt. Gleichfarbige Anstriche von Holzwerk und Gefachfüllungen zeigen sich hier ebenso wie aufgesetzte Gesimse und Gliederungen aus Holz oder Stuck. Diese Beobachtungen gelten auch für den Fachwerkbau der Zeit des Klassizismus in den Jahrzehnten um 1800. In der Epoche des Historismus kam nach 1850 der an Vorbildern der Vergangenheit orientierte Fachwerkbau wieder zu Ehren. Hier ist jedoch bereits eine Hinwendung zu einer genormten und maschinellen Bauproduktion zu erkennen. Hatten 1180 nicht mehr als zehn Städte im niedersächsischen Raum bestanden, darunter Lüneburg, Bremen, Goslar, Hildesheim, Osnabrück, Stade und Braunschweig, so wurden 49 weitere bis 1350 gegründet, darunter Hannover, Hameln, Göttingen und Einbeck. Der ungeheuer steigende Holzbedarf dafür wurde aus den umliegenden Wäldern gedeckt. Hohe Fachwerkkunst lässt sich auch heute noch in den Städten Niedersachsens bewundern.

Fachwerkhäuser in Niedersachsen

1. Wedekindhaus, Hildesheim, Rekonstruktion der Fachwerkfassade von 1985
2. Bürgerhaus Hameln
3. Kirche in Trippkau, Landkreis Lüneburg
4. Domplatz, Verden
5. Pfarrei, Duderstadt
6. Haus der Frachtfahrerfamilie Lohmann, 1834, Gemeinde Stuhr bei Bremen
7. Ehemaliges Rathaus in Moringen, Landkreis Northeim, erbaut 1596/97
8. Marienkirche, Südgiebel, Landkreis Stade
9. Amtshof in Harpstedt, Landkreis Oldenburg
10. Hansehafen, Stade
11. Siemenshaus in Goslar, 1693
12. Oberer Bohrturm der Saline Sülbeck, Stadt Einbeck, erbaut 1865
13. Rathaus, Duderstadt
14. Haus in Schluh in Worpswede, Landkreis Osterholz
15. Bürgerhäuser in Einbeck
16. Veltheimsches und Huneborstelsches Haus in Braunschweig

Das Zimmerhandwerk im Braunschweiger Land

Arbeitsweise und Werkzeug der Zimmerleute haben sich im Lauf von Jahrhunderten kaum gewandelt und sind auch gegenwärtig noch anzutreffen, insbesondere im Bereich der denkmalpflegerischen Arbeit. Der einstige Arbeitsbereich des Zimmerhandwerks reichte von der Fällung des Holzes über die Entrindung der Stämme, ihre grobe Zurichtung, die endgültige Bearbeitung der Bauhölzer mit Holzverbindungen, dem sogenannten Abbund, bis zur Errichtung von Gebäuden. Als Abbund bezeichnet man ein erstes Zusammenfügen der vorgefertigten Bauteile eines Wand- oder Gefügeabschnitts liegend auf dem Abbundplatz. Dabei werden alle Gefügeteile durch Einkerbungen von Zahlsymbolen (sog. Abbundzeichen, römische Ziffern oder Dreieckskerben) eindeutig markiert und können so bei der Aufrichtung des Fach- oder Dachwerkgerüsts genau identifiziert werden.

Der Holzeinschlag erfolgte überwiegend in den Wintermonaten; das Bauholz wurde meist frisch verarbeitet. Allgemein üblich war auch die Wiederverwendung von Fachwerkhölzern abgebrochener Gebäude, ein Aspekt der Nachhaltigkeit in vorindustriellen Epochen.

Das Fällen von Bäumen wurde mit der Axt und mit der Bund- oder Schrotsäge vorgenommen. Äxte besaßen in der frühen Neuzeit zweiseitige Schneidflächen, während die meist kleinformatigeren Beile mit einseitiger Klinge ausgestattet waren. Die Schrotsäge zeigt ein langes, leicht sichelförmiges Blatt mit zwei Holzgriffen. Diese Säge wurde auch zur Auftrennung der Stämme in Kanthölzer ver-

Planken und Bohlen wurden häufig von Hand und in „Tagelohnarbeit" über einer „Sägekuhle" – oder aufgebockt wie in der Darstellung – mit senkrecht verlaufender Zugsäge geschnitten. Zunehmend wurden aber mit Wasser betriebene Sägemühlen errichtet. Im Harz gab es nach den „Rechtsweisungen des Forstdings zu Goslar (1421–1490)" schon im 15. Jh. solche Holzschneidemühlen.

Einschlag von Laubholz zu Kohl- und Nutzholz um 1760. Aus Untersuchungen von Hofstellen weiß man, dass für eine Hofstelle oder ein größeres Fachwerkhaus etwa 70 bis 100 m³ Holz verbaut wurden.
Solange Eichen verfügbar waren, bildeten sie die tragenden und belasteten Bestandteile eines Hauses (70–80 %), Deckenbalken und Sparren waren aus Fichte (15%). Buchen und Weiden dienten als nichttragendes Staken- und Flechtwerk (10 %). Fichte und Kiefer wurden ab dem 18. Jahrhundert zunehmend verbaut und lösten das Laubhartholz im Hausbau ab. So ist es bis heute geblieben.

Eine Welt aus Holz – Fachwerkarchitektur im Mittelalter

Das Schloss Salzdahlum war einer der größten Holzbauten in deutschen Landen, spöttisch hieß es: die größte „Holzungeheuerlichkeit" der Welt. Es wurde ab 1688 für Herzog Anton Ulrich errichtet und gehörte mit seinem Barockgarten zu den großen Sehenswürdigkeiten seiner Zeit. Am Anfang des 19. Jahrhunderts war das Schloss schon länger nicht mehr genutzt und ist 1811–1813 abgebrochen worden. Bauholz und Steine wurden, soweit möglich, verkauft und wiederverwendet.

wendet. Zum Entrinden der Baumstämme verwendete man Beschlagbeile mit abgewinkelter Klinge. Das Herausarbeiten der Bauhölzer aus dem Stamm geschah entweder mit der Schrotsäge oder mit der Axt oder dem Breitbeil. Die Bearbeitungsspuren sind an den verbauten Hölzern häufig noch erkennbar. Zum Bebeilen wurde auch der Dechsel, ein hakenähnliches Werkzeug, genutzt. Für die weitere Auftrennung vierkantiger Hölzer und die Herstellung von Bohlen und Brettern verwendete man Rahmensägen, diese besitzen in einen Holzrahmen eingespannte schmale Sägeblätter. Die Vormarkierung für gerade Schnitt- oder Bebeilungskanten erzielte man mit der Schlagschnur; rechte Winkel wurden mit dem Richtscheit angetragen.

Nicht unüblich war die Vorbearbeitung der Bauhölzer, also das Auftrennen von Baumstämmen, in wassergetriebenen Sägemühlen. In Wolfenbüttel befand sich im 18. Jahrhundert eine Sägemühle am heute zugeschütteten Okergraben südlich der Neuen Straße. In den Baurechnungen zu mehreren großen Projekten (Wolfenbüttel, Schlossfassaden, Bibliothek, Schloss Salzdahlum u. a.) lassen sich Ausgaben für Sägearbeiten nachweisen. Für die Erstellung der Holzverbindungen war kleinteiligeres Werkzeug erforderlich. Zapfenlöcher wurden mit kleinen Stoßäxten oder der handlichen Kreuzaxt, deren Kopf mit einer breiten Schneide und einer Spitze ausgestattet ist, herausgearbeitet. Die Holznagellöcher mussten mühselig von Hand mit Löffelbohrern angelegt werden.

Diese kurze Übersicht beschreibt längst nicht alle Werkzeuge und Arbeitsweisen des Zimmerhandwerks, hinzu kommen Übergangsbereiche zum Tischler- oder

Der „fürstl. Holtzhof zu Büntheim" soll „nach Gelegenheit aus Verfall" beliefert werden. Das für die fürstlichen Festungsgebäude zu Wolfenbüttel benötigte Bauholz soll „aus den Thälern, so auf die Oker hängen", gehauen und auf der Oker bis Wolfenbüttel geflößt werden.
(Aus einem Forstbereitungsprotokoll von Herzog Julius 1583)

Schreinerhandwerk. So ist anzunehmen, dass der barocke Landbaumeister Hermann Korb (1656–1735) als ausgebildeter Schreiner allgemeine Kenntnisse zur Holzverarbeitung und über das Zimmerhandwerk besaß, die ihn zum souveränen Umgang mit der Fachwerkbauweise befähigten.

Für den Transport der Bauhölzer wurden, wo möglich, Fließgewässer zum Flößen genutzt, das zumeist im Harz eingeschlagene Nadelholz ließ sich auf der Oker gut nach Wolfenbüttel und Braunschweig flößen. Die Wässerung des Holzes kam zudem seiner Haltbarkeit entgegen.

Eichenholz war vorwiegend in den Forsten nördlich und östlich der Stadt Braunschweig zu gewinnen, hier war meist der Transport auf dem Landweg nötig.

Das Zimmerhandwerk war im Land Braunschweig bis 1809 in Gilden organisiert. Im Bauwesen bestanden die größten Handwerksbetriebe mit den meisten Gesellen und Lehrlingen; eine Statistik aus dem Jahr 1771 nennt für Braunschweig neun Zimmermeister mit insgesamt 122 Gesellen und 16 Lehrlingen.

Nicht zuletzt ist zu erwähnen, dass die Zimmermeister für die Bauaufgaben der „Alltagsarchitektur" (Bürgerhäuser, ländliche Bauten) sehr häufig auch als Entwerfer tätig waren. Planung und Ausführung lagen somit in einer Hand. Zur Reglementierung, aber auch Förderung insbesondere des städtischen Bauwesens dienten Verordnungen der fürstlichen Regierung, so eine 1708 erlassene Deklaration Herzog Anton Ulrichs für Braunschweig. Zimmerhandwerk, Fachwerkbau sowie Dach- und Sprengwerkkonstruktionen fanden auch Eingang in die historische Architekturliteratur. Ein wichtiges, scheinbar weit verbreitetes Werk stellt die „Architectura Civilis" des Baumeisters Johann Wilhelm aus Frankfurt/Main dar; es erschien 1649 in Nürnberg. Hier stehen die Holzbaukunst und das Zimmerhandwerk auch gerade unter praktischen Gesichtspunkten im Vordergrund. Wilhelm gibt den Zimmerleuten eine Anleitung zu Planung und Ausführung von Fachwerkbauten, Dach- und Hängewerken, Wendeltreppen, Turmhelmen und Brücken und illustriert sie mit Kupferstichen. So werden neben komplizierten Dachwerken und Turmkonstruktionen vollständige Entwürfe von Fachwerkbauten dargestellt, die dem typischen „fränkischen" Fachwerk des 17. Jahrhunderts zuzuschreiben sind. Ein Exemplar des Traktats befindet sich in der Herzog-August-Bibliothek in Wolfenbüttel.

Der Holztransport erfolgte nur über kurze Strecken mit Wagen oder ungesteuerter Trift im aufgestauten Wildwasser. Um 1300 setzte der Holzfernhandel auf den Flüssen mit Flößen und Schiffen ein. Die Baumstämme wurden zu Flößen gebunden, auf denen die Flößer mit Hütte auf Fahrt gingen. Selbst kleinere Flüsse wie Oker, Ilme oder Ilse wurden für die Flößerei benutzt (hier im Foto rechts: Holzflößer Heinrich Witte auf der Örtze um 1900). Die Flöße band man mit Weiden- und Fichtenruten zusammen. Von Hermannsburg an abwärts hatte jeder Ort seine „Bindestelle". Sogenannte Treidelpfade rechts und links am Ufer für Pferde und Menschen zum Ziehen der Flöße und Schiffe begleiteten die Wasserstraßen.

Eine Welt aus Holz – Fachwerkarchitektur im Mittelalter

Der Wald ist ein Wirtschaftsgut, dessen Ertrag optimiert werden soll. Im Jahr 1706 hat Leopold Schaumburg in seinem „Dictionarium Forestale" die heimischen Bäume und ihre Hauptverwendungen detailliert beschrieben. Heute könnte man von einer ersten Holzsortierungsanleitung bzw. einem Produktkatalog sprechen. Die einzelnen Sortimente wurden von ihm, darüber hinaus mit ihrem damaligen Preis versehen, taxiert.

Eine Eiche, woraus eine mittel Seüle kann gemachet werden. Ist alt 280 bis 290 Jahr, wird 14 Schue lang und 2 Ellen dick, auch 2 Ellen breit ins quadrat beschlagen, und ist davon Figur. Ist jeder Schue nach jetzigen Preiß 15 mgs in Summa dieses Stück Holtz 5 Thlr 30 mgs.

Eine starke Eiche zu einem Trog zur Pappier- oder Öhl-Mühle, wird ins quadrat 2 Ellen hoch und 2 Ellen weit beschlagen und so dann zum Troge durch den Zimmermann ausgehauen, ist 400 bis 450 Jahr, ist lang 20 Schue insgemein, jedoch nachdem in dergleichen Mühlen viel Stempeln haben, darnach sie solchen lang nehmen und aushauen laßen, und wird deßen Figur dergestalt gezeiget. Der Preiß ist jeder Schue seiner Stärke wegen 20 mgs. thut in summa 11 Thlr 4 mgs.

Das Kohl und Brenn Holtz wird von denen Höllen, und alten untauglichen Holtze gehauen, jede Kluft 5 Schue lang, und in Malter gelegt, jedes Malter 2 Ellen minus 2 Zoll hoch, und oben weit 2 Ellen minus 2 Zoll, unten aber ist die Weite $1^{1}/_{4}$ Ellen oder $2^{1}/_{2}$ Schue, deßen Figur. Die Kohlen Malter, Forst Zins steckt denen Oberfaktoren in ihren Pacht Geldern.

Die Echternstraße Nr. 8 – Ein Beispiel für Nachhaltigkeit im Holzbau

Im Südwesten der Innenstadt von Braunschweig ist trotz der flächendeckenden Zerstörungen des Zweiten Weltkrieges in der Echternstraße eines der wenigen Ensembles historischer Fachwerkarchitektur erhalten geblieben. Aus alten Quellen wissen wir: Hier wohnten früher die einfachen Leute. Es war dreckig, Schweine rannten grunzend durch die Straßen. Und über das Dirnenhaus führte der hier wohnende Henker Aufsicht. Heute ergibt sich ein ganz anderes Bild (Foto).

Die Häuser wurden in den letzten Jahren nach und nach liebevoll saniert, zuletzt das eher unscheinbare Haus Echternstraße 8. Dieses Haus ist besonders interessant, weil es ein Paradebeispiel für nachhaltiges Bauen mit Holz darstellt. Es handelt sich um ein zweigeschossiges Haus mit sechs Gefachbreiten („Spann") bzw. sieben Ständerachsen Breite. Wie die benachbarten Häuser ist es traufständig (mit der Dachseite zur Straße ausgerichtet) und zeigt ein kleines Zwerchhaus, einen übergiebelten Dachaufbau.

Im Vorfeld der Baumaßnahme konnte im Frühjahr 2011 eine dendrochronologische Untersuchung unternommen werden, um das Alter des Hauses zu ermitteln. Sie ist dem Interesse des Eigentümers zu verdanken und wurde vom Dendrochronologischen Labor Göttingen (DELAG) gemeinsam mit dem Autor vorgenommen. Eine solche Untersuchung ermöglicht die genaue Ermittlung der Fälldaten beprobter Hölzer. Diese werden anhand detaillierter Analysen der Jahresringe untereinander und mit bereits vorhandenen und datierten Proben verglichen. Mit den Jahresringen lassen sich die klimatischen Einflüsse auf das Wachstum der Hölzer rekonstruieren. Für die unterschiedlichen Regionen existieren sogenannte Standardkurven, mit denen die neuen Proben abgeglichen und somit datiert werden können.

Das Ergebnis der Untersuchung war eine kleine Sensation. Die bereits augenscheinlich in das Spätmittelalter einge-

Die Echternstraße in Braunschweig nach der Sanierung im Jahr 2013. Das Haus Nr. 8 ist besonders interessant, weil es ein Paradebeispiel für nachhaltiges Bauen mit Holz darstellt. Die Grundsteinlegung erfolgte mit Eichen, die nachweislich 1391 gefällt wurden. 1713 – im Jahr der Nachhaltigkeit also – erfolgte ein Erweiterungsbau.

Eine Welt aus Holz – Fachwerkarchitektur im Mittelalter

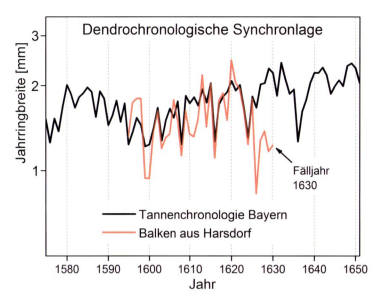

Mit feinen Messgeräten lassen sich die Jahrringe aus Bohrproben lebender und toter Bäume sehr genau messen. Die Methode der Dendrochronologie erlaubt es dann, das Holz nach seinem in den Jahrringen dokumentierten Baumwachstum den Wachstumskurven vergangener Zeiten zuzuordnen. Anhand des Hohenheimer Jahrringkalenders lässt sich gut darstellen, wie ein Stück Holz mit seinen speziellen Jahrringen in allgemeine Wachstumskurven eingeordnet werden kann.

ordneten Gefügeteile der ältesten Kernbausubstanz in dem Haus stammten aus dem späten 14. Jahrhundert. Sie sind an spezifischen Details, besonders an den zeittypischen Holzverbindungen, zu erkennen. Es handelt sich um die Balkendecke über dem Erdgeschoss im straßenseitigen Teil des Gebäudes, dazu gehören noch einige wenige Fassadenständer der Straßenfront und Kopfbänder (Streben). Die Hölzer stammen von Eichen, die 1391 gefällt wurden. Einige dieser ältesten Bauteile mussten auf Grund von Schäden während der Sanierung ersetzt werden. Im Obergeschoss und im hofseitigen Bereich sind keine entsprechend alten Bauteile erhalten.

Das kleine, wohl zweigeschossige mittelalterliche Fachwerkhaus wurde im frühen 18. Jahrhundert stark umgebaut. Auch dies ist mit der dendrochronologischen Untersuchung dokumentiert, als Fälldatum der Bauhölzer für den barocken Umbau konnte das Jahr 1712 ermittelt werden. Da der Holzeinschlag in der Regel im Spätjahr erfolgte und die Hölzer frisch verarbeitet wurden, ist der Umbau von Echternstraße 8 wohl 1713 erfolgt. 1713! Hans Carl von Carlowitz hält vielleicht in Freiberg gerade das erste Exemplar seiner frisch gebundenen „Silvicultura Oeconomica" in der Hand.

Im Alter von etwa 320 Jahren wurde das Gebäude zur Hofseite hin verbreitert und sein Obergeschoss völlig neu aufgebaut. Auch die Straßenfassade erfuhr eine weitgehende Erneuerung. Sie zeigt sich noch heute im Zustand des 18. Jahrhunderts. Sie ist in barocker Manier ohne Auskra-

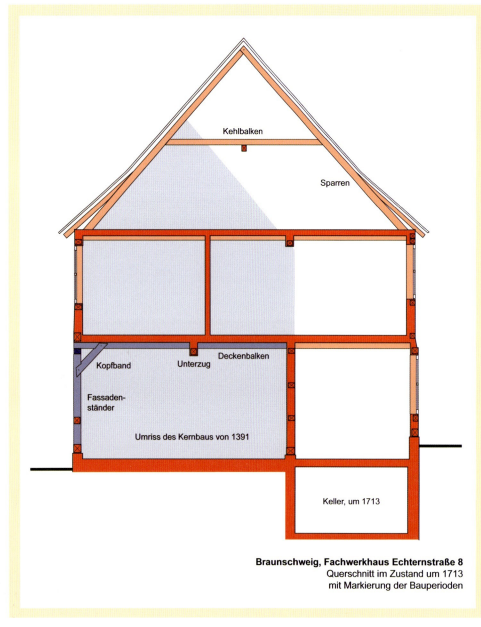

Braunschweig, Fachwerkhaus Echternstraße 8
Querschnitt im Zustand um 1713
mit Markierung der Bauperioden

Der Grundriss des Hauses „Echternstraße Nr. 8" zeigt den Kernbau von 1391 und die Erweiterung von 1713. Die Begutachtung des Hauses ermöglichte die Berechnung des Holzvolumens der für das Fachwerkgefüge benötigten Bauhölzer.

Die Berechnung bezieht sich auf das Balkenwerk im Bauzustand des Barock, nach dem umfassenden Umbau von 1712/13. Unberücksichtigt sind Bestandteile des Innenausbaus wie Treppen, Türen und Fenster. Das Gesamtvolumen des Fachwerkgefüges beträgt ca. 22,4 m^3.

Eine Unterscheidung zwischen Eichen- und Nadelholz ist nicht vorgenommen worden. Da es sich um ein eher kleines Fachwerkgebäude handelt, wird deutlich, welche riesigen Mengen an Bauholz allein in den großen niedersächsischen Fachwerkstädten verbraucht wurden. So wird vorstellbar, welche weitreichende Auswirkungen die großen Baukonjunkturen im Spätmittelalter, der Frühneuzeit und im Barock auf die Waldbestände in Niedersachsen hatten.

gungen gestaltet, am Geschossübergang und am Dachansatz (Traufe) werden die Köpfe der Balkenlagen mit hölzernen Gesimsbrettern verkleidet.

Das Baudenkmal Echternstraße 8 ist ein unscheinbares, aber eindringliches Beispiel für die Nachhaltigkeit des Bauens über mehr als sechs Jahrhunderte. Fachwerk war eine außerordentlich flexible Bauweise. Vorhandene Gebäude konnten immer wieder umgebaut werden, ohne dass ein vollständiger Abbruch nötig war. Gefügeteile abgebrochener Häuser wurden zudem häufig wiederverwendet, wie die Erfahrung aus der Bauforschung vielfach beweist. In der heutigen Zeit wird Fachwerkarchitektur nicht selten romantisch verklärt und dient als willkommene Kulisse für die Stadtwerbung. Historische Fachwerkbauten sind jedoch kulturhistorische Zeugnisse, die uns über die Lebensverhältnisse vergangener Epochen berichten. Diese Verhältnisse waren von den heutigen grundverschieden. Die Gebäude waren in erster Linie genauso auf ihre Funktion zugeschnitten wie die aktuelle Architektur. Die verhältnismäßig hohe Lebensdauer auch einfacher Altbauten liegt in den Lebensverhältnissen der vorindustriellen Jahrhunderte begründet. Ein einmal errichtetes Gebäude war eine wertvolle Ressource, mit der man überlegt wirtschaftete. Wenn völlig neu gebaut wurde, bedienten sich Baumeister und Handwerker der regional vorkommenden Baumaterialien. So wuchsen die Stadtbilder mit ihren Bauten aus verschiedenen Epochen doch zu ganzheitlichen Ensembles, die durch einheitliche Maßstäbe, Baustoffe und Grundformen gekennzeichnet waren. Hier spielte die Fachwerkarchitektur gerade in unserer Region um Harz und Weser eine entscheidende Rolle.

Nadelwäldern gehört die Zukunft

Neue Wälder unter anderen Vorzeichen

Im Laufe des 18. Jahrhunderts veränderten sich die Wälder in Niedersachsen. Eichen waren nicht mehr in ausreichender Menge verfügbar und wurden deshalb teuer. Vor allem dort, wo der Raubbau Kahlflächen hinterlassen hatte, wurden Nadelbäume gepflanzt. Fichten und Kiefern boten viele Vorteile. Sie wuchsen schneller und lieferten somit auf gleicher Fläche mehr Holz. Die Zimmerleute stellten sich auch um, weil Nadelbäume leichter zu transportieren und in den Sägemühlen besser zu sägen waren. Gerade im Baubereich erfuhr Nadelholz eine zunehmende Wertschätzung. Auf dem Bauplatz angekommen, war es wesentlich leichter zu verarbeiten. Bei den Förstern spielte eine wichtige Rolle, dass die Rentabilitätsansprüche gerade an die öffentlichen Wälder in dem Maße anstiegen, wie die Staatshaushalte sich defizitär entwickelten. Die Alternative bedeutete für die Förster eine schlechtere: Staatswald wurde in zunehmendem Maße veräußert, um den Finanzbedarf der Staatshaushalte zu decken. Da war es eine naheliegende Lösung, den Wert und Ertrag der Waldungen selbst durch den Anbau von Nadelbäumen zu steigern. Nadelholz war also allseitig gefragt, weil es viele Probleme gleichzeitig löste.

Der Holzmangel konnte kurzfristig zwar nur durch eine Zurücknahme der Nutzung eingedämmt werden. Mittel- und langfristig sollte er jedoch auch durch eine Erhöhung der Produktivität der Wälder überwunden werden. Höhere Zuwächse sollten höhere Nutzungen ermöglichen. Waldbauliche Planungen veränderten sich dementsprechend. Heimische Nadelbaumarten wie Fichte und Kiefer wurden ebenso gefördert wie auch der Anbau zusätzlicher Baumarten, wie beispielsweise der Lärche, später auch der Douglasie. Das forstliche Ideal war geprägt von dem unbedingten Willen, die permanente Übernutzung der Wälder zu beenden und sie leistungsfähig wieder aufzubauen. Diesem Ideal folgten alle Planungen und Anweisungen des Waldbaus.

Wenn der Tannenbaum abgehauen wird so schlägt der Stamm und Wurtzel nicht wieder aus, sondern wird eintzig und allein von deßen Saamen gezeüget

Der Tannen Baum
Wächset in die Länge und Dicke 220 Jahr, stehet still in seinen Wachsthum 20 Jahr, und wird nach und nach wieder gar faul und zur Erden in 60 Jahren, daß also des Tannenbaums Anfang, Ende und gantzes Alterthum sich beläuft auf 300 Jahr, und kann daraus erfolgen

Leopold Schaumburg widmet 1706 in seinem „Dictionarium Forestale" einen Schwerpunkt dem „Tannenbaum", womit die Fichte gemeint war. Die Fichte war also bereits zu dieser Zeit als Bauholz etabliert. Später wird sie als der Brotbaum der deutschen Wälder bezeichnet.

Ein Sechziger Balke,
Ist alt 100 bis 110 Jahr, nach dem der Wachsthum des Bodens guth, soll lang seyn 60 Fuß, muß aber des Flößens halber 2 Fuß länger, und also 62 Fuß lang gehauen werden, daß er an Zweyen Enden durchbohret, damit das Holtz kan an einander gehänget, und desto füglicher auf dem Waßer geflößet werden, ist am Stamm Ende in Diametro stark 14 Zoll, und am Höll Ende 10 Zoll.
Wird jetziger Zeit verkauft vor 1 Thlr 3 mgs und gehen solcher Stücke Zwey auf ein Wald Fuder.

SÄULEN DER NACHHALTIGKEIT – WALD UND WIRTSCHAFT

„Ein melirter Ort, der zu einem Tannen Orte soll gezogen werden." Ein „melirter Ort" ist ein Mischwald. Mit Tannen wurden damals allgemein Nadelbäume bezeichnet. Die Tafel zeigt, wie ein Mischwald in einen Nadelwald umzuwandeln ist.

Was der Wirtschaft und der wachsenden Bevölkerung der Fürstentümer diente, bereitete den Bauern einiges Unbehagen. Sie hatten Angst um ihre älteren Rechte am Wald: „Eine Frage bewegte denn in den Jahren um 1750 die bäuerlichen Kreise in der Nordheide. Eine neumodige Holzart, die in den heimischen Wäldern und Heiden bisher unbekannt war, war im Heranrücken. Es war das Nadelholz. Was würde werden, wenn man anfinge, die kahlen Stellen mit diesem Holze zu besamen? Wo sollten die Bauern dann mit ihrem Vieh bleiben, wofür sie im Wald die Berechtigung der Hute und der Weide hatten, die ohnehin schon karg und knapp bemessen war. Die Bauern erbaten sich Aufklärung. Die wurde sofort vom fürstlichen Amtsschreiber erteilt. Man würde doch begreifen, dass die augenblicklich in bestem Wachstum stehenden Laubhölzer niemals in eine weit geringere und bei Weitem nicht so ergiebige Tannenforst verwandelt werden würden, was doch den Waldbesitzern nur zum Schaden gereichen können." (Aus: „120 Jahre Kampf um den Garlstorfer Wald" von 1942.)

Für den genannten Wald vor den Toren Hamburgs traf die Antwort der fürstlichen Kommission noch einigermaßen zu, er ist auch heute noch von Laubbäumen geprägt. Für andere Wälder wurde jedoch ein anderer Weg beschritten. Der Anteil der Nadelbäume wurde mit guten Gründen planvoll erhöht, nicht nur in den Lü-

Mit seinen Masteichen und -buchen bot ein aufgelichteter Laubwald dem Weidevieh und dem Wild Nahrung und erfüllte damit für lange Zeit die Bedürfnisse der Landbevölkerung und des jagenden Adels am besten. Im Hintergrund wächst jedoch bereits der Wald der Zukunft heran: schnell wachsende Fichten, die bestes Bauholz in hohen Mengen lieferten.

cken der bestehenden Waldungen, sondern insbesondere im Zuge der beginnenden Heideaufforstungen. So ist zu erklären, dass im Flachland die Kiefer als dominierende Baumart hervorgegangen ist, während in den südlichen Mittelgebirgen die Fichte einen Flächenzuwachs auf Kosten von Buche und Eiche erfuhr.

Hinzu kamen auch Versuche mit zusätzlichen Baumarten. So wurde die Europäische Lärche zum Ersatz der Eiche gepflanzt. Die Samen für diese ersten Lärchenanbauten in den Weserforsten bezog Johann Georg von Langen um 1750 aus den schlesischen Sudeten. Aber auch mit amerikanischen Baumarten wie der Roteiche oder der Strobe wurde experimentiert. Erst später kam die Douglasie hinzu, deren Name auf ihren schottischen „Entdecker" zurückgeht. David Douglas führte erstmals 1827 ihr Saatgut aus Amerika in Deutschland ein. Von den Bäumen, die aus diesem Saatgut gepflanzt wurden, steht heute noch ein Baum im Barneführerholz bei Oldenburg. Es ist die vermutlich älteste Douglasie in Deutschland.

Ab 1850 wurde die Douglasie aufgrund ihres überragenden Wachstums in verschiedenen niedersächsischen Regionen verstärkt angepflanzt. Sie fügte sich sehr gut in die heimischen Wälder ein und gilt aufgrund der Generationen, die sie sich ökologisch verträglich in die heimischen Wälder eingefügt hat, mittlerweile auch als heimisch.

Aufgrund der verschiedenen Maßnahmen, den vernichteten Wald wieder neu zu begründen, die wehenden Dünen im Flachland zu befestigen und zudem auch produktive Wälder aufzubauen, überwiegen heute in Niedersachsen die Nadelwälder gegenüber den ursprünglich stärker verbreiteten Laubwäldern.

Die vermutlich älteste Douglasie Deutschlands steht im Barneführerholz bei Oldenburg und ist heute etwa 175 Jahre alt.

"Von der Geest haben wir die traurige Anzeige zu machen, dass der Wald kinderlos verstorben ist! Ödland mit entfesseltem Sande deckt sein Grab." (1826, aus dem Königreich Hannover, in dem 45 % „kulturunfähige Blößen" vorherrschten.)

"Sand, treibender Sand ringsumher und mittendrinn der Forstmann mit der Aufgabe, einen Wald daraus zu schaffen!" (1837, königlicher Revierförster Hannover)

"Die große Aufgabe ist, die Aufforstung der entstandenen ungeheuren Kahlflächen von fast 140.000 Hektar (16 % des damaligen Gesamtwaldes bzw. knapp 50 % des Staatswaldes!), […] besonders brennend ist […] der Kampf gegen die Entstehung von Wanderdünen." (nach dem Zweiten Weltkrieg 1949)

Die Forsteinrichtungsprotokolle aus verschiedenen Zeiten dokumentieren, wie sehr die Wälder in Phasen besonderer gesellschaftlicher Nutzungswellen immer wieder in einem nicht nachhaltenden Maß beansprucht wurden. Holz wurde als wertvoller Rohstoff aber benötigt und deshalb folgten den Wellen des Raubbaus immer wieder Aufforstungswellen. Nadelbäume überwiegen heute in den niedersächsischen Wäldern, weil ihr Holz von hohem Nutzen für das Gemeinwohl der sich entwickelnden Gesellschaften war.

Von der Sollingbuche zum Kinderstuhl

Holzmöbel made in Germany

Amelith im Solling im Dezember 2013: Sören Greve tritt durch den Schnee an den dicken Buchenstamm heran und wirft seine Motorsäge an. Innerhalb weniger Sekunden haben sich die Zähne der Säge in den Baumstamm gefressen, Späne wirbeln durch die Luft. Noch einmal ruft Greve laut „Achtung", setzt zum finalen Fällschnitt an und stellt, als sich der Baumriese langsam zu neigen beginnt, die Säge aus. Ein paar Schritte zurückgetreten, wandert sein Blick in die Baumkrone. Erst langsam, dann immer schneller fällt die 120 Jahre alte Buche zur Erde und schlägt donnernd auf den Boden auf – exakt dort, wo Forstwirt Greve es geplant hatte. Rund 15 Meter lang ist allein der Stamm, auf seiner Hälfte misst dieser noch über einem halben Meter Durchmesser.

Winterzeit ist Erntezeit im Solling. Wie hier bei Amelith brummen dann die Sägen an vielen Orten, nicht nur hier im Solling, dem mit 38.500 Hektar nach dem Harz zweitgrößten Waldgebiet Niedersachsens. Das Fällen von Bäumen wie diesem ist für Forstwirt Greve, der mit seinem Kollegen Holger Warnecke gemeinsam arbeitet, zunächst einmal ein technischer Vorgang, bei dem besonders präzise und ordentlich gearbeitet werden muss, um den wertvollen Rohstoff Holz zu ernten. Es ist aber auch ein Stück weit ein emotionaler Vorgang: „Wir ernten, was mehrere Generationen von Forstleuten aufgebaut und gepflegt haben. Und wir wiederum pflanzen und pflegen, was Generationen nach uns einmal ernten werden", sagt Greve. Jede Maßnahme findet im Sinne der Nachhaltigkeit statt. Vor allem anderen aber steht: Niemals mehr ernten als nachwächst.

Das ist im ganzen Solling so. Weit mehr als die 250.000 Kubikmeter Holz, die pro Jahr zwischen Weser und Leine geerntet werden, wachsen nach. Überwiegend Buchen sind es, aber auch Fichten und Eichen sowie Edellaubhölzer wie Ahorn, Esche und Kirsche. Seit Jahrhunderten gibt der Solling den Menschen der Region nicht nur Bau- und Brennholz, Wildfleisch sowie Erholungsraum, sondern auch Arbeit – entweder direkt im Wald oder in der Holzverarbeitung. Ein gutes Dutzend Sägewerke und andere Holzverarbeiter gibt es rund um dem Solling. Früher waren es allerdings noch viel mehr. Die Sägewerke schneiden heute effizienter, deshalb werden die Betriebe immer größer.

Von den besonders dicken und alten Buchen – dem sogenannten Starkholz – treten einige der besten Buchenstämme ihren Weg in das Unternehmen Fritz Becker KG im westfälischen Brakel an, einem bedeu-

Sören Greve ist in der Holzernte im Solling tätig. In wenigen Minuten fällt er eine alte Buche, die von Generationen von Förstern für diesen Zeitpunkt gepflegt worden ist. Wichtig ist für ihn, auch die Buchen für die nächsten Generationen wieder heranzuziehen. Was man der Buche noch nicht ansieht: Einige Verarbeitungsstufen weiter werden auf ihrem hochwertigen Holz die Kinder in einem englischen Kindergarten jeden Vormittag spielen. Holz ist als ein natürlicher und nachwachsender Rohstoff weltweit gefragt.

tenden Zulieferer für die Möbelindustrie. Dort werden aus Baumstämmen zunächst Schälfurniere hergestellt und diese dann zu Rohlingen für edle Designerstühlen weiterverarbeitet. Im Schnitt verarbeitet das Unternehmen pro Jahr 15.000 Kubikmeter Buchenholz, das vor allem drei Kriterien erfüllen muss: Es muss dick sein, es muss weiß sein und frei von Ästen. Kurz: hochwertig.

Die Verarbeitung der Buche erfolgt heute mit modernsten Maschinen. In Brakel werden die Buchenstämme zunächst in Heißkammern bei 82 Grad rund 48 Stunden gedämpft und dann zu wenigen Millimeter dicken Furnieren geschält – etwa so, wie man eine Küchenrolle abrollt oder einen Bleistift anspitzt. Eine elektronische Bildverarbeitung erkennt dabei automatisch Fehler und sortiert diese Holzstücke aus. Nach dem Trocknen werden die Furniere in mehreren Schichten verleimt und in Formpressen mit bis zu 300 Tonnen Druck zu dreidimensionalen Rohlingen verarbeitet – sie lassen sich in fast jede beliebige Form bringen. Buchenholz eignet sich für diese Art der Verarbeitung besonders gut, weil es elastisch, zäh und splitterfrei ist. Die Buche ist eine der härtesten Holzarten Europas und zudem von relativ geringem Gewicht bei gleichzeitig hoher Festigkeit.

Kunden aus aller Welt verarbeiten die von Becker gelieferten Formholzteile weiter. Der Exportanteil liegt derzeit bei 40 Prozent. Sie eignen sich vor allem für die Herstellung hochwertiger Sitzmöbel. Ob Büro, Wohnung, Kindergarten oder Konferenzsaal: In Tausenden Räumen der Welt stehen Sitzmöbel, die ihren Ursprung in Brakel und in einer Sollingbuche hatten.

Die Verarbeitung der Buche erfolgt heute mit modernsten Maschinen. In Brakel werden die gelieferten Buchenstämme gedämpft und dann zu wenigen Millimeter dicken Furnieren geschält – etwa so, wie man eine Küchenrolle abrollt oder einen Bleistift anspitzt.

Geschäftsführer Ralph Becker ist stolz: Etwa 20.000 Stühle werden jährlich aus der heimischen Buche für englische Kindergärten hergestellt.

„… zum Besten vor anderen Büchen-Holtz am theuresten zu versilbern …"

Auch früher schon lieferte die Buche das Holz unter anderem für Möbel, Werkzeuge und Gebrauchsgegenstände aller Art. Nur für den Außenbau war Buchenholz nicht gut zu gebrauchen. So ist es im Grunde bis heute geblieben. Wie man Buchenholz durch Imprägnierung auch für den Außenbau einsetzen kann, ist deshalb heute ein Forschungsschwerpunkt.

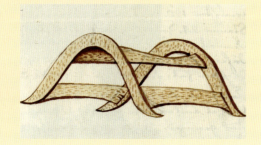

Stamm einer Buche zu rechten Zeit des Jahres ehe selbige 100 Jahr alt, gehauen wird, schlagen deren Wurtzel wieder aus, sonsten aber wachset sie von ihrer Mast oder Saamen.

Eine Büche zu Sattler Holtz, welche auserlesen seyn, ohne Äste, gleich und wohl spalten muß, und des Halben der gnädigsten Herrschaft zum Besten vor anderen Büchen Holtz am theuresten zu versilbern ist, damit aber der Käufer nicht übersetzet wird, werden dergleichen Baüme nicht Stammweis, sondern nach Zollstärke und Fußlänge verkauft, jeder Zoll dicke, und Fuß lang 3 d. Eine solche Buche ist zum wenigsten 120. bis 130 Jahr alt, und auf dem Stamm 24. Zoll in Diametro stark, werden demnach die Fuß Länge 9 mgs. tragen, und dafero man zum wenigsten die Länge 12 Fuß zu hoffen hat, beträgt also die Summa 3 Thlr.? Dafern er stärker und länger vorfället, so wächset auch der Preiß höher, ist er aber kürzer und geringer, so ist auch der Preiß desto geringer.

"… zum Besten vor anderen Büchen-Holtz am theuresten zu versilbern …"

1706 beschreibt Leopold Schaumburg auch mögliche Verwendungen für den „Ohren Baum", wie der Bergahorn genannt wurde. „Es werden auch die alten Öhren gebraucht zu Tische Brettern welche, wenn sie gehauen, und auf den Kern gesund, geschnitten, die Breite solcher Tisch Bretter kann nicht gemeldet werden; Auch brauchen die Drechsler von diesen Holtze. viel zu ihrer Handthierung, und weiln solche starken Öhren, Baum weiß verkaufet werden."

„Kleine Kinder Kannen, welche von denen Drechslern aus gantzen Öhren Holtze in wendig hohl gedrechselt werden, und oben mit einem Deckel, alwo ein Klein Zappen an, daraus die Kleinen Kinder das Bier saugen können, ist, die gantze Kanne mit den Deckel 6 Zoll lang, in Diametro 2 Zoll stark, wird vorkauft vor 6 d."

„Ohne ihn wäre Beethoven unerhört …"

Den guten Ton macht immer noch das Holz

„Ist es doch, als ob jeder Baum zu mir spräche auf dem Lande: heilig, heilig! Im Walde Entzücken! Süße Stille des Waldes!" Ludwig van Beethoven bei der Komposition seiner Hirtensymphonie 1807

Wenn Förster über wüchsige Wälder fachsimpeln, dann fällt nicht selten der Ausdruck: „Hier brummt es." Damit sind nicht etwa Förster oder Bären gemeint. Gemeint ist, dass Bäume auf besseren Böden so gut wachsen, dass man es förmlich hören kann. Wald kann aber noch ganz anders klingen. Im Mittelpunkt einer Öffentlichkeitskampagne zum „Internationalen Jahr der Wälder 2011" stand, was die Gesellschaft wohl ohne Wald wäre. Einer der markanten Slogans war: *„Ohne ihn wäre Beethoven unerhört …"* Nicht nur Häuser oder Möbel werden aus Holz gebaut. Auch die klassische Musik wäre ohne Holz nicht denkbar. Auch wenn viele Instrumente heute aus anderen Materialien hergestellt werden, den guten Ton macht immer noch Holz. Für hochwertige Musikinstrumente werden nach wie vor ganz besondere Bäume benötigt.

Wie aus einem Baum hochwertige Holzflöten gefertigt werden, dieses Handwerk beherrscht Martin Praetorius aus Beedenborstel bei Celle. Er ist Instrumentenbauer für Holzblasinstrumente. Um die besten Stämme zu finden, bedarf es langjähriger Erfahrung: Am besten eignen sich Bäume mit ganz engen Jahrringen, sodass das Holz später möglichst wenig „arbeitet". Dass der Stamm gerade ist, ist dagegen für die weitere Verwendung als Instrumentalholz nicht so wichtig. Auch Äste machen das Instrument durch eine schöne Maserung eher interessant, solange sie gesund im Holz sind. Für den Bau von Holzblasinstrumenten ist dessen Resonanzeigenschaft nicht entscheidend, denn hier klingt der Hohlraum. Ganz andere Ansprüche haben hingegen die Geigenbauer, die ihr „klingendes" Holz vor allem in Hochlagen der Gebirge finden. Neben Fichte und Bergahorn finden auch Buchsbaum, Birke, Kirsche oder Birne Verwendung für diese Zwecke.

Ein für die Herstellung von Holzflöten geeigneter Berg-Ahorn wurde 2011 bei einer Wertholzsubmission in Niedersachsen entdeckt. Im ersten Verarbeitungsschritt wird der Stamm in einem Sägewerk in Kanteln von 110 Millimeter Querschnitt aufgeschnitten. In dieser Form trocknet das Holz zwei Jahre lang im Freien und weitere sechs Monate in einer Trockenkammer. Die Feuchtigkeit im Holz darf nur noch acht bis neun Prozent betragen. Danach trocknen die „Flöten in spe" mehrere Jahre über dem Ofen unter der Decke der Werkstatt.

"Ohne Ihn wäre Beethoven unerhört ..."

Martin Praetorius ist seit 27 Jahren im Geschäft und hat sein Handwerk in Celle in der bekannten Instrumentenfabrik Moeck gelernt. Als Meister macht er alles selbst: vom Einkauf des Holzes bis zum fertigen Instrument – nur die Holzproduktion überlässt er den forstlichen Fachleuten. Von der Kantel über den Rohling bis zur fertigen Flöte vergehen mehrere Jahre.

Jedes Instrument, das Martin Praetorius in seiner Werkstatt in Beedenbostel fertigstellt, ist ein Einzelstück. Das Holz wartet geduldig, bis er den richtigen Auftrag für das richtige Stück Holz erhält. Dann fertigt er zunächst runde Rohre aus den Kanteln. Das so bearbeitete Holz arbeitet sich zunächst aus. Erst danach entsteht in einem vielschichtigen Prozess mithilfe von Drechsel, Meißel und Bohrer das klingende Instrument. Mit dem Beizen und Ölen vollendet sich der Werdegang der Flöte. Bei kleinen Flöten dauert die Herstellung zwei bis drei Tage, bei großen sind es zwei Monate. Manchmal lassen sich aus so einem Baum neben Flöten auch Dulciane bauen. Diese Vorgänger des Fagotts sind historischen Vorbildern aus dem 17. Jahrhundert nachempfunden und reisen aus Beedenborstel in die ganze Welt. Insgesamt 90 Prozent eines Ahorn-Stamms fallen nach den vielen Bearbeitungsschritten als Späne ab, aber der Rest macht eine musikalische Karriere.

Moderne Holzarchitektur im Herzen des Solling

Deutschlands Waldgebiet des Jahres 2013

Holz, wohin man auch blickt: Passend zum Jubiläumsjahr „300 Jahre Nachhaltigkeit" haben die Niedersächsischen Landesforsten im Dezember 2013 das neue Wildparkhaus im Solling eröffnet. Ausgerechnet im Jubiläumsjahr der Forst- und Holzbranche war dem Solling mit der Auszeichnung zum „Waldgebiet des Jahres 2013" eine besondere Ehrung zuteilgeworden. An beide Jahresereignisse wird nun dauerhaft der neue Holzbau im Herzen des Solling bei Neuhaus erinnern. Verbaut wurden über 130 Kubikmeter heimisches Holz. Ohne direkt an die traditionelle Fachwerkarchitektur zu erinnern, knüpft das Haus an die lange Holzbautradition in Norddeutschland an.

Vor allem eine Anforderung des Bauherren, nämlich einen modernen und innovativen Hightech-Bau unter Einsatz des traditionellen Baustoffes Holz zu errichten, ließ die Architekten die Frage diskutieren: „Was ist modern, was ist innovativ?"

„Der Baustoff Holz an sich ist innovativ. Es ist aber gefährlich, auf den Zug der Mode aufzuspringen und etwas zu bauen mit ‚innovativer' Außenwirkung, das heute vielleicht ‚neu' aussieht, in einigen Jahren aber schon als aus der Mode gekommen gilt. Wir verstehen Architektur nicht als Selbstzweck, sondern müssen immer das Ganze betrachten", sagt Architekt Christian Hennecke, der bei diesem Objekt den Umgang mit dem aus seiner Sicht sehr „sinnlichen Baustoff" Holz wiederholt schätzen gelernt hat. „Wir haben nun einen Holzbau errichtet, der bautechnisch und energetisch auf dem neusten Stand der Technik ist und den Baustoff Holz vielfältig einsetzt, der aber nach außen bewusst schlicht und elegant gehalten ist, der Lage in der Landschaft angemessen." Was erwartet also die Besucher?

Sobald das Foyer betreten wird, fällt der Blick in eine große Halle. Die Weite der Halle wirkt freitragend. Der Raum wird jedoch in der Mitte durchbrochen durch einen einzelnen Baumstamm. Es ist eine etwa 140-jährige Eiche, die mitten im Raum steht – und dies nicht nur als optischer Blickfang. Sie trägt zusammen mit den Ästen ihrer Baumkrone, die in sechs Meter Höhe beginnen, die gesamte Dachkonstruktion, hat also eine statische Bedeutung. Der renommierte Rosenheimer Holzbau-Experte Prof. Dr. Ulrich Grimminger – zugleich auch der verantwortliche Tragwerksplaner für den gesamten Bau – hat mit seinem Experten-Team die Stabilität der Eichenholzstütze in Traglastversuchen nachgewiesen. Die heimische Eiche steht damit sinnbildlich für die Jahrhunderte während Nutzung der Wälder im Solling und für die tragende Rolle, die die Wälder für die Menschen der Region dabei gespielt haben. Durch die vielfältige Verwendung wird Holz als der besonders natürliche Baustoff für die Besucher erlebbar.

Mit dem Gebäude wolle man den Begriff der Nachhaltigkeit, den die Forstwirtschaft vor 300 Jahren geschaffen und geprägt hatte, ausweiten. 1713, also exakt vor 300 Jahren, begründete Hans Carl

Passend zum Jubiläumsjahr „300 Jahre Nachhaltigkeit" haben die Niedersächsischen Landesforsten im Dezember 2013 das neue Wildparkhaus im Solling eröffnet. Über 130 Kubikmeter heimisches Holz wurden verbaut – damit knüpft das Haus an die lange Holzbautradition in Norddeutschland an.

Am Anfang war der Baum da … Die Dachkonstruktion des Hauses wird durch eine 140-jährige Eiche aus den nahen Wäldern getragen, die sinnbildlich für die Jahrhunderte währende Nutzung der Wälder durch die Menschen der Region steht.

von Carlowitz diesen Begriff: Damals sollte angesichts der drohenden Rohstoffkrise nur so viel Holz geschlagen werden, wie durch Aufforstung, Saat und Pflanzung nachwachsen konnte. Doch diese Nachhaltigkeit lässt sich nach Ansicht des Architekten Christian Hennecke mittlerweile auf andere Bereiche erweitern: Neben der Ressourcen- und Energieeffizienz gilt dies heute besonders für die Klimafreundlichkeit des Baustoffes Holz. Die lässt sich über die Summe des im Holzgebäude gebundenen Kohlenstoffs ausdrücken. Etwa 135 Tonnen sind dies angesichts der etwa 130 verbauten Kubikmeter. Andere Aspekte von Nachhaltigkeit lassen sich schwerer in Zahlen ausdrücken, seien ihm aber auch wichtig. Dazu gehört die nachhaltige Nutzbarkeit, sie sich etwa durch effiziente und flexible Grundrisse ausdrückt, die auch ohne große Baumaßnahmen auf veränderte Anforderungen reagieren können, aber auch die „ästhetische Nachhaltigkeit", die die Langlebigkeit der Gestaltung deutlich macht: Ein zeitloses ausgewogenes Design „hält länger" als Effekte erhaschende Experimente. „Nicht selten sind die Gebäude, die einmal als ‚ultramodern' galten, nach ein paar Jahrzehnten wieder abgerissen worden, weil sie plötzlich ‚hässlich' waren – was natürlich eine große Ressourcenverschwendung ist. Da gelten im Holzbau die gleichen Regeln wie in der Mode oder bei Autos, wo es ebenfalls Eintagsfliegen und echte Design-Klassiker gibt."

Mit dem modernen Holzgebäude sollen Naturinteressierte in den Solling gelockt und auch die Attraktivität des Wildparks gesteigert werden. Das Gebäude fungiert als dessen Eingang, zugleich aber auch als Ausstellungshalle, und es beherbergt darüber hinaus eine Gastronomie, den Naturpark Solling-Vogler, die Tourist-Information Hochsolling und nicht zuletzt auch die Wildparkleitung. Damit ist es ein Mehrzweckhaus für alle: für diejenigen, die den Wildpark Neuhaus besuchen werden. Für die, die dem Solling als Lebensraum näherkommen wollen. Und für die, die den vielfältigen Einsatz des wunderbaren Rohstoffes Holz kennenlernen möchten.

Aus dem großen Panoramafenster eröffnet sich der Blick in die Weite der Landschaft. Nicht von ungefähr ist der Solling zum Waldgebiet des Jahres gekürt worden. Ausgedehnte Wälder – insgesamt etwa 38.500 Hektar –, sanfte Wiesentäler, klare Bäche und urtümliche Moore prägen sein Landschaftsbild. Seine Bedeutung als Lebens-, Wirtschafts- und Erholungsraum wurde mit der Auszeichnung herausgestellt. Über 450 km ausgewiesene Wanderwege führen durch eine reizvolle Landschaft zu vielen kulturhistorischen Sehenswürdigkeiten. Als Mountainbikeregion bietet der Naturpark ein Streckennetz von 760 Kilometern. Ergänzt wird dies durch ein umfangreiches Kulturangebot und zahlreiche Freizeitaktivitäten, in die sich der Wildpark Neuhaus einreiht. Das Besondere am Solling sind und bleiben aber seine ausgedehnten Eichen- und Buchenwälder, die der Region seit Jahrhunderten eine tief verwurzelte kulturelle Basis gegeben haben.

Heute werden kostbare Baumstämme wegen ihres hohen Wertes meistbietend versteigert (Submission).

Säulen der Nachhaltigkeit

Wald und Umwelt

„Sand, treibender Sand ringsumher und mittendrinn der Forstmann mit der Aufgabe, einen Wald daraus zu schaffen!"
(1837, königlicher Revierförster Hannover)

„De Wind, de weiht …" – Eine alte Ehrhorn-Sage

Einst kam ein fahrender Sänger in das Dorf Erhorn und trat in ein Bauernhaus. Gastfrei kredenzte die Hausfrau den Willkommenstrunk und lud den Sänger ein, am Herde Platz zu nehmen. Es war ein stürmischer Herbstabend. Beim brennenden Herdfeuer spannen die Mägde, die Knechte schnitzten allerhand Verzierungen an Truhen und Stühlen. Der Fremde nahm seine Harfe zur Hand, spielte und sang Lieder, deren Wortlaut sie schwer verstanden, die sie aber mit Bewunderung anhörten. Alle sahen auf ihn, den Sänger mit den weißen Locken. Plötzlich lehnte dieser sich schweigend auf seine Harfe. Den Blick zur Erde gerichtet, gewahrte er schimmerndes Weizenmehl auf dem Fußboden. Er hob etwas davon auf und ließ es prüfend durch die Finger gleiten. „Dat is Weetenmehl", sagte die Hausfrau, „Mehl hewt wi rieklich und Sand möten wi erst möhsam halen." Der Herbststurm rüttelte an der geschlossenen Tür, dass es krachte. „Kikeriki", rief der aufgeschreckte Hahn in der Diele. – Des Spielmanns Züge waren sehr ernst. Er hatte eine Weile sinnend in das Herdfeuer geblickt. Jetzt nahm er die Harfe, griff in die Saiten und entlockte ihnen ergreifende Töne wie Sturmessausen und Donnergrollen. Dann fiel er mit tiefer Stimme ein, und was er sang, verstanden nun seine Zuhörer in ihrer eigenen Muttersprache:

> „De Wind, de weiht, de Hahn de kreiht,
> de Sand fangt an to weihn.
> Und weiht de Sand di up dat Land,
> wie wullt du Weeten meihn?
> Nordwestenwind, dat Heidekind,
> de hult in hagern Bargen.
> De Wind, de weiht, de Hahn de kreiht,
> bald liegt dat Dörp in Sargen.
> Wenn de Barreler Bull up de Wildbahn geiht,
> und de Sandstörm acht Dag ut Nordwesten weiht,
> denn kriegt ji jur Straf för de Üppigkeit.
> Oewer Wisch, Weid und Land
> Weiht und krüselt de Sand,
> dat keen Hund und keen Hahn mehr
> in Ehrhorn kreiht."

Der Sänger hielt erschöpft inne. Dann erhob er sich und wandte sich zum Gehen. „Bliw dor, Speelmann", sagte der Bauer, „hörst du nich, wi de Harwststurm hult? De Awend ist dunkel, und die Nacht ist lang, de Heid ist endlos ohne Weg und Steg. Lat di't bi uns gefallen." Der Spielmann aber schüttelte das Haupt und sagt: „Mutt wieder", und ging. Sie hörten ihn noch lange jenes Lied singen, bis die Klänge im Sturm verhallten.

Einige Tage später fanden die Erhorner Bauern in den sumpfigen Niederungen der Este den Sänger ertrunken, und unweit davon an einer Erle hing seine Harfe mit zerrissenen Saiten. Die Prophezeiung des greisen Spielmannes jedoch ging bald in Erfüllung. Ein wütender Stier aus der kleinen Siedlung Barrl und ein Bulle aus Ehrhorn gingen aufeinander los, wühlten am Fuße des Berges das sandige Erdreich auf und der Nordwest setzte das angefangene Werk fort. Er trieb den feinen Sand über die gesegneten Ehrhorner Fluren und ließ nicht eher nach, bis der schöne Weizenboden hoch mit weißem Wüstensand bedeckt war. Das war die Strafe für den Missbrauch des göttlichen Segens. Noch oft in regnerischen und stürmischen Herbstnächten sollen dem einsamen Wanderer aus Erlengebüsch rauschende Harfenklänge und die Akkorde jenes Liedes ans Ohr gedrungen sein.[1]

Die alte Ehrhorner Sage überliefert nichts Gutes. Sie berichtet davon, dass ehemals in der Gegend um Erhorn fruchtbares Ackerland gewesen sei. Die Bewohner waren wohlhabend und kannten keine Not, doch eine Katastrophe veränderte eines Tages ihr Leben von Grund auf. Gewiss ist diese Sage in späterer Zeit entstanden und versucht rückblickend eine Deutung dessen zu geben, was in der Folge geschieht. Doch die in der Legende angedeutete Strafe für den Hochmut und die Verschwendung der Ehrhorner Bauern tritt – wenn auch aus anderen Gründen – wirklich ein.

Um die Mitte des 18. Jahrhunderts, rund hundert Jahre nach Erbauung des Ehrhorner Hofes, kämpfen die Urenkel des Hofgründers ums nackte Überleben. Armut und Elend bestimmen das Leben der Heidebauern. Die Zahl der Weideschweine muss von Jahr zu Jahr verringert werden, weil die verbliebenen Wälder nicht mehr für alle Tiere ausreichend Nahrung bieten. Waldweide und Streuentnahme haben eine natürliche Verjüngung des Waldes verhindert, die Böden sind verarmt, und die Bäume tragen immer weniger Früchte. Dagegen breiten sich die Heideflächen aus, „da nach Abgang des Holtzes an den mehrsten Orten, … wo sonst groß gestanden, sich sogleich die Heide angefunden."[2] Der Wald liefert nicht mehr genug Holz für alle, und das Land ernährt die Menschen nicht mehr. Der sandige Boden ist dem Wind schutzlos ausgeliefert, der Wind hat leichtes Spiel. Dünen beginnen zu wandern, auch in die Dörfer hinein – und am Ende bedrohen sie die Siedlungen. Raubbau in Holz und Waldweide sowie Streu- und Plaggennutzung zehrten die Böden in der Lüneburger Heide auf lange Sicht so aus, dass der sandige Boden dem Wind ohne Schutz ausgesetzt war. Der Waldanteil sank bis 1780 auf etwa 10 %. Mit heutigem Wissen würde man von einer Missachtung der ökologischen Nachhaltigkeit sprechen.

Die „edle Wildnis" –
Über die Anfänge des Naturschutzes

Hansjörg Küster

Im Jahre 1776 bereiste Jean André de Luc, ein Bekannter von Jean-Jacques Rousseau, die Lüneburger Heide. Er war wie Albrecht von Haller, Anton Graff und Adrian Zingg Schweizer, der in deutsche Lande kam und deren Schönheit entdeckte. Die Lüneburger Heide war damals besonders stark von Übernutzung geprägt: Die Wälder waren weithin abgeholzt, unter dem Einfluss allzu intensiver Beweidung waren keine neuen Gehölzpflanzen aufgekommen, bloß gelegter Sand war vom Wind in Bewegung gesetzt und zu Dünen aufgehäuft worden, die Bewohner führten ein klägliches Leben. Es war schwer, diese Gegend, die immer wieder mit einer Wüste verglichen wurde, zu durchqueren: Reisende berichteten von Kutschen, die im Sand stecken geblieben waren, von zerbrochenen Rädern und Achsen. Man sah mit Angst und Schrecken auf diese Wildnis, durchaus mit ähnlichen Gedanken wie auf das „erhabene" Gebirge.

Dies tat auch Jean André de Luc, und er gab dabei zu erkennen, dass er die Eigenart der Landschaft, die er sah, keineswegs verstanden hatte. Vielmehr urteilte er aus einem augenblicklichen Erleben heraus: „Man findet also hier einen Boden, der ganz unter den Händen der Natur geblieben ist." De Luc sah „eine wahrscheinlich noch unberührte Schicht fruchtbarer Erde". Und er beobachtete die Heidebewohner: „Ich hab das Vergnügen gehabt, neue Gräben in den Heiden ziehen zu sehen: ein Schauspiel, das für mich eben so viel war, als ob ich neue Menschen entspringen sähe. Vorzüglich bemerkte ich einen jungen Mann und und seine Gattin, die mit dem größten Eifer beschäftigt waren, er, den Graben tiefer zu machen, und sie, die ausgehobne Erde hineinwärts zu werfen. Sogleich stellte sich mir die ganze Geschichte dieses Paares und seiner Nachkommenschaft dar, und ich glaubte in ihnen unsere ersten Stammeltern zu sehen. (…) Bald wird vielleicht die junge Frau ihrem Gatten den ersten Sohn geben, die kleine Pflanzung wird in die Höhe wachsen, ihre Besitzer ernähren, und der Welt eine Familie mehr verschafft haben. (…) Dies alles stellte sich beym Anblick dieses jungen Paars meiner Einbildungskraft lebhaft dar. Ich hatte schon in vielen solchen neuen Niederlassungen Landleute fast auf allen Stufen ihres Fortgangs beobachtet, und sie immer zufrieden und glücklich, durch die Natur und oft selbst durch Hindernisse aufgemuntert gefunden. Ich erinnerte mich jetzt an dies alles, und fühlte die Wirkungen der Liebe zum Eigenthum und der häuslichen Verbindungen in ihrer ganzen Stärke. (…) Diese alten Bewohner haben sehr wenig Boden ausgebrochen; sie lebten von dem, was die Erde freywillig hervorbrachte."

In diesem Bericht findet sich eine Kombination zahlreicher Metaphern von Landschaft: „Unsere ersten Stammeltern" lebten im Paradies, in unberührter Natur, in Arkadien. De Luc hätte über die Bewohner der Lüneburger Heide wohl kaum anders geschrieben als über die „edlen Wilden" Tahitis. Er bewunderte ihre einfachen Ansprüche an ihr Leben im Einklang mit der Natur.

Der Reisebericht des Schweizers De Luc ist heute so gut wie vergessen. Er wurde aber von den Zeitgenossen gelesen. Sie sahen nun die Lüneburger Heide mit neuen Augen. Der Umschwung der Meinung über diesen Landstrich ist wohl von De Luc und seiner Schilderung ausgelöst worden; zu Ende des 18. und im 19. Jahrhundert entwickelte sich der „romantische Blick" auf die Heide. Vor allem seit der Zeit, in der es Chausseen gab, auf denen man unbehelligt von Sandverwehungen das Gebiet durchqueren konnte, entdeckte man die Schönheit der Gegend. Wenige Jahrzehnte später pilgerten Massen von Menschen zum Wilseder Berg, dem höchsten Hügel der Heide. Sie hatten sich der Ansicht des Schweizers De Luc angeschlossen: Sie meinten, urwüchsige Natur zu erblicken, wenn sie durch die Heide wanderten. Die Brüder Friedrich und August Freudenthal, mehr noch Hermann Löns machten mit ihren literarischen Werken die Lüneburger Heide einem Millionenpublikum be-

Der Egestorfer Pastor Wilhelm Bode (1860–1927) war von Heimatliebe getragen. Der Ankauf des Totengrundes im Jahr 1906 und die Gründung des Vereins Naturschutzpark Lüneburger Heide 1909 gingen auf seine Initiativen zurück. Für die Ankäufe des Wilseder Berges spendete sogar Kaiser Wilhelm II. Am 29.12.1921 erklärte die Preußische Regierung die Gebiete zum Naturschutzpark.

Die „edle Wildnis" – Über die Anfänge des Naturschutzes

kannt. Auch viele Menschen, die die Heide nie gesehen haben, hängten Bilder von blühendem Heidekraut, Wacholderbüschen, Schafställen und Heidschnucken über ihr Sofa. Zweifellos: Die Lüneburger Heide ist schön, und ihre landschaftliche Schönheit kann man bewahren. Aber „urwüchsig" und „wahre Natur" ist sie keineswegs.
Doch diese wollte man schützen. Dazu sah man

Der Wilseder Berg 1911 in einem zeitgenössischen Gemälde von Arnold Lyongrün: „Landschaft bei Wilsede nach dem Regen" (oben) und heute (unten)

Im Verlauf des 19. Jahrhunderts wuchs das gesellschaftliche Bewusstsein für die Schutzwürdigkeit der Natur. Die ersten Naturschutzvereine sind in dieser Zeit entstanden, so zum Beispiel 1899 der Deutsche Bund für Vogelschutz, aus dem der Naturschutzbund Deutschland (NABU) hervorgegangen ist. Zu den Pionieren des Naturschutzes zählte Ernst Rudorff, der einen großen Teil seiner Jugend in Lauenstein am Ith bei Hameln verbrachte. Er prägte 1897 das Wort „Heimatschutz" in einer ausführlichen Darstellung seiner Gedanken und Forderungen, die dann den Anlass zur Gründung des Deutschen Bundes Heimatschutz am 30. März 1904 gaben.

Buchdeckel des 1910 erschienenen Buches „Der Naturschutz" von Konrad Guenther

sich insbesondere veranlasst, als man bemerkte, dass sich das Land zwischen Hamburg, Hannover und Bremen im 19. und frühen 20. Jahrhundert stürmisch entwickelte. Als die ersten Eisenbahnen gebaut worden waren, kamen Düngemittel auch in die Heide. Damit ließ sich das Problem des Mineralstoffmangels der sandigen Böden lösen, sodass man Äcker auf ihnen anlegen konnte. Der lockere Untergrund ließ sich gut bearbeiten. Die Bauern sammelten Kapital an und konnten Verkoppelungen und Markenteilungen rasch vorantreiben. In wenigen Jahrzehnten schrumpfte die für „urwüchsig" gehaltene Natur auf kleine Flächen zusammen.

Um die Jahrhundertwende, als zudem Kiefern-Aufforstungen in großem Umfang die sandigen Dünen und Heideflächen bändigen sollten, kamen Befürchtungen auf, die von Hermann Löns so verheißungsvoll schön besungene Heide könne verschwinden. Um zumindest Teile dieser großen „romantischen Natur" zu erhalten, erwarben 1906 Pastor Bode und wohlhabende Freunde zunächst den Wilseder Berg und den Totengrund.

Die Lüneburger Heide entwickelte sich zum Inbegriff eines „Naturschutzgebietes" in Deutschland. In den Jahren um 1900 wurde „Naturschutz" zu einem Ziel, bei dem es nicht um die Bewahrung dessen ging, was Natur eigentlich auszeichnet, nämlich Dynamik, sondern um die Schönheit von Landschaft, die sich unter dem Einfluss der Akkulturation nicht wandeln sollte. Diese Landschaft hielt man für Wildnis, in der „Menschen im Einklang mit der Natur" lebten.

Naturschutz als Ziel ist seit seinen Anfängen nie klar begründet gewesen, vor allem nicht naturwissenschaftlich. Wissenschaftliche Objektivität hat man ihm aber zugebilligt; schließlich tritt ja der Begriff „Natur" in den beiden Bezeichnungen „Naturwissenschaft" und „Naturschutz" auf. Doch dies war eine Fehleinschätzung. Sie hing damit zusammen, dass Naturschutz in seinen Anfängen nicht von Naturwissenschaftlern betrieben wurde, sondern von Menschen, die mit der Bewahrung eines bestimmten landschaftlichen Zustandes von Natur ein kulturelles Anliegen verbanden.

Der eigentliche Initiator der Naturschutzbewegung in Deutschland war Ernst Rudorff. Er stammte aus einer großbürgerlichen Familie, die zeitweise in Berlin und im ländlichen Ith bei Hannover lebte. In seiner Jugend hatte Rudorff Dichter der Romantik kennengelernt, mit denen seine Eltern verkehrt hatten. Er selbst war Musiker und Komponist im Geiste der Romantik, keineswegs ein Naturwissenschaftler. Und er formulierte keine Gesetze, sondern abwägende kulturelle Ziele, wenn er für den Naturschutz eintrat: „Wie es niemandem einfallen kann, von einer vernünftigen, höhere Rücksichten achtenden Nutzung der Bodenerzeugnisse und Naturkräfte abhalten zu wollen, so könnte auch nur ein Narr fordern, die Menschheit oder ein einzelner Staat solle auf Eisenbahnen, auf Elektrizität und Fabriken verzichten. Aber zwischen Gebrauchen und Gebrauchen ist ein Unterschied. Es kommt alles auf das Maß an, das man walten lässt. Den Wald ausroden bedeutet (…) bis zu einer gewissen Grenze Fortschritt und Kultur: über diese Grenze hinaus bedeutet es Barbarei, und zur Kultur wird umgekehrt das Schonen und Ansäen." Rudorff ging es also um das richtige Maß, das bei allen Veränderungen der Landschaft eingehalten werden sollte. Natur, Landschaft, Heimat wurden für ihn, den „schöngeistig" denkenden Bürger, vor allem vom „Ungeist" der Erneuerer bedroht und zerstört. Dies war die Haltung eines konservativen Zivilisationskritikers, für den man Rudorff gemeinhin hält. Er griff Gedanken vom Beginn des 19. Jahrhunderts auf, als man Natur und Vaterland vor den Franzosen schützen wollte. Er schrieb: „Heimatschutz fordern wir! Einen fremden Eindringling zwar haben wir nicht zu befürchten, wohl aber einheimische Wandalen."

1910 verfasste Konrad Guenther ein Buch über den Naturschutz. Er argumentierte ähnlich wie Rudorff und beklagte das Aussehen moderner Forsten: „Wie wenig anmutend ist aber gerade der Anblick von durchsichtigen, unterholzlosen Wäldern, in denen womöglich noch die Bäume nach der Schnur gepflanzt sind und nun in geraden Linien und in wohlgemessenen Abständen wie ein Regiment Soldaten dastehen!" Guenther trat für den Schutz lichterer Wälder ein, in denen mehr Tier- und Pflanzenarten vorkamen als in dicht gepflanzten Forsten. Sein Ideal beschrieb er so: „Im Oldenburgischen sind die letzten Reste eines Hudewaldes noch heute erhalten, und immer noch darf der Bauer zwischen den Stämmen sein schwarzweißes Vieh weiden lassen. In den Pfingsttagen 1909 machte ich mich auf, um das eigenartige ‚Naturdenkmal' zu studieren. (…) Bald hatte ich den ‚Hasbruch' erreicht, und als ich durch das Holz wanderte, erblickte ich schon von Weitem die braunen Massen der gewaltigen, Jahrtausende alten Eichen. (…) Zwischen den Eichen stehen weit zahlreichere und ebenfalls uralte Hainbuchen. (…) Der Hasbrucher Wald ist ein Denkmal aus altgermanischer Zeit und er erzählt mehr von dem Leben unserer Altvordern als Wälle und Mauern. Und schön muß es in Deutschland gewesen sein, als solcher Hudewald weit und breit sich ausdehnte und zwischen den hohen Stämmen kraftstrotzende Gestalten mit ihren Rindern einherzogen."

Diese „Natur" galt Guenther sowie vielen seiner Zeitgenossen und Nachfahren als schützenswert. Sie meinten aber damit eigentlich eine Landschaft, die „wilder" geblieben war als eine intensiver bewirtschaftete.

Diese Gedanken leuchteten vielen Menschen in der Zeit des mörderischen Ersten Weltkriegs ein: Man erlebte, wie moderne Technik die Kreatur vernichtete. Man trat der Ausbreitung von Industrie entgegen, indem man die Bewahrung von Natur forderte. Die Frage, ob dabei eher die schöne Landschaft als Zustand im Sinne von Rudorff und anderen oder aber die sich entwickelnde und wandelnde Natur vorrangig geschützt werden sollte, wurde nicht gestellt. Im Geist der Jugendbewegung traten viele Menschen vor allem für den Naturschutz ein, weil sie gegen Modernisierung, Liberalismus und die Macht der Technokraten waren. Sie wünschten sich die paradiesische Freiheit von Natur. Genauso wie in der Jugendbewegung gab es auch unter denjenigen, die für den Schutz von Natur eintraten, mehrere Richtungen. Sie konnten sich lediglich darauf einigen, gegen die kommerzielle Ausbeutung zu sein: Die einen wollten „das Kapital" bekämpfen, die anderen traten für das „Schöne" ein, und alle meinten, sie hätten das gleiche Ziel vor Augen, das sie zudem für „naturwissenschaftlich exakt" hielten. Der Begriff „Naturschutz" war schlecht definiert oder sogar falsch eingeführt worden. Man versuchte, das persönliche und subjektive Landschaftserlebnis einzelner Menschen objektiv als „Natur" darzustellen. Naturschutz wurde für ein Ziel gehalten, dem sich alles andere unterzuordnen habe. Infolgedessen waren Begriff und Ziel interessant geworden für totalitär denkende Menschen. Sie verbanden ihre Absichten mit dem unklar definierten „Naturschutz", für den alle eintraten, verknüpften ihn aber auch mit eigenen Zielen, denen sie dadurch mehr Nachdruck zu geben versuchten. Rechts wie Links wandten sich einmütig gegen liberale Wirtschaft und pochten auf Naturschutz.

Landschaften der Nachhaltigkeit

Eine Zukunft für die Landschaft und mithin auch für die in ihr lebenden Menschen ist nicht zu finden, wenn weiterhin nur sektoral geplant wird. Nachhaltigkeit lässt sich nicht verwirklichen, indem auf der einen Fläche die Ökologie (oder ein häufig damit gemeinter, wie auch immer gearteter Naturschutz), auf einer anderen die Ökonomie und auf einer dritten das Soziale Priorität hat. In jeder Landschaft sind zugleich ökologische, ökonomische und soziale Belange zu bedenken. Jede Landschaft gibt es nur einmal, für jede von ihnen soll eine optimale Gegenwart und Zukunft gefunden werden. Dazu zählt in jedem Fall eine möglichst große Vielfalt an Tier- und Pflanzenarten.

Wenn wir alle besser über unsere Landschaften Bescheid wissen, wenn jeder Verständnis dafür aufbringt, dass dort ökonomisch agiert werden muss, dass Tiere und Pflanzen sowie landschaftliche Strukturen unseres Schutzes bedürfen und dass soziale Bindungen nicht nur unter Menschen, sondern auch zwischen Mensch und Landschaft bestehen: Haben wir dann endlich Nachhaltigkeit erreicht? Aus naturwissenschaftlicher Sicht wird dies niemals möglich sein, denn es kommt stets zu natürlichen Veränderungen. Nachhaltigkeit im Sinne der Naturwissenschaften würde einem Perpetuum mobile entsprechen, mit einer einzigen Alternative, nämlich der, dass alles gleich bliebe, nichts sich veränderte. Doch dies wäre nur in einer jenseitigen Welt, in einem Paradies möglich.

Dennoch ist es vernünftig, sich aus kulturellen Gründen um nachhaltiges Wirtschaften und Leben zu bemühen. Wir können und müssen immer wieder versuchen, auf die Zukunft einen positiven Einfluss zu nehmen. Ein Weg dazu ist es, frühere Möglichkeiten der Ressourcennutzung in der Landschaft zu erkennen und wiederzubeleben. Und wir brauchen darüber hinaus neue Verfahren, um mehr Nahrung und mehr Energie zu erzeugen. Dies wird unter zwei Voraussetzungen geschehen: Entweder wird die Not so groß, dass wir gar nicht anders können, als so zu handeln. Oder die Menschen gewinnen Freude daran, ihre Landschaften auf eine Weise zu nutzen, dass sie ihre Identität wahren, dass typische Strukturen erhalten bleiben. Nur der zweite Weg führt an den gefährlichen Formen von Übernutzung vorbei, die weitreichende Devastierungen zur Folge haben, beispielsweise das planlose Abholzen der Wälder, wie es nicht nur im Mittelalter zu beobachten war.

Die Notwendigkeit dafür steigt, denn Ressourcen werden knapp, und die Bedrohung, die von den Menschen für andere Lebewesen ausgeht, nimmt immer mehr zu. Eine richtig verstandene Landschaftspflege könnte hier eine Perspektive für alle sein. Dazu aber ist Respekt unabdingbar: Respekt der Menschen voreinander und Respekt vor der Landschaft, die eben nicht nur Natur ist, sondern ein in Jahrtausenden gewachsenes und weiterwachsendes Geschichtsbuch, das man lesen kann und an dem man weiterschreiben wird – als Landwirt, als Planer oder als einer, der Landschaft „nur" beobachtet und liebt.

Die Vorstellungen der Pioniere des Naturschutzes sind vor allem seit den 1970er-Jahren in ein vielgestaltiges System von gesetzlichen Regelungen gegossen worden. Dazu zählen neben den nationalen Gesetzen vor allem auch europäische Konventionen und Richtlinien, wie die UN-Konvention zur Biologischen Vielfalt, die EU-Vogelschutz-Richtlinie, die EU-FFH-Richtlinie oder die EU-und Nationale Biodiversitätsstrategie.

„Nachhaltigkeit lässt sich nicht verwirklichen, indem auf der einen Fläche die Ökologie (oder ein häufig damit gemeinter Naturschutz), auf einer anderen die Ökonomie und auf einer dritten das Soziale Priorität hat. In jeder Landschaft sind zugleich ökologische, ökonomische und soziale Belange zu bedenken."

Von der Naturbewegung zur Wissenschaft

Der bleibende Reiz der Romantik und die Wurzeln der Naturschutzbewegung fließen ineinander über. Das Bild von der „Freiheit der Natur" der Romantiker und das der „unberührten Natur" der Naturschützer bildeten einen gemeinsamen Gegenpol zu einer technisierten, ökonomisch und zunehmend industriell genutzten – und damit rational beherrschten – Natur, wie sie zum Beispiel links Adam Smith (1790), und rechts James Watt (1800), vor allem aber auch die Eisenbahn, die sich im 19. Jahrhundert förmlich in die Landschaft fraß, verkörperten.

Einem anderen Pfad folgten die Wissenschaften. Nachdem Carl von Linné in Schweden 1749 (Porträt von 1775, links) mit seiner „Systema Naturae" der Natur eine erste Ordnung gegeben und Alexander von Humboldt am Ende des Jahrhunderts (Bildnis von 1859, rechts) Beziehungen zwischen belebter und unbelebter Natur beschrieben hatte, war es schließlich Ernst Haeckel (links unten), der 1866, inspiriert auch durch Charles Darwin (rechts unten), den Begriff der Oecologie prägte. Die Ökologie rückte als Wissenschaft zunächst noch nicht in den Fokus. Das änderte sich grundlegend spätestens mit dem Aufkommen der Natur- und Umweltschutzbewegungen, einmal zu Beginn, vor allem aber Mitte des 20. Jahrhunderts unter dem Einfluss gesellschaftlicher Themen wie „Waldsterben", „Anti-Atomkraft-Bewegung" oder „Artenschwund". Das erste Lehrbuch für das Spezialgebiet der Waldökologie veröffentlichte 1994 der niedersächsische Waldbaureferent und Professor für Waldökologie, Prof. Hans-Jürgen Otto (s. a. Seite 197).

Urwälder entwickeln – Eine Idee wird Wirklichkeit

Peter Meyer

Wer von Urwald spricht, der hat meistens ein Bild von unberührtem Wald im Kopf. Der Blick zurück auf etwa 500 Jahre Waldgeschichte in diesem Buch zeigt jedoch, dass es in Niedersachsen keinen unberührten Urwald mehr gibt. Allerdings gibt es wertvolle alte Wälder wie zum Beispiel das Waldgebiet Hasbruch mit seinen sog. Urwaldparzellen oder den Hutewald im Solling, die an Bilder von Urwäldern erinnern mögen. Aber einen echten Urwald, der im Laufe der Zeit keinen menschlichen Einflüssen unterlag, gibt es in ganz Deutschland nicht mehr.

Es ist deshalb selbstverständlich, nach all den Jahren des Wiederaufbaus der Wälder auch Bestrebungen zu unternehmen, einige sehr naturnahe Wälder aus der Bewirtschaftung zu nehmen, damit sie sich langfristig zu Urwäldern entwickeln können. Erste Bemühungen in diese Richtung gehen – wie auch die Anfänge der Naturschutzbewegung – auf die zweite Hälfte des 19. Jahrhunderts zurück. Oft auf Anregung von Künstlern entließen einige Landesherren besonders urwüchsig erscheinende Wälder aus der Nutzung.

Die ersten Urwald-Schutzgebiete entstanden zu Beginn des 20. Jahrhunderts:

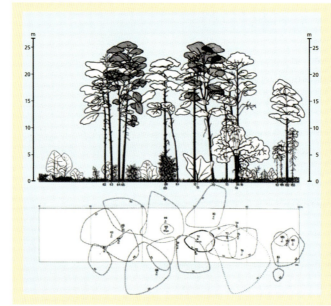

In ganz Niedersachsen gibt es über 100 Naturwälder, die sich frei von jedem menschlichen Einfluss entwickeln. Den größten niedersächsischen „Naturwald" bilden die Kernflächen des Nationalparks im Harz. Im langfristigen Forschungsansatz verdeutlichen Aufrisszeichnungen die natürlichen Veränderungen in der Waldstruktur über lange Zeiträume. Daraus sollen auch Erkenntnisse für eine naturnahe Bewirtschaftung der Wälder gewonnen werden.

> „Es mag wohl jetzt der richtige Zeitpunkt gekommen sein, eine längst gehegte Absicht auszuführen und auf ein landschaftliches Kleinod hinzuweisen, das unser heimischer Wald birgt. Mein Vorschlag, dieses Kleinod möchte im bisherigen Zustand auch künftig und dauernd erhalten werden, wird heute, wie ich hoffe, auf fruchtbaren Boden fallen.
>
> (Christof Wagner, 1908, zur Ausweisung des Banngebietes Wilder See)

der „Urwald Sababurg", das Plagefenn oder der Bannwald Wilder See. 1929 forderte Tüxen, einer der Pioniere der Pflanzensoziologie, dass „möglichst umfangreiche Reste ursprünglicher oder doch wenig veränderter Waldgebiete nach sorgfältiger Auswahl auf lange Zeit ohne jede Bewirtschaftung ... ausgeschieden werden."

Mit diesen Zeilen – und der Einführung des Begriffes der Naturwaldzellen – regte

> „Ich möchte daher den Vorschlag machen, in dem großen Organismus des deutschen Wirtschaftswaldes eine Anzahl von Naturwaldzellen zu schaffen. Besonders geeignete kleine Waldteile würden danach künftig von jeder Holznutzung verschont bleiben."
>
> (Forstmann Herbert Hesmer, 1934)

der Eberswalder Forstmann Herbert Hesmer 1934 die Einrichtung eines Netzes sich selbst überlassener Wälder an. Deren Untersuchung sollte auch Rückschlüsse auf die natürliche Walddynamik und – daraus abgeleitet – die Behandlung von Wirtschaftswäldern ermöglichen. Das Motiv war also ein Forschungsansatz.

In Westdeutschland war es schließlich das Europäische Naturschutzjahr 1970, das den entscheidenden Impuls zur Umsetzung der alten Idee gab. Nach intensiver Auswahl geeigneter Waldgebiete wurden 1972 bis 1974 die ersten Naturwaldreservate in Niedersachsen ausgewiesen, in denen seitdem jegliche Nutzung unterblieb. Bis auf eine Ausnahme lagen alle Flächen im Landeswald. Seit 1991 sind diese Naturwälder in das LÖWE-Konzept integriert.

1994 kam der Nationalpark Harz hinzu. Insgesamt etwa 16.000 Hektar des Niedersächsischen Landeswaldes wurden als Waldnationalpark ausgewiesen. Seitdem wird der Wald auf 75 % allmählich in eine eigendynamische Entwicklung überführt. Auch hier begleitet die Wissenschaft diese Entwicklung.

Die Natur als Lehrmeister

Was tut sich in der Natur, wenn der Mensch nichts mehr tut? Wie sieht der Wald aus, in dem wir Menschen nur noch Beobachter sind? Was ist angesichts der bereits Jahrtausende alten Überprägung des Waldes eigentlich naturnah? Wie lassen sich menschlich hervorgerufene und natürliche Entwicklungen unterscheiden? Wann und wie ist ein Laufen-Lassen einer aktiven Steuerung der Waldentwicklung vorzuziehen?

Seit Langem beschäftigen sich Förster und Wissenschaftler mit diesen Fragen. Antworten darauf soll die Naturwaldforschung liefern. Jeder einzelne Naturwald ist dabei ein aufgeschlagenes Lehrbuch, aus dem wir lernen können. Der Naturschutz in den Gebieten war deshalb von Anfang an mit ihrer wissenschaftlichen Untersuchung verknüpft.

Die Entwicklung ist nicht stehen geblieben. So sollen nach der Nationalen Strategie zur biologischen Vielfalt mittlerweile 5 % der Waldfläche Deutschland ihrer naturdynamischen Entwicklung überlassen bleiben.

Das Naturwaldnetz – vom Harz bis an die Nordsee

In Niedersachsen wurden zwischen Nordseeküste und Harz, Lüneburger Heide und Teutoburger Wald über einhundert Naturwälder ausgewiesen. Fast alle befinden sich im Eigentum der Niedersächsischen Landesforsten. Die mittlere Flächengröße liegt heute bei rund 43 Hektar. Der größte Naturwald ist der Saubrink im Ith bei Coppenbrügge mit 240 Hektar. Ernst Rudorff, der aus Lauenstein am Ith stammende Begründer der Naturschutzbewegung (s. S. 128), hätte sich hierüber besonders gefreut. Die Gesamtfläche der Naturwälder beträgt rund 4470 Hektar.

An die Ausweisung als Naturwald werden hohe Maßstäbe angelegt. Das Netz an Naturwäldern soll die wichtigsten Standorte und Waldgesellschaften auf ausreichend großen Flächen repräsentieren. Bevorzugt wurden historisch alte Wälder aus-

Jeder Naturwald ist ein aufgeschlagenes Lehrbuch, aus dem Wissenschaft und Praxis lernen können.

gewiesen, von denen man heute mit einiger Sicherheit sagen kann, dass sie selbst die „hölzernen" Jahrhunderte relativ ungestört überstanden haben.

Diese Flächenkulisse wird durch das in der Nordwestdeutschen Forstlichen Versuchsanstalt konzipierte „Hotspot-Konzept" nach strenger Prüfung erweitert.

So vielseitig die Landschaften Niedersachsens sind, so vielfältig sind auch seine Wälder. Im Bergland herrschen natürlicherweise Buchenwälder auf allen nicht extremen Standorten vor. Je nach Nährstoffversorgung sind sie als reiche Kalk-Buchenwälder, als Waldmeister- oder als nährstoffarme Hainsimsen-Buchenwälder ausgebildet. Sonnige, steile Hänge werden von Seggen-Buchenwäldern eingenommen. Erst an rutschenden Steilhängen endet der Herrschaftsbereich der Rotbuche. Hier ersetzen die Ahorn-Eschen-Schatthangwälder und die Ahorn-Lindenwälder den Buchenwald. Eine zweite Grenze der Buchenwälder bilden die Standorte mit Wasserüberschuss. So sind Erlen-Eschen-Bachwälder die typische Waldvegetation entlang von Fließgewässern. Erlenbrücher bilden sich bei hoch anstehendem Grundwasser auf Niedermoortorfen. Arme Torfböden werden vom Torfmoos-Birken-Moorwald besiedelt. Unter ähnlichen Bedingungen entsteht der Torfmoos-Fichtenwald in den Hochlagen des Harzes. Dort finden sich zudem natürliche Fichtenwälder auf Mineralböden.

Auch im Tiefland dürften unter mittleren Verhältnissen ohne menschlichen Einfluss Buchenwälder vorherrschen. Wir unterscheiden den Waldmeister-Buchenwald auf reichen Böden von dem Flattergras- und dem auf armen Böden vorkommenden Drahtschmielen-Buchenwald. Bei sehr starker Bodenfeuchte treten Eichen-Mischwälder an die Stelle der Buchenwälder. Ist die Nährstoffversorgung gut, so sind es Hainbuchen-Stieleichenwälder, ist sie nur mäßig oder schwach, so herrschen Birken-Stieleichenwälder vor. Selbst unter diesen extremen Wasserhaushaltsverhältnissen spielt die Buche aber eine Rolle als Mischbaumart. Entlang der Wasserläufe bilden verschiedene Auenwaldgesellschaften die natürliche Vegetation. Auf Moorböden kommen Erlenbruch- oder Moorbirken-Kiefern-Bruchwälder vor.

Naturwälder als Generationenvertrag

Naturwaldforschung ist Langzeitforschung. Nach menschlichen Maßstäben entwickelt sich der Wald über sehr lange Zeiträume. Durch die wiederholte Erfassung genau festgelegter Untersuchungsflächen gewinnen die Forscher der Nordwestdeutschen Forstlichen Versuchsanstalt ein Bild dieser sonst kaum wahrnehmbaren Entwicklung.

In Naturwäldern werden die Verjüngung, das Wachstum und Absterben der Gehölze ohne direkte menschliche Einflussnahme beobachtet. Damit wirken ausschließlich naturdynamische Prozesse. Erfasst werden z. B. Art, Höhe und Durchmesser von Bäumen, Menge und Zersetzungsgrad von Totholz, Bodenparameter, Nährstoffversorgung, Art und Ausprägung der krautigen Vegetation und das Vorkommen diverser Tierartengruppen. Naturwälder sind gleichzeitig „Forschungsplattformen", d. h. andere Wissenschaften sind eingeladen, sich mit ihrem Schwerpunkt in die Naturwaldforschung einzubringen. Die Themen der Naturwaldforschung sind dabei so vielfältig wie die Wälder selbst. Artenzusammensetzung, Waldstruktur, Konkurrenz der Baumarten in Abhängigkeit vom Standort, Einfluss von Störungen, z. B. durch Borkenkäfer oder genetische Fragestellungen, sind nur einige Beispiele.

Biologische Vielfalt erhalten

Forscher schätzen, dass in einem ganz gewöhnlichen einheimischen Buchenwald 5000 bis 6000 der bei uns heimischen 45 000 Tierarten vorkommen. Die meisten von ihnen sind kleine wirbellose Insekten oder Spinnentiere. Niemand kann alle diese Arten eines Gebietes erfassen. Für eine ganze Reihe einheimischer Tiergruppen gibt es weder Bestimmungsliteratur noch Spezialisten. Nicht nur der Tropenwald, sondern auch der mitteleuropäische Wald birgt also noch ein weites Forschungsfeld.

Die Naturwaldforschung macht deutlich, wie wertvoll Naturwälder und vor allem die historisch alten Wälder auch für den Schutz der biologischen Vielfalt sind. Insbesondere einige ehemalige Hutewälder wie der „Neuenburger Urwald", der „Hasbruch" oder das „Herrenholz" beherbergen einen außergewöhnlichen Schatz seltener Arten. Seit vielen Generationen sind diese Gebiete von Wald bedeckt, die Bäume haben ein hohes Alter und die Naturwälder in diesen Waldgebieten sind seit langer Zeit schon nutzungsfrei. Davon profitieren in ihrem Bestand bedrohte Tier- und Pflanzenarten.

Naturwälder zu erhalten ist eine wichtige generationenübergreifende Aufgabe. Dabei haben die Naturwälder von heute ihre Zukunft als Urwälder von morgen noch vor sich. Unzweifelhaft wird jedoch auch die Bedeutung heimischer Wälder als Quelle des natürlich wachsenden Rohstoffes Holz im Rahmen einer ökologisch-sozial ausgerichteten Marktwirtschaft zunehmen. Von überragender Bedeutung ist daneben, die heimische Biodiversität für zukünftige Generationen zu erhalten. Dies ist eine komplexe Aufgabenstellung für alle Waldbesitzer. Seit nunmehr 40 Jahren können sich die in Niedersachsen ausgewiesenen Naturwälder unter dem Schutz der Niedersächsischen Landesforsten frei entfalten. Darüber hinaus schützen sie seltene Arten und ungestörten Lebensraum und liefern zudem wertvolle Forschungserkenntnisse. Im Rahmen der Nationalen Biodiversitätsstrategie werden noch weitere Wälder in den Status eines Urwaldes von morgen überführt, insbesondere „Hotspots der Artenvielfalt".

Urwälder entwickeln – Eine Idee wird Wirklichkeit

Laubholzverjüngung in einem Windwurfloch im Naturwald Ehrhorner Dünen

Der Zunderschwamm als häufig vorkommender Holz zersetzender Pilz an Totholz

Naturwald Ehrhorner Dünen – Heide

- von der Wüste zum Wald
- 1836–1867 mitten in der Lüneburger Heide gepflanzt: Kiefern auf bis zu 8 Meter hohen Dünen
- Ziel: das Dorf Ehrhorn vor einer Sandwehe retten
- Bäume stoppten den Wehsand, Altkiefern der ersten Generation noch heute vorhanden
- seit 1972 als Naturwald geschützt
- aktuelle Größe: 71 Hektar
- Waldgesellschaften: Weißmoos-Kiefernwald, Drahtschmielen-Kiefernwald und Eichen-Birkenwald
- Kiefern auf Rückzug
  Forscher finden kaum junge Nadelbäume
- Eichen, Buchen und Ebereschen auf dem Vormarsch
- Entwicklung vom Kiefern- zum Laubmischwald

Naturwald Limker Strang – Solling

- historisch alter Wald
- Strang: historisches Wort für Geländerücken hier: Sandrücken 385–420 m ü. NN
- Naturwald seit 1972
- Größe: 205 Hektar
- Waldgesellschaft: Hainsimsen-Buchenwald
- nach Sollingkarte von 1603: geschlossener Laubwald
- Wirtschaftpläne 1886: Buchenwald mit einzelnen Eichen und Fichten
- heute: alte Buchen (160 Jahre), Fichten (140 Jahre)
- Totholz stark zugenommen
  Absterbeprozesse begünstigen Lebensgemeinschaften

Erste Erkenntnisse aus den ersten 40 Jahren Naturwaldforschung

Aus der Naturwaldforschung lassen sich bereits heute einige wichtige Erkenntnisse ableiten:

- In Kiefernwäldern vollzieht sich eine Entwicklung in Richtung Laubmischwald, bei der die einheimischen Eichenarten eine wichtige Rolle spielen. Ihre Samen werden effektiv durch den Eichelhäher ausgebreitet. Allerdings verhindert der Wildverbiss häufig das Aufwachsen der künftigen Eichengeneration.
- Selbst aus den heutigen Kiefernwäldern dürften schlussendlich aber Buchenwälder werden – eine Entwicklung, die erst unter anderem in Naturwäldern erkannt bzw. bestätigt wurde.
- Auch in grundwasserfernen Eichenwäldern zeichnet sich deutlich eine Entwicklung zum Buchenwald ab. Auf grundwassernahen Standorten haben Entwässerungsmaßnahmen oder Grundwasserabsenkungen dazu geführt, dass die Eiche einen Vorteil gegenüber der Buche verliert: ihre größere Überflutungstoleranz.
- In Buchenwäldern zeigt sich eine Abnahme der Mischbaumarten im Altbestand sowie in der Verjüngung.
- Sämtliche Annahmen zur weiteren Waldentwicklung stehen unter dem Vorbehalt der zukünftigen Klimaänderungen, weil diese die Umweltbedingungen stark verändern könnten.
- Der besondere Wert alter und dauerhaft bestehender Wälder für die Artenvielfalt wird am Beispiel ehemaliger Weidewälder, wie dem Urwald Hasbruch, deutlich.
- Tausende von Waldarten sind existentiell auf Totholz und alte Bäume angewiesen. Die Entwicklung unserer Naturwälder zeigt, dass durch eine Extensivierung von Forstschutz und Nutzung Alt- und Totholzhabitate im Wald effektiv gefördert werden. So haben sich im Laufe weniger Jahrzehnte in den Naturwäldern erstaunlich hohe Totholzmengen gebildet.

Der Hasbruch – Ein Kleinod unter den alten Wäldern Nordeuropas

Unter weitgehender Verwendung eines Textes von Martin Gerdes-Röben

Wer hat noch nicht von ihm gehört, dem sagenumwobenen Hasbruch mit seinen gewaltigen, uralten Baumriesen. Zwischen Hude und Ganderkesee gelegen, am Rande der Delmenhorster Geest, die etwas weiter nördlich steil ins Urstromtal der Unterweser abfällt, gehört dieser Eichen-Hainbuchen-Mischwald zu den wenigen Wäldern, die nach der letzten Eiszeit und der Wiederbewaldung Nordeuropas immer am gleichen Standort erhalten geblieben sind. Es gibt nur noch wenige Wälder dieser Art in Europa. In seiner ökologischen und kulturgeschichtlichen Bedeutung ist der Hasbruch deshalb z. B. mit dem Wald von Fontainebleau in Frankreich oder dem New Forest in England vergleichbar.

Die Geschichte des Hasbruch ist eng mit der des siedelnden Menschen in unserer Region verknüpft. Als dieser vor ca. 7000 Jahren hier sesshaft wurde, begann er, den Wald als Rohstoffquelle für Futter, Dünger, Bau- und Brennholz, als Viehweide und, nach der Rodung, als Ackerland zu nutzen. Der Baumbestand setzte sich damals in erster Linie aus Eichen, Eschen, Linden und Haseln zusammen. Vor ca. 3000 Jahren wanderte die Hainbuche ein und bildet seitdem mit der Eiche den Grundbestand auf den meistens staunassen Lehm-, Mergel- und Tonböden in unserer Region. Noch im frühen Mittelalter gehörte der heutige Hasbruch zu einem großen Waldgebiet, das sich zwischen dem heutigen Reiherholz und dem Stenumer Wald erstreckte. Im Zentrum dieses Gebietes sind unter dem Namen „Hasbruch" heute nur noch etwa 630 ha

Die Friederikeneiche um 1902 (links) und 2007 (rechts)

Der Hasbruch – Ein Kleinod unter den alten Wäldern Nordeuropas

Ausflug 1908 zur Jagdhütte im Hasbruch bei Oldenburg. Die Hütte dient auch heute als Ausflugsziel zum Beispiel beim traditionellen Hasbruch-Singen.

vorhanden und das vermutlich nur deshalb, weil die dort anstehenden schweren Böden der saaleeiszeitlichen Grundmoräne sowie die Tonböden der vorangegangenen Elstereiszeit mit den früheren landwirtschaftlichen Techniken nicht zu bewirtschaften waren. Der landschaftliche Reiz des Hasbruchs ist seit dem Anfang des 19. Jahrhunderts häufig beschrieben worden. Auch die herausragende ökologische Bedeutung dieses Lebensraumes ist sehr gut dokumentiert.

Im Jahre 1676 bezeichnete der königlich-dänische Jägermeister und Oberförster Kurt Veith von Witzleben den Hasbruch im Vergleich mit anderen heruntergewirtschafteten Wäldern noch als einen der größten und besten im Lande Oldenburg. Doch infolge jahrzehntelanger Misswirtschaft und Ausbeutung in Verbindung mit dem steigenden Holzbedarf durch die zunehmende Bevölkerung sowie der beginnenden Industrialisierung, dem verstärkten Vieheintrieb und auch durch Diebstahl war der Hasbruch zum Ende des 18. Jahrhunderts aus forstwirtschaftlicher Sicht völlig „ruiniert". Es standen nur noch wenige alte Eichen neben vielen Kopfhainbuchen in einer offenen Waldweidelandschaft. Gerade wegen der gewaltigen Eichen erlangte der Hasbruch jedoch eine große Anziehungskraft für Maler, Dichter und Wanderer, die seinen Ruf als „Romantischen Märchenwald" in ganz Deutschland verbreiteten. Ab etwa 1830 begann ein systematischer Wiederaufbau des Waldes. Ziel war schon damals eine langfristig vorausschauende Sicherung der Holzerträge unter Berücksichtigung ästhetischer Gesichtspunkte. So wurden – aus „Pietät", wie es hieß – die landschaftsprägenden alten Eichen geschont und Neuanpflanzungen zum Teil auch unter dem Gesichtspunkt der „Waldschönheit" ausgeführt.

Eine vitale dicke Eiche im Hasbruch, Durchmesser 1,80 m. Sie wird von jungen Buchen hart bedrängt (links). Bizarre, alte Kopfhainbuche aus der Zeit der Hutewaldnutzung (rechts).

Neben vielen anderen Förstern verdient hier der ‚Reitende Förster Chr. E. Erdmann' ein großes Lob, weil er den Hasbruch wieder als Eichenwald aufforstete und laut Ehlers der *„Kieferaufforstungsmanie widerstand, die ein ganzes Jahrhundert lang, um eines schnellen Gewinnes willen, die Köpfe verwirrte und alte herrliche Laubholzorte unserer Heimat in öde Balkenfelder verwandelte"* (Ehlers 1926). Trotz der beschriebenen früheren „Übernutzung" ist der Hasbruch heute der größte „historisch alte Wald" nördlich der Mittelgebirge in Niedersachsen.

Mit wenigen Ausnahmen zeigt er sich als geschlossene Waldfläche mit folgenden Hauptbeständen:

- Ca. 400 ha sind „lichter Wirtschaftswald", ganz überwiegend aus lichtliebenden Stieleichen und Hainbuchen bestehend.
- Ca. 150 ha sind „Naturwirtschaftswald", ganz überwiegend Buche.
- Ca. 15 ha sind „Kulturwirtschaftswald/Hutewald" zur Förderung der historischen Hutelandschaft.
- Ca. 40 ha sind „Naturwald", davon ca.16 ha Urwald (seit 150 Jahren keine Nutzung).

Dieser Naturwald bildet heute, nach dem Absterben fast aller Uraltbäume im Wirtschaftswald, den eindrucksvollsten Teil des Hasbruchs. Er gilt aus landschaftlicher und ökologischer Sicht als der wichtigste Teil des Waldes. Seine Existenz verdanken wir der Regierung des ehemaligen Großherzogtums Oldenburg und den damaligen Forstbeamten, die hier mit Hutewaldbäumen (Kopfhainbuchen und alten Eichen) bestandene Flächen als Ausschlussholzung von jeglicher Nutzung freistellten. Leider umfasst dieser Teil im Hasbruch nur eine Fläche von 6 % des Gesamtwaldes. Der Urwald im Naturwald bedeckt nur 2,5 % des gesamten Waldes.

- Ca. 25 ha sind Nadelwald.

Ökologische Vielfalt

Der alte Waldstandort in Verbindung mit den uralten Bäumen, den sehr spezifischen Bodenverhältnissen und dem meist oberflächennah anstehenden Grundwasser haben den Hasbruch zu einem bedeutsamen Lebensraum für viele hochspezialisierte und gefährdete Arten unserer Fauna und Flora werden lassen. Viele der vorkommenden Arten sind äußerst selten oder stark gefährdet, z. B. Mittelspecht, Schwarzspecht, Grauspecht, Eisvogel, Mausohr-, Fransen- und Große Bartfledermaus, starke Bestände des Feuersalamanders, Feuchtwiesen-Perlmuttfalter,

Trauermantel, Großer Schillerfalter, Eremit, Fontainebleaukäfer, Schnellkäfer sowie zwei Arten aus der Gruppe ‚Veränderlicher Edelscharrkäfer'.

In der Brookbäke und der Hohlbäke wurden etwa 90 Benthosarten (Bewohner der Gewässersohlen) bestimmt. Außerdem finden sich in den Kiesbetten dieser Gewässer die letzten Forellen-Laichplätze der Region. Die Flächen der vor ca. 150 Jahren festgesetzten ‚Ausschlußholzung' im Zentrum des Hasbruchs bilden heute die schönsten und wertvollsten Altholzbestände des gesamten Waldes.

Der Hasbruch ist heute Teil der europäischen NATURA 2000-Kulisse. „Alle Schutzbestimmungen sehen die Sicherung und Entwicklung der unterschiedlichen Waldgesellschaften, aber auch eine Nutzung und Pflege der bewirtschafteten Gebietsanteile vor. Die FFH-Richtlinie verlangt allerdings, dass die Qualität der Waldstandorte durch die Holzentnahme nicht verschlechtert werden darf." Im sogenannten „Managementplan", den die Niedersächsischen Landesforsten in Abstimmung mit der Naturschutzbehörde in Abständen von zehn Jahren aufstellen, sind alle Pflegeanforderungen festgehalten.

„Der Hasbruch" Ölgemälde von Ernst Willers von 1823

Anzahl der Arten		Davon gefährdet*
Farn- u. Blütenpflanzen	140	
Moose	125	27
Flechten	75	47
Pilze	mindestens 1100	30
Brutvögel	78	9
Fledermäuse	11	11
Schmetterlinge	323	101
Spinnen	80	
Holz bewohnende Käfer	284	58
Amphibien	7	2
Laufkäfer	16	
Schneckenfauna	9	

* Nach den Roten Listen des Bundes und des Landes Niedersachsen, der FFH-Richtlinie oder der EU-Vogelschutzrichtlinie

Die Bedeutung der uralten Eichen

„Besonders die alten Bäume vermitteln ein Bild von Geschichte, ihre Vergänglichkeit berührt fast jeden Besucher emotional. Solche Bäume wurden schon in grauer Vorzeit von den Menschen bewundert und verehrt. Seit Beginn des 19. Jahrhunderts, der Zeit schwärmerischer Naturromantik, zieht der sagenumwobene, malerische Hasbruch mit seinen dicken, uralten Eichen und bizarren Kopfhainbuchen, vielen Baumruinen, einer artenreichen Fauna, Flora und naturnahen Wasserläufen zahllose naturverbundene Menschen von nah und fern an. Maler, Dichter, Schriftsteller, Geistes- und Naturwissenschaftler, später auch Fotografen und Wandergruppen aller Art machten ihn in ganz Deutschland und darüber hinaus bekannt.

Aber auch für die ökologische Vielfalt des Hasbruchs sind diese alten Bäume und ihre Totholzanteile von unersetzlichem Wert. Besonders das Totholz an den lebenden, noch grünenden Eichen ist für das langfristige Überleben zahlreicher europaweit gefährdeter Arten, wie z. B. seltener Käfer und Pilze, eine unabdingbare Voraussetzung. Die alten Bäume stellen also das eigentliche, nicht in Geld zu messende, ökologische Kapital des Hasbruchs dar. Leider hat sich dieser Schatz in den letzten Jahrzehnten in erschreckendem Maße verringert. Nach dem Ersten Weltkrieg waren z. B. noch rund 22 sehr dicke, 600 bis 1200 Jahre alte Eichen mit einem Stammdurchmesser zwischen 1,60 und 3,50 m, über den ganzen Hasbruch verteilt, vorhanden. Diese alten Veteranen hatten im Laufe der Zeit fast alle einen Namen nach historischen Persönlichkeiten erhalten. Ihre Anzahl hat sich seitdem ständig verringert.

Neben allgemeinen Umwelteinflüssen und Altersschwäche ist für das Sterben dieser Eichen besonders das stärkere Wachstum der sich ausbreitenden Buchen verantwortlich. Die Eichen werden von den schnell wachsenden Buchen regelrecht erwürgt. Ein Konzept zur Erhaltung der wenigen noch überlebensfähigen Eichen im Urwald scheint deshalb dringlich. Dem steht jedoch das bisherige Pflege- und Entwicklungskonzept entgegen, welches im Naturwald keinerlei menschliche Eingriffe mehr vorsieht, sondern lediglich eine Sicherung und Beobachtung einschließlich seiner spontanen Vegetationsentwicklung. Dieses strenge Schutzziel für den Naturwald war vielleicht bislang gerechtfertigt, weil es in ganz Europa keine vergleichbaren Altholzbestände dieser Art gibt, die seit 150 Jahren unberührt erhalten sind.

In solchen Beständen kann die Vegetationsentwicklung, – wenn man so will – der Lebenskampf der verschiedenen Arten, auch unter den sich verändernden Um-

Bismarckeiche (links), Charlotteneiche (Mitte) und Moltkeeiche (rechts)

Dicke Eiche (links), Liedertafeleiche (rechts), alle aufgenommen ca. 1902. Diese Eichen sind heute verschwunden.

Es fehlt der Nachwuchs an „dicken Eichen"

Blickt man in die Zukunft, so finden sich im gesamten Bereich des bewirtschafteten Teils des Hasbruch nur noch wenige Uralt-Eichen. Alle diese Eichen, obwohl auch zum Teil von beeindruckender Größe, haben ein maximales Alter von 180 Jahren. Es besteht also eine Zeitlücke von einigen Jahrhunderten. Die Landesforsten erhalten zwar auch im bewirtschafteten Teil des Hasbruch das stark dimensionierte Totholz und fördern großkronige, kurzschäftige Totholz-Anwärter. Um die Lücke der absterbenden uralten Relikteichen zu schließen, sind aber mehrhundertjährige Veteranen erforderlich, die es hier so gut wie nicht mehr gibt. In Anbetracht des alarmierend schlechten Zustandes der Eichenbestände müssen von den heute 180-jährigen Bäumen unbedingt gesunde und starke Eichen auf guten Standorten mit optimaler Wasserversorgung als Zukunftseichen dauerhaft erhalten bleiben. Genauso wichtig wie die Rückstellung dieser Eichen ist auch das Nachpflanzen junger Eichen in den stark ausgedünnten Beständen.

weltbedingungen, beobachtet werden. Inzwischen hat sich aber herausgestellt, dass die Verlierer dieses Lebenskampfes im Hasbruch die ökologisch wertvollsten Bäume, die dicken Eichen, sind.

Weil die europaweite Bedeutung des Hasbruchs zu einem sehr großen Teil auf den Lebensgemeinschaften der Eichen beruht, müssen die letzten Exemplare dieser Bäume im Urwald so lange wie möglich erhalten werden. Insofern wäre zumindest die punktuelle Lockerung der o. a. Schutzbestimmung für die Eichenbestände wünschenswert. Die Entwicklung zum Urwald fordert hier mit den letzten Eichen ansonsten einen sehr hohen Preis.

Lebendes Totholz: Von den gestorbenen Riesen bleiben am Ende nur Ruinen übrig.

Die Krickmeere – Eine Natur aus zweiter Hand

Carsten-Friedrich Streufert

Im Nordwesten Niedersachsens gibt es nur wenige größere Wälder wie den Hasbruch, die hiesige Landschaft ist kaum von Wald bedeckt. An sonnigen Tagen lockt sein Schatten umso mehr Erholungssuchende an. Um die wechselvolle Geschichte dieser Wälder wissen jedoch nur wenige. Häufig ist es Natur aus zweiter Hand, denn waldreich war diese Region noch nie. Eine ganz besondere Entwicklung durchläuft gerade der Forst Upjever.

Der ostfriesisch-oldenburgische Geestrücken mit seinen zahllosen kleinen und größeren Flüssen, Tiefs, Wasserflächen und riesigen Moorgebieten war einst nach dem Harz das wasserreichste Gebiet Niedersachsens. Seine Entstehung verdankt dieses Geestgebiet der Elster- und der Saale-Eiszeit, die fast das ganze heutige Niedersachsen noch mit Gletschereis überzogen. In der später folgenden Weichsel-Eiszeit, die diesen Raum nicht mehr mit Gletschereis erreichte und vor ca. 12.000 Jahren endete, bildete sich hier besonders durch Wind- und Wassererosion die heutige – sogenannte – „Rinnenplattenlandschaft" aus.

Was die siedelnden Menschen vorfanden, davon vermittelt der römische Geschichtsschreiber Tacitus (58–um 120 n. Chr.) in seiner „Germania" um 98 n. Chr. eine Vorstellung. Er berichtete, dass schon die Chauken und Friesen als damalige Bewohner des Küstenstreifens den vorhandenen Torf als Brennstoff und damit als Ersatz für das an der Küste fehlende Holz nutzten. Tacitus bezeichnete den für ihn völlig fremdartigen Stoff noch als „Erde, die sie mehr im Winde als an der Sonne trocknen". War die Nutzung von Torf als Brennstoff damals auch noch sehr sporadisch, kam es – in der Zeit des Mittelalters durch die Zisterziensermönche gefördert – zu einem ersten großflächigen Abbau von Hochmooren. Die nährstoffreichen Niedermoorgebiete wurden vornehmlich landwirtschaftlich genutzt.

Dort, wo Wald und Wildnis die Erde bedeckte, musste der Lebensraum durch Rodung errungen werden. Hier im Küstenland war die Voraussetzung für eine Besiedlung und Nutzung die vorherige Trockenlegung des begehrten Areals. Eine Aufgabe, der sich seit dem 16. Jahrhundert vermehrt und in großem Stil auch die jeweilige Landesherrschaft widmete, konnten doch durch die Moorkultivierung viele Menschen Arbeit finden und siedeln. Das bedeutete wiederum Einkommen auch für die Herrschaft. So wurden menschenleere Gebiete allmählich der Wildnis in harter Arbeit abgerungen und erschlossen.

An der Küste kam hinzu, dass Sturmfluten häufig das Landesinnere überfluteten. Die großen Flutkatastrophen vom Weihnachtstag 1717 und Silvester 1720, die das Land bis weit in die Geest verwüsteten, kosteten in Ostfriesland Tausenden von Menschen das Leben. Wollte man hier dauerhaft siedeln, musste man also Meer und Moor beherrschen können. Über Jahrhunderte waren Bemühungen vorrangig, festen Boden zu gewinnen. Besondere technische Fähigkeiten auf diesem Gebiet erlangten die Niederländer und wenig später – durch die große Affinität ihres Königs zu ihnen – auch die Preußen.

Ein Zeitsprung: Im Jahr 1936 waren die im Forst Upjever liegenden Teile des „Doser Sumpfmoors" und des gesamten „Krickmeergebiets" nach sechs Jahre dauernden, heute kaum noch vorstellbar in reiner Handarbeit durchgeführten Entwässerungs- und Aufforstungsarbeiten zur Waldfläche geworden. Diese Arbeiten auf einer Fläche von ca. 40 Hektar

Die großen Flutkatastrophen vom Weihnachtstag 1717 und Silvester 1720, die das Land bis weit in die Geest verwüsteten, kosteten in Ostfriesland Tausenden von Menschen das Leben. Wollte man hier dauerhaft siedeln, musste man Meer und Moor beherrschen. Über Jahrhunderte waren deshalb alle Mühen darauf gerichtet, die Natur urbar zu machen und festen Boden zu gewinnen. Besondere technische Fähigkeiten auf diesem Gebiet erlangten die Niederländer und – durch die Affinität ihres Königs zu ihnen – auch die Preußen.

Die Krickmeere – Eine Natur aus zweiter Hand

waren jedoch keine Idee der Nazis, sie bildeten lediglich den Abschluss des jahrhundertelangen Bemühens, nach der Eindeichung die wasserreiche, jeverländische Geest Stück für Stück in nutzbares Wald-, Weide- oder Ackerland zu verwandeln. Der Forst Upjever, bereits im Jahr 1551 von der friesischen Häuptlingstochter Frl. Maria von Jever auf einem der Natur abgerungenen Areal begründet, wurde so zum größten zusammenhängenden Waldgebiet im ehemaligen Großherzogtum und späteren Freistaat Oldenburg. Was einerseits also eine gewaltige kulturhistorische Leistung war, führte

andererseits, und nicht nur im Jeverland, sondern auf der gesamten ostfriesischen Halbinsel, zum fast vollständigen Verlust einer ursprünglichen Naturlandschaft. Die Wasser-, Moor- und Heidelandschaften, die sich mit ihrer einmaligen Flora und Fauna großflächig seit dem Ende der letzten Eiszeit in Jahrtausenden gebildet hatten, verschwanden oft im Verlauf nur weniger Jahrzehnte, hier in Upjever also relativ spät.

Wieder ein Zeitsprung: Im Jahr 1980 gaben im Forstrevier Upjever nur noch sehr wenige Stellen Kunde davon, dass sich hier einst etwas ganz anderes als Wald befunden haben musste. Anhand von historischen Quellen reifte langsam die Idee, an einigen ausgesuchten Stellen der ursprünglichen Natur wieder Raum zu geben. Die Möglichkeit, eine größere „Renaturierung" im Sinne einer Rückentwicklung der Landschaft durchzuführen, ergab sich durch eine sogenannte „Ausgleichs- und Ersatzmaßnahme". Bauträger, die für ihre Investitionsprojekte in die Natur eingreifen, finanzieren einen Ausgleich oder einen Ersatz an anderer Stelle. Dieses Konzept aus dem Naturschutzgesetz ermöglicht viele wertvolle Naturschutzprojekte. Die Niedersächsischen Landesforsten haben hierfür Spezialisten ausgebildet, die niedersachsenweit solche „Naturdienstleistungen" anbieten und langfristig umsetzen.

Ein dritter Zeitsprung: Eine Möglichkeit der Renaturierung besteht darin, alle in den Naturhaushalt eingreifenden Handlungen einzustellen und eine Landschaft ihrer eigendynamischen Entwicklung zu überlassen. Die Natur wird den Raum in wenigen Jahren zurückgewinnen, aber in eine unbestimmte Richtung. Um der Natur einen zielgerichteten Anschub zu geben und, wie im Fall Upjever, eine bestimmte Landschaft wieder entstehen zu lassen, muss man jedoch vor einer Renaturierung wissen, was die Natur zu dieser gewollten Entwicklung bewegen könnte. Man muss die Natur lesen können. Und historische Quellen helfen hierbei weiter.

1779 Kunstenbachbild – Fischer mit Zugnetz im Upjeverschen Meer (Neues Meer)

Die Natur lesen

Das Renaturierungsgebiet der insgesamt drei „Krickmeere", die ihren Namen von der hier lebenden Hochmoorente, der Krickente, haben, liegt an einer ehemaligen Schmelzwasserrinne. Sie bildeten sich, wenn im Sommer das Schmelzwasser von der Oberseite des Eises durch die sog. „Gletschermühlen" unter den hier liegenden Gletscher strömte und unter hohem Druck dem natürlichen Gefälle entsprechend zum Eisrand hin abfloss. Dabei wurden riesige Materialmengen, hier waren es vor allem Sand und Feinkies, mitgerissen und vor den Gletschern abgelegt. Im Winter schlossen sich diese Rinnen dann wieder durch von oben hineingepresstes Gletschereis. Zog sich der Gletscher weiter zurück, blieb dieses Eis häufig als „Toteis" liegen und bewahrte die Rinne so bis zum endgültigen Austauen vor dem Verschütten. Erst viel später wurden sie dann teilweise durch feinkörnige Wehsande aufgefüllt. Im Fall des Renaturierungsgebiets „Krickmeere" mündete die hiesige Rinne in einen See, der die Wassermassen dann in Richtung Nordsee abführte. Infolge des ansteigenden Meeresspiegels kam es nun wegen des ständig steigenden Grundwasserstandes sowohl in der Rinne als auch im Schmelzwassersee, dem späteren „Sumpfmoor Dose", zur Moorbildung. Die eigentlichen drei „Krickmeere" als offene Wasserflächen aber bildeten sich in „Ausblasungsmulden" auf dem sehr gut wasserversorgten, westlichen Rand der Rinne. Dieser natürliche Zustand blieb über die Jahrtausende fast bis zum Ende des 18. Jahrhunderts unverändert bestehen.

Erste urkundliche Erwähnungen über die fisch- und wasservogelreichen Meere finden sich bereits im 16. Jahrhundert, waren sie doch durch ihre Grenzlage wiederholt zum Zankapfel zwischen dem Jeverland/Grafschaft Oldenburg und der Grafschaft Ostfriesland geworden. Auch die jeweiligen politischen Nachfolger führten diesen Streit über Jahrhunderte unvermindert fort, bis 1803 eine endgültige Grenze gezogen wurde. Diese Auseinandersetzungen hatten bei der Planung der Renaturierungsarbeiten den großen Vorteil, dass es – bedingt durch die vielen Prozesse vor dem Reichskammergericht – recht genaue Karten und Unterlagen gab. Sie waren bei der Bestimmung der ehemaligen Lage der Gewässer sehr hilfreich und gaben Kenntnis von der damaligen Flora und Fauna.

Die Krickmeere – Eine Natur aus zweiter Hand

Zufälle der Geschichte

Brenntorf war im Jeverland Mangelware, und so begann bereits zum Ende des 18. Jahrhunderts die planmäßige Abtorfung des Doser Sumpfmoores und auch im Umfeld zweier Krickmeere. Zur Vorbereitung wird der „Schwarze Schloot", benannt nach seiner Wasserfarbe, gegraben und mit seiner Hilfe nicht nur das Moor, sondern gezielt auch das Gebiet der Meere trockengelegt. Nur das südliche Krickmeer, das etwas abgelegener liegt, blieb von dieser Maßnahme vorerst verschont. Zum letzten Mal wird es 1850 auf einer hannoverschen „Karte der Wald- und Moorflächen Ostfrieslands" eingezeichnet. Es ist keine Frage, dass bei einer derartig intensiven Fortführung der Meliorationsarbeiten und Abtorfung das gesamte Areal nur wenige Jahre später größtenteils hätte aufgeforstet werden können. Doch dann geschah nur wenige Jahre später etwas Einschneidendes: Die Preußen kamen!

Die preußische Politik zielte auf eine starke militärische Stellung. Dazu gehörte auch eine Kriegsflotte. 1853 kaufte der Staat Preußen dem Großherzogtum Oldenburg die Ortschaft Heppens und eine größere Fläche am Jadebusen ab, um darauf einen Flottenstützpunkt zu errichten: Die spätere Stadt Wilhelmshaven entstand. Um den neuen Kriegshafen nun nicht nur zur See, sondern auch zu Lande abzusichern, wurden sog. „Sperrforts" um die Stadt herum angelegt. Damit nicht genug, vor diese Forts wurde noch ein „Glacis" geplant, ein Vorgelände, das zum Schutz von Hafen und Stadt zur Not unter Wasser gesetzt werden konnte. In dieser Planung bekamen das Doser Sumpfmoor und das Krickmeergebiet nun plötzlich einen hohen militärischen Stellenwert, da die preußischen Wasserbauingenieure ausgerechnet hatten, wie leicht man diese Fläche im Falle eines Angriffs unter Wasser setzen kann. Aus diesem Grund blieben das Krickmeergebiet und das Doser Sumpfmoor bis einschließlich 1930 von allen weiteren Maßnahmen verschont. Die natürliche Entwicklung der Moorlandschaft setzte – wenn auch zögerlich – wieder ein.

Und vermutlich wäre es bis zum heutigen Tage so geblieben, hätte es nicht Ende der 20er-Jahre des letzten Jahrhunderts den „Schwarzen Freitag" gegeben!

Der Zusammenbruch der New Yorker Börse am 25. 10. 1929 machte Millionen von Menschen arbeits- und mittellos. Um die schlimmsten Entwicklungen abzufedern, wurde auch in Deutschland eine Arbeitsbeschaffungsmaßnahme eingeführt. Da die Reichsregierung zu dieser Zeit mit sog. „Notstandsgesetzen" regierte, wurden die sog. „Notstandsarbeiter" in einem jeweils von den örtlichen Kommunen organisierten Arbeitsdienst eingesetzt. Um den Menschen aber aus damaliger Sicht eine sinnvolle Tätigkeit zu geben, wandte man sich wieder der Moorkultivierung zu. Fortan arbeiteten hier in Upjever ab 1930 bis 1933 mehr als 150 Arbeiter an einer Fortsetzung der Entwässerung des Doser Sumpfmoores und des Krickmeergebiets. Diesmal wurde die Entwässerung so gründlich geplant und auch durchgeführt, das in den darauffolgenden drei Jahren bis 1936 die Fläche erfolgreich mit Sitkafichte, Fichte und Weymutskiefer aufgeforstet werden konnte. Den ökologischen Wert dieser damals immer noch stark vermoorten Schmelzwasserrinne – hier kamen noch der Fischotter und das Birkwild vor – hatte dabei niemand im Auge. Nach Abschluss der Arbeiten erinnerte nichts mehr an den einstigen Zustand. Nur wenige Naturfreunde jener Zeit beklagten den Verlust einer einmaligen Naturlandschaft.

Und wieder die Niederländer – Landschaft gestalten

Die Auswertung alter Karten und Unterlagen vom Forst Upjever ergab, dass die ehemals vorhandenen Wasser- und Moorflächen, die je nach ihrer Größe in Kuhlen, Pohle oder Meere unterschieden wurden, eine Größe von ca. 150 Hektar bedeckten. Das waren ca. 15 % der einstigen Reviergröße von über 1000 Hektar. Allein 20 Wasserflächen davon sind namentlich bekannt. Besonders reich an Meeren, Schilf- und Bruchflächen war der Norden Upjevers und im Süden das Doser Sumpfmoorgebiet. Davon existierten 1980 aber nur noch zwei Flächen mit insgesamt 0,7 Hektar! Versuchsweise wurde bereits im Jahr 1985 auf der ehemaligen Fläche des südlichen Krickmeeres ein kleiner Teich angelegt. Auch wenn die Fläche klein war, konnte man über viele Jahre hinweg beobachten, dass selbst in trockenen Sommern der Wasserspiegel nur gering schwankte. Das Krickmeerge-

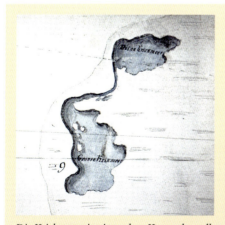
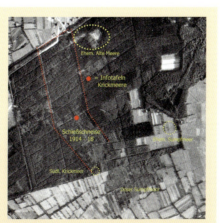

Die Krickmeere in einer alten Kartendarstellung vor (1805) und nach gelungener Umwandlung in Wald (Luftbild von 1951). Gut zu erkennen bilden sich noch die vermutlich bodennassen alten offenen Wasserbereiche ab.

Abb. oben:
Ein Fichtenbestand wird zur Vorbereitung der Renaturierung im Krickmeergebiet entnommen

Abb klein:
Durch den Einsatz schwerer Technik sahen die Renaturierungsarbeiten nicht so aus, als würde hier eine Maßnahme für den Naturschutz durchgeführt werden …

Abb. unten:
… doch schon kurz nach Abschluss der Arbeiten deutet sich an, dass die Natur die unterstützenden Maßnahmen in die angestrebte naturdynamische Entwicklung umsetzen würde.

biet speiste sich also nach wie vor mit Grundwasser, die alten Meere waren keine „Himmelsteiche" gewesen. Diese Tatsache war schließlich für die Planung einer ersten Flächenmaßnahme von entscheidender Bedeutung. Auch heute noch – wie vor 300 Jahren – sind die Niederländer bei der Gestaltung des Wasserhaushaltes einer Landschaft technisch führend. Die Landesforsten griffen deshalb gerne auf die Hilfe der Fachleute von Staatsbosbeheer (Niederländische Forstverwaltung) zurück. Die erste in Angriff genommen Maßnahme umfasste eine Fläche von 8,5 Hektar.

Eine „Baustelle"

Die Arbeiten begannen mit einem großen Kahlschlag zur Beseitigung aller Sitkafichten. Harvester und Forstwirte hinterließen eine große Kahlfläche. Als nach dem Abtransport des Holzes und Kronenmaterials die ehemaligen Meere ausgebaggert waren, erinnerte zunächst nur noch wenig an Natur. Und die Vorstellung, dass hier Natur wieder entstehen könnte, fiel schwer. Wichtig war, dass vordringlich nur der Oberboden, der aus mineralisierten Torfschichten und Rohhumus bestand, abgezogen wurde. Knapp darunter kamen schon die Seemuddeschichten der ehemaligen Meere zum Vorschein und viel schneller als von allen Beteiligten geplant, stieg schon während der Arbeiten das Wasser auf der ganzen Fläche an. Erste Lebenszeichen der vormaligen Landschaft.
Sämtliche „Kleingräben", die sogenannten „Grüppen", die zwischen den einzelnen Rabatten liefen und viel tiefer als bei einer normalen Rabattierung ausgefallen waren, wurden neben weiteren Abflussgräben verfüllt. Zum Ende der Arbeiten wurde im Schwarzen Schloot ein Stauwehr eingebaut, um so den Wasserstand für die gesamte Fläche regulieren zu können. Innerhalb eines Jahres stieg der Wasserspiegel rasant an. In den Folgejahren wurden

Sonnentau und Binsenjungfer-Weibchen. Die Besiedlung des neu geschaffenen Landschaftsraumes begann umgehend.

am Moorrand Laubhölzer, wie z. B. die Stieleiche und Roterle, eingebracht. Was folgte, war pure Freude über die sich einstellenden Erfolge der Maßnahme.
Bereits im ersten Jahr fand sich eine (!) erste Sonnentaupflanze auf dem Rohboden ein, ein Jahr später erschien das erste Wollgras, die Glocken- und Sandheide. Der Namensgeber des Gebiets, die Krickente, die hier seit 1936 nicht mehr vorkam, ist zum regelmäßigen Gast geworden, auch die seltene Moorente konnte wieder beobachtet werden. Überraschend war der bisher zweimalige Bruterfolg des Waldwasserläufers, eines Schnepfenvogels, der in alten Amselnestern brütet. Und 2012 wurden sogar die ersten Schwarzstörche über den Krickmeeren beobachtet! Alles in sechs Jahren, in denen eine Landschaft mit ihrer natürlichen Dynamik wieder entstand. Viele Libellenarten sind seitdem zurückgekehrt, woher auch immer, die nun regelmäßig von Spezialisten bestimmt und dokumentiert werden.

Nach den vielen positiven Erfahrungen erweiterten die Niedersächsischen Landesforsten im Jahr 2010 das Gebiet auf 24 Hektar. Zusammen mit dem Doser Sumpfmoor erreicht die Gesamtfläche so fast die ehemalige Ausdehnung vor Beginn der Entwässerungsarbeiten in den Jahren 1930 bis 1933. Eine wechselvolle Geschichte endet damit – oder beginnt gerade wieder, ganz wie man es betrachten möchte. Der Mensch hat sich nun aus der forstwirtschaftlichen Nutzung der Flächen zurückgezogen und sie im Sinne der Urlandschaft gestaltet. Ohne vorbereitende Maßnahmen wäre das Ergebnis ein anderes geworden. Die Landschaft wird nun für die lebensraumtypische Artenvielfalt erhalten und entwickelt.

Eine wechselvolle Geschichte endet – oder beginnt gerade wieder, ganz wie man es betrachten möchte. Der Mensch hat sich, nachdem er die Natur urbar gemacht hat, nun wieder ganz aus der forstwirtschaftlichen Nutzung der Flächen zurückgezogen und sie im Sinne der Urlandschaft gestaltet. Die Landschaft wird nun ausschließlich im Sinne der lebensraumtypischen Artenvielfalt erhalten und entwickelt.

Die Rückkehr in den naturnahen Wirtschaftswald

Seltene und vormals teilweise bereits ausgestorbene Arten haben in den naturnah bewirtschafteten Wäldern wieder eine Heimat. Mit den naturgemäß bewirtschafteten Wäldern schaffen die Förster heute die Voraussetzungen dafür, dass lange verschwundene oder sehr seltene Arten wieder zurückkehren können.

Die ausgestorbenen Arten benötigen in aller Regel erst einen Anschub, wie zum Beispiel der Luchs. Häufig schafft aber bereits die Gestaltung eines Lebensraumes oder einer Landschaft schon die Voraussetzungen für eine natürliche Wiederansiedlung. Viele Arten erobern die Lebensräume von ganz alleine. In den niedersächsischen Wäldern nimmt die waldtypische Artenvielfalt seit einigen Jahrzehnten wieder stark zu. Dabei sind einige Arten sehr gut zu beobachten, weil sie auffällig leben. Die meisten Arten leben jedoch im Verborgenen und sind selbst für Spezialisten nur schwer „sichtbar".

Wolf

Für die Medien war es eine Sensation, als Niedersachsen im Jahr 2006 wieder zum „Wolfsland" wurde. 2012 dann endlich sogar der erste niedersächsische Wolfswelpe in freier Wildbahn! Mittlerweile gibt es mehrere Rudel mit eigenem Nachwuchs und der Wolf etabliert sich in Niedersachsen in verschiedenen, meist waldreichen Regionen. Der Wolf war für lange Zeit verschwunden. 1872 ging ein damals erlegtes Tier als „letzter Wolf Niedersachsens" in die Geschichte des Landes ein. Die einzelnen Durchzügler, die danach gesichtet, auch teilweise erlegt wurden, bildeten nie den Beginn einer Population. Zu lange hatten die Ängste vor dem „Untier" und die Mühen der Ausrottung gedauert. Gegen Ende des Dreißigjährigen Krieges war die Wolfsplage in der Lüneburger Heide so groß, dass jedermann den Wolf bejagen durfte. Jeder Förster hatte einen geschossenen Wolf per Balg nachzuweisen, bevor er seinen Sold erhielt. Die Zahl der jährlich erlegten Wölfe ging in die Hunderte. Heute ist er – unterstützt durch ein professionelles Wolfsmanagement – willkommen und findet seinen Lebensraum in weitläufigen Wäldern und auf Truppenübungsplätzen.

Luchs

Im Harz wurden 1817 und 1818 letztmals Luchse erlegt, 1848 ereilte dasselbe Schicksal den letzten Luchs in Deutschland. Danach war er ausgestorben. Einzelne Exemplare tauchten auf der Wanderschaft auf und verschwanden auch wieder. Naturschützer horchten begeistert auf, als 1972 die niedersächsische Landesforstverwaltung beim Göttinger Institut für Wildforschung und Jagdkunde anfragte, ob eine Wiedereinbürgerung möglich wäre. Das positive Votum der Wissenschaft ruhte aber einige Jahre bis 2000. Dann wurde das Luchsprojekt Harz gestartet. 24 junge Gehegenachzuchten wurden bis zum Herbst 2006 im Nationalpark Harz in die Freiheit entlassen. Wilder Nachwuchs ließ nicht lange auf sich warten, seit 2002 sind jährlich mehr Jungtiere geboren worden. Luchsbeobachtungen gibt es heute aus fast allen Regionen Niedersachsens. Der Luchs erobert Niedersachsen ohne fremde Hilfe auf leisen Pfoten. Wenn er nun noch Anschluss an die verschiedenen mitteleuropäischen Populationen findet, dann hat er seine Wiedereinbürgerung endgültig geschafft.

Wildkatze

Im Gegensatz zu Wolf und Luchs war die kleinere Wildkatze nie ganz ausgestorben, aber ihr Vorkommen deutschlandweit auf einzelne Vorkommen zurückge-

drängt. Dazu zählte auch der Harz. Mittlerweile hat sich die Wildkatze wieder von alleine auf den Weg gemacht und erobert ganz Niedersachsen zurück. Die Wiedereinbürgerung der Wildkatze ist der Zusammenarbeit von Ministerien, ehrenamtlich tätigen Naturschutzverbänden, Stiftungen und Waldbesitzern zu verdanken.

Durch Schutzmaßnahmen und eine intensive Aufklärung in den 1970er- bis 90er-Jahren erholen sich die Bestände in den Kernlebensräumen. Die Wiederbesiedelung verwaister Gebiete (u. a. im Bramwald, Vogler, Deister, Hainich, Werraland) geschieht auf sanften Pfoten.

Kranich

„Die Kraniche ziehen!", ein Ausruf, der zwischenzeitig seltener geworden war, ist heute wieder häufig möglich. Zwischenzeitig wurden 1976 nur noch die letzten elf Kranichpaare in Niedersachsen gezählt. Als Zugvögel wandern sie über weite Strecken, deshalb konnten sie nur durch überregionale und grenzüberschreitende Konzepte geschützt werden. Ehrenamtliche Helfer der Umweltverbände trieben gemeinsam mit den Naturschutz- und Forstverwaltungen Projekte zu ihrem Schutz v. a. in den Küstenländern Niedersachsen, Hamburg und Schleswig-Holstein voran. Auch auf der anderen Seite des eisernen Vorhangs kümmerten sich Menschen um den Kranich. Insbesondere in den 80er- und 90er-Jahren wurden im Elbebereich Teiche mit kleinen Inseln angelegt. Horstbewachungen wurden durch Naturschutz und Forstverwaltungen organisiert. Nach der Wiedervereinigung gründeten die ost- und westdeutschen Kranichschützer 1991 gemeinsam mit der „Lufthansa Umweltförderung" die Arbeitsgemeinschaft „Kranichschutz Deutschland". Heute ist der Kranich nicht nur als Zugvogel mit seinen markanten Flugformationen und -lauten hoch am Himmel wieder häufiger zu beobachten. Es brüten etwa 800 Brutpaare fast flächendeckend im norddeutschen Flachland bis ins Binnenland hinein.

Eremit

Der Eremit lebt „unsichtbar". Nur wenige Menschen bekommen ihn zu Gesicht. Schon die Larven verbringen mehrere Jahre in den mit Mulm gefüllten Hohlräumen alter Laubbäume. Als Käfer setzen sie dieses unscheinbare Leben in den Höhlungen fort. Sein Vorkommen wird deshalb eher über die kleinen Kotkügelchen am Fuße seiner Brutbäume nachgewiesen. Kam es früher also sicherlich vor, dass seine Siedlungsbäume aus Unkenntnis gefällt wurden, wird heute jeder einzelne Baum erhalten. Der Eremit profitiert zudem von dem Habitat- und Totholzkonzept der Landesforsten, weil hierbei absterbende Baumgruppen dauerhaft geschützt werden. Nachdem das Augenmerk in den 90er-Jahren auf diesen Käfer gerichtet wurde, sind inzwischen etwa 20 Vorkommen in Niedersachsen erfasst worden, sodass die Art zwar selten, aber nicht mehr gefährdet scheint.

Milzfarn und Südlicher Wimpernfarn

Christian Weigel und Heiko Brede, zwei Förster der Niedersächsischen Landesforsten, trauten 2006 zunächst ihren Augen nicht. Sie hatten soeben den Milzfarn wiederentdeckt, nachdem er 35 Jahre lang in Niedersachsen als ausgestorben galt. Ebenso erging es Johannes Thiery im Harz, als er dort den extrem seltenen Südlichen Wimpernfarn entdeckte. „So was passiert nur einmal im Leben." Die Vorkommen werden nicht verraten, nur ausgewiesene Spezialisten und Fachleute sind eingeweiht, beide gelten als zu bewahrende Schätze.

Westfälisches Brillenschötchen

Ähnliches wie für die seltenen Farne gilt auch für das Westfälische Brillenschötchen. Auch hier kennt Christian Weigel das einzige Vorkommen in Norddeutschland und schützt es wie seinen Augapfel. „Da wird an der Umgebung nichts verändert. Jede Veränderung könnte das Aus bedeuten."

Schwarzstorch

Als im Jahr 1992 in der Nähe von Bad Sachsa im Südharz ein Schwarzstorch gesichtet wurde, sprachen Ornithologen von einer Sensation. Denn der scheue Vogel galt in der Region lange als ausgestorben. Mitte des 20. Jahrhunderts war der Vogel mit dem schwarzen Gefieder und dem roten Schnabel bis auf wenige Exemplare verschwunden. Der Bestand hat sich jedoch erholt und wird inzwischen wieder auf etwa 60 Paare geschätzt – mit zunehmender Tendenz. Schwarzstörche bevorzugen große ungestörte Laub- und Mischwälder mit alten Bäumen, auf denen sie ihre Horste errichten können. Für die Jagd auf Fische brauchen sie klare Gewässer in der Nähe. Wo diese Voraussetzungen erfüllt sind, kann sich der Schwarzstorch ansiedeln. Insbesondere zu Beginn der Brutzeit benötigt er jedoch absolute Ruhe. Diese erhält er nur, indem die Förster die Horste kennen und in dieser Zeit für Ruhe sorgen.

Seeadler

Dem Zauber dieses größten heimischen Vogels kann sich niemand wirklich entziehen und so gibt es in Niedersachsen eine besonders erfolgreiche Zusammenarbeit zu seiner Rettung. 1990 gab es in Niedersachsen keinen einzigen Seeadler mehr. Heute ergibt sich ein ganz anderes Bild. Alle Beteiligten hat die Brutbe-

standsentwicklung zusätzlich motiviert. In den 30 Seeadlerrevieren haben 25 Paare im Jahr 2011 eine Brut begonnen, 19 Paare haben 34 Jungadler aufgezogen. Die Bestandskurve weist damit seit 1990 kontinuierlich aufwärts. Mit etwas Glück kann man heute deshalb insbesondere im Nordosten zwischen Elbe und Weser/Aller durchaus wieder Seeadler beobachten.

Mittelspecht

Der Mittelspecht ist ein „Urwaldspecht", der 180 bis 240 Jahre alte Waldbestände mit relativ grobrindigen Bäumen (v. a. Eiche) als Lebensraum benötigt. Mit etwa 8000 bis 12 000 Brutpaaren hat der Mittelspecht in Deutschland sein weltweit größtes Vorkommen. Das liegt sicherlich an dem hohen Eichenanteil in Deutschlands Wäldern. In Niedersachsen hat sich die Anzahl der genannten Brutpaare seit den 70er-Jahren von etwa 1000 auf ca. 2750 nahezu verdreifacht.

Sperlingskauz

Der Sperlingskauz ist – wie es der Name andeutet – die kleinste heimische Eulenart. Da man ursprünglich davon ausging, dass sich das Verbreitungsgebiet dieser seltenen Eulenart nur auf die Region der Alpen und einige höhere Mittelgebirge in Deutschland beschränkt, ist das Vorkommen in Niedersachsen überhaupt erst seit den 80er- und 90er-Jahren erfasst worden. Etwa 200 Brutpaare werden heute als Bestand in den drei Hauptvorkommen im Solling, im Harz und in der Lüneburger Heide geschätzt. Was für eine Überraschung! Die meisten Sperlingskäuze leben heute mit ca. 100 bis 120 Brutpaaren in der Lüneburger Heide. Dies liegt an den veränderten Waldstrukturen, denn der Lebensraum besteht vorrangig aus geschlossenen und älteren Nadel- und Mischwäldern mit horizontalen und vertikalen Strukturen. Monotone gleichaltrige Bestände, wie dichte Jungwälder, werden nur wenig aufgesucht. „Leitholzarten" für Sperlingskauzreviere sind besonders die Nadelholzarten wie Fichte, Kiefer und Lärche. Der Sperlingskauz ist deshalb eine Art, die von dem Waldaufbau im letzten Jahrhundert und dem heutigen LÖWE-Wald in ganz besonderem Maße profitiert. Die Nadelbäume und der Strukturreichtum wie alte Habitatbäume sichern ihm eine Zukunft in der von ihm gewählten „neuen Heimat".

Birkwild

Es ist ein unglaubliches Erlebnis, Birkwild in freier Natur bei der Balz zu erleben. Das Birkwild ist jedoch keine typische Waldart. Es kommt in Niedersachsen eher auf offenen Flächen am Waldrand vor. Niedersächsische Vorkommen gibt es noch im Naturpark Lüneburger Heide, auf den Truppenübungsplätzen in Munster und Bergen, auf dem Schießplatz Unterlüß (Fa. Rheinmetall), in der Großen Heide in Unterlüß, im Großen Moor bei Becklingen, im Kiehnmoor, im

Brambosteler Moor, in den Mooren bei Sittensen, im Ostenholzer Moor und im Bannetzer Moor. Das Vorkommen in der Lüneburger Heide ist der größte zusammenhängende Birkhuhnbestand des mitteleuropäischen Tieflands. Diesem Vorkommen gilt seit einigen Jahren durch ein Gemeinschaftsprojekt vieler Beteiligter auch ein besonderes Augenmerk. Seit 1999 hat sich der Bestand hier etwa vervierfacht. Alle niedersächsischen Vorkommen sind aber weiterhin stark gefährdet, weil sie räumlich und genetisch isoliert sind.

Eisvogel

Eine der auffallendsten heimischen Vögel ist der Eisvogel, der wegen seines schillernden Gefieders auch „fliegender Edelstein" genannt wird. Sein Vorkommen wird in Mitteleuropa rückläufig eingestuft und er steht deshalb auf der „Roten Liste". In Niedersachsen ist diese Tendenz glücklicherweise gestoppt. Viele ehrenamtliche Helfer bauen ihm zusammen mit Revierleitern der Waldbesitzer an geeigneten Stellen Nistraum, wodurch wieder etwa 500 Brutpaare für Nachwuchs sorgen. Das Vorkommen schwankt allerdings sehr stark, weil den Eisvögeln – ganz anders als es der Name erwarten ließe – gerade in strengen Wintern, in denen die Flüsse und Seen zufrieren, die Lebensgrundlage entzogen wird. Es gibt dann immer wieder natürliche Bestandseinbrüche. Durch sogenannte Schachtelbruten ist die Art dann aber in der Lage, starke Wintereinbrüche wieder aufzuholen.

Fledermäuse

Als seltenste Fledermausart ist die Mopsfledermaus gefährdet. Dort, wo sie noch in wenigen Exemplaren vorkommt, wird alles getan, um den Lebensraum zu erhalten. Im Harz ist ihr Vorkommen im Jahr 2013 bestätigt worden und wird sich dort angesichts des vielen Totholz, der Felsvorsprünge und Höhlen auch erhalten können. Als waldtypische Fledermausart gilt jedoch die Bechsteinfledermaus. Alle Fledermausarten leiden sehr darunter, dass alte Gemäuer und Dachböden, Höhlen, Stollen, Bunker oder auch Keller, in denen sie vor allem ihre Winterquartiere einrich-

ten können, weniger werden. Gleichzeitig profitieren aber zumindest einzelne Arten von den naturnah entwickelten Waldbeständen, in denen immer mehr alte Bäume mit Baumhöhlen ihnen Ersatz schaffen.

Frauenschuh

Im Nordniedersächsischen Tiefland gilt die Orchideenart mit dem wunderlichen Namen als ausgestorben. In den südlichen Landesteilen sind hingegen ca. 30 Vorkommen bekannt. Im Solling wächst vermutlich eines der deutschlandweit größten Vorkommen überhaupt. „Die farbenprächtigen und formschönen Orchideen wachsen hier wie im Gewächshaus", schwärmt der Förster Pankatz. Regelmäßig lässt er die Wiese nach der Blüte im Herbst mähen und Sträucher entfernen. Die Pflege kommt auch anderen Orchideenarten wie dem Knabenkraut zugute. Nirgendwo sonst in Deutschland seien so viele blühende Frauenschuhe auf engstem Raum zu finden wie am Burgberg im Solling, so Pankatz über „seine" einzigartige Wiese.

Hirschkäfer

In den alten Mittelwäldern waren Hirschkäfer vermutlich noch weit verbreitet. Ihr Rückgang wird mit dem Verschwinden dieser alten Wälder erfolgt sein. Heute erschrickt man sich eher, wenn so ein „Riesenkäfer" geflogen kommt. Wie die „echten Hirsche" führen die Männchen mit

ihren großen „geweihähnlichen" Kiefern Rivalenkämpfe durch. In gesicherten größeren Populationen kommen die Hirschkäfer vermutlich nur noch im südlichen Westniedersachsen, im Solling und in der Göhrde vor, ansonsten sind selten Einzelbeobachtungen auch in anderen Regionen möglich.

Fischotter

Eine Untersuchung der Aktion Fischotterschutz ergab 1992 nur noch an 18 von 912 Stichprobenorten Nachweise des Otters. Der Fischotter war stärker zurückgegangen als befürchtet, sein Schicksal in Niedersachsen schien besiegelt zu sein. Die Trendwende wurde aber noch gerade rechtzeitig eingeleitet. Schon zehn Jahre später ergab eine zweite Vergleichserhebung bereits 118 Nachweise an 1411 Stichprobenorten. Experten aus dem Otterzentrum in Hankensbüttel kamen für 2007 in einer Hochrechnung auf einen Gesamtbestand von ca. 400 bis 600 Fischottern in Niedersachsen. Heute gilt die Art als gesichert und nicht mehr gefährdet.

Biber

Biber waren in Niedersachsen bereits ausgestorben. Wie bei den Wölfen auch, gab es immer mal wieder aus dem Osten hereinziehende Einzeltiere, denen aber keine dauerhafte Besiedelung gelang. Auch Einbürgerungsversuche misslan-

gen, so zum Beispiel 1985 an der Thülsfelder Talsperre. Mit der Zunahme der Bestände an der Elbe wanderten jedoch immer mehr Einzelbiber nach Niedersachsen ein, denen irgendwann auch Nachzuchten gelangen. Heute wird der Gesamtbestand in Niedersachsen auf über 500 Individuen geschätzt und die Ausbreitung beschleunigt sich von Jahr zu Jahr. Im Biosphärenreservat Niedersächsische Elbtalaue rechnet man damit, dass bald schon alle potenziell verfügbaren Revieroptionen vollständig besetzt sein werden. Dies wird in anderen Regionen einen Besiedlungsschub mit sich bringen. Der Biber ist in Niedersachsen wieder heimisch.

Wanderfalke

Der faszinierende Greifvogel wäre in den 1960er- und 1970er-Jahren in ganz Deutschland beinahe ausgestorben. In Norddeutschland war er es sogar, weil die Verwendung von DDT und anderen giftigen Pestiziden, die er über die Beute aufgenommen hatte, verheerende hormonelle Wirkungen hatte. Die Schale der Wanderfalkeneier wurden immer dünner, sodass sie beim Brüten häufig zerbrachen und der Bruterfolg schließlich ausblieb. Seit dem Verbot dieser Gifte und der Auswilderung von Nachzuchten haben sich die Bestände langsam wieder erholt. Seit dem Jahr 2000 steigt der Bestand deutlich an. Gab es 1950 in Niedersachsen etwa 60 Paare und 1975 keinen einzigen Wanderfalken mehr, sind es heute ca. 90 Paare, die jährlich etwa 150 Junge zur Welt bringen.

Uhu

Über das Aussterben und die Rückkehr des Uhu weiß man relativ gut Bescheid. 1937 wurde das Weibchen eines letzten niedersächsischen Uhupaares bei Osterode im Harz geschossen. Damit war der „König der Nacht" als Brutvogel ausgestorben, auch wenn das verwitwete Männchen noch bis in die 60er-Jahre allein weiterlebte. Schon kurz nach dessen Verschwinden begannen in Niedersachsen jedoch Versuche, die Eule durch Auswilderung von Gehegenachzuchten wieder anzusiedeln. Die Erfolge ließen nicht lange auf sich warten. 1973 wurde ein erstes Uhunest im Nordharz nachgewiesen. Heute leben vermutlich etwa 130 bis 150 Brutpaare in Niedersachsen mit steigender Tendenz, sodass man nachts, wenn man es denn erkennt, das „schaurige UHU-UHU" durchaus niedersachsenweit wieder hören kann.

Säulen der Nachhaltigkeit

Wald und Gesellschaft

*„Die Seele wird vom Pflastertreten krumm.
Mit Bäumen kann man wie mit Brüdern reden
und tauscht bei ihnen seine Seele um."*
Erich Kästner

Harzreise im Winter

Über eine berühmte Winterwanderung des Herrn Goethe mit Förster Degen

Als Johann Wolfgang Goethe 1777 zum ersten Mal den Harz bereiste, war dies einer seiner ersten „Dienstreisen". Als Mitglied im „Geheimen Conseil" in Weimar waren ihm 1776 die Vorarbeiten zur Wiederbelebung des stillliegenden Silber- und Kupferbergwerks bei Ilmenau übertragen worden. Im Harz wollte er sich also für seine Aufgabe fortbilden. Von diesem winterlichen Erlebnis, das beim Förster Christoph Degen auf dem Torfhaus beginnt, berichtet er seiner Charlotte von Stein. Insgesamt bereiste er den Harz dreimal (1777, 1783 und 1784).

Zwei Bildnisse zeigen Goethe zu der Zeit seiner ersten Harzreise: Bildnis von Georg Oswald May, 1779 und Radierung von Georg Friedrich Schmoll (1774/75)

**Goethe an Charlotte von Stein
Torfhaus
10. December 1777**

„d. 10. Vor Tag, eh ich wieder hier aufbreche noch einen guten Morgen.

Nachts gegen 7. Was soll ich vom Herren sagen mit Federspulen, was für ein Lied soll ich von ihm singen? im Augenblick wo mir alle Prose zur Poesie und alle Poesie zur Prose wird. Es ist schon nicht möglich mit der Lippe zu sagen was mir widerfahren ist wie soll ichs mit dem spizzen Ding hervorbringen. Liebe Frau. Mit mir verfährt Gott wie mit seinen alten heiligen, und ich weis nicht woher mir's kommt.

[...] das Ziel meines Verlangens ist erreicht, es hängt an vielen Fäden, und viele Fäden hingen davon, Sie wissen wie simbolisch mein daseyn ist – – Und die Demuth die sich die Götter zu verherrlichen einen Spas machen, und die Hingebenheit von Augenblick zu Augenblick, die ich habe, und die vollste Erfüllung meiner Hoffnungen.

Ich will Ihnen entdecken (sagen Sies niemand) dass meine Reise auf den Harz war, dass ich wünschte den Brocken zu besteigen, und nun liebste bin ich heut oben gewesen, ganz natürlich, ob mir's schon seit 8 Tagen alle Menschen als unmöglich versichern. Aber das Wie, von allem, das warum, soll aufgehoben seyn wenn ich Sie wiedersehe. wie gerne schrieb ich ietzt nicht.

Ich sagte: ich hab einen Wunsch auf den Vollmond! – Nun Liebste tret ich vor die Thüre hinaus da liegt der Brocken im hohen herrlichen Mondschein über den Fichten vor mir und ich war oben heut und habe auf dem Teufels Altar meinem Gott den liebsten Danck geopfert.

Ich will die Nahmen ausfüllen der Orte. Jezt bin ich auf dem sogenannten Torfhause, eines Försters Wohnung zwey Stunden vom Brocken."

*„Brocken im Mondlicht"
Handzeichnung Goethes auf dem Torfhause 1777*

Das Torfhaus wurde 1719/20 auf Veranlassung des Berghauptmannes von dem Busche für den Torfaufseher gebaut, als er mit dem Torf als Ersatz für die Holzkohle die Holznot mindern wollte. Der Förster Christoph Degen (1735–1794) war schon zwölf Jahre lang Förster hier, als er mit Goethe zum ersten Mal den Brocken im Winter bestieg. 1869 wurde das Haus durch Blitzschlag eingeäschert.

 Goethe an Charlotte von Stein Clausthal 11. December 1777

„Clausthal, den 11. Abends, heut früh bin ich vom Torfhause über die Altenau wieder zurück und habe Ihnen viel erzählt unter weegs, o ich bin ein gesprächiger Mensch wenn ich allein bin.

Nur ein Wort zur Erinnrung. wie ich gestern zum Torfhause kam sas der Förster bei seinem Morgenschluck in Hemdsermeln, und diskursive redete ich vom Brocken und er versicherte die Unmöglichkeit hinauf zu gehn, und wie offt er Sommers droben gewesen wäre und wie leichtfertig es wäre ietzt es zu versuchen. – Die Berge waren im Nebel man sah nichts, und, so sagt er ists auch ietzt oben, nicht drei Schritte vorwärts können Sie sehn. Und wer nicht alle Tritte weis pp. Da sas ich mit schwerem Herzen, mit halben Gedancken wie ich zurückkehren wollte. Und ich kam mir vor wie der König den der Prophet mit dem Bogen schlagen heisst und der zu wenig schlägt. Ich war still und bat die Götter das Herz dieses Menschen zu wenden und das Wetter, und war still. So sagt er zu mir: nun können Sie den Brocken sehn, ich trat ans Fenster und er lag vor mir klar wie mein Gesicht im Spiegel, da ging mit das Herz auf und ich rief: Und ich sollte nicht hinaufkommen! Haben Sie keinen Knecht, niemanden – Und er sagte ich will mit Ihnen gehn. – – Ich habe ein Zeichen ins Fenster geschnitten zum Zeugniss meiner Freuden Trähnen und wärs nicht an Sie hielt ich's für Sünde es zu schreiben. Ich habs nicht geglaubt biss auf der obersten Klippe. Alle Nebel lagen unten, und oben war herrliche Klarheit und heute Nacht bis früh war er im Mondschein sichtbar und finster auch in der Morgendämmrung da ich aufbrach. Adieu. Morgen geh ich von hier weg. Sie hören nun aus andren Gegenden von mir.

Adieu Liebste."

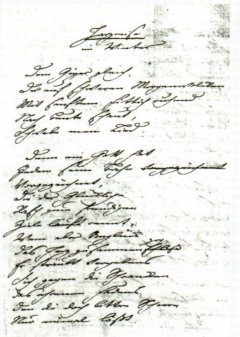

Die ersten beiden Strophen seines Gedichtes „Harzreise im Winter", das 1777 bei der ersten Harzreise entsteht.

Harzreise im Winter

*Dem Geier gleich,
Der auf schweren Morgenwolken
Mit sanftem Fittich ruhend
Nach Beute schaut,
Schwebe mein Lied.*

*Denn ein Gott hat
Jedem seine Bahn
Vorgezeichnet,
Die der Glückliche
Rasch zum freudigen
Ziele rennt:
Wem aber Unglück
Das Herz zusammenzog,
Er sträubt vergebens
Sich gegen die Schranken
Des ehrenen Fadens,
Den die doch bittre Schere
Nur einmal löst.*

Mephistopheles

    Verlangst du nicht nach einem Besenstiele?
    Ich wünschte mir den allerderbsten Bock.
    Auf diesem Wege sind wir noch weit vom Ziele.

FAUST

    So lang ich mich noch frisch auf meinen Beinen fühle,
    Genügt mir dieser Knotenstock.
    Was hilft's, dass man den Weg verkürzt! –
    Im Labyrinth der Täler hinzuschleichen,
    Dann diesen Felsen zu ersteigen,
    Von dem der Quell sich ewig sprudelnd stürzt,
    Das ist die Lust, die solche Pfade würzt!
    Der Frühling webt schon in den Birken,
    Und selbst die Fichte fühlt ihn schon;
    Sollt er nicht auch auf unsere Glieder wirken?

(Aus Faust I, Johann Wolfgang von Goethe)

Waldesruh und Waldeslust

Oder wenn alle Menschen die Ruhe des Waldes suchen

Als Goethe mit dem Förster Degen den Brocken im Winter 1777 bestieg, sind dort für dieses Jahr insgesamt 421 Besucher im Brockenbuch eingetragen. Die erste Schutzhütte war dort 1736 erbaut worden, das erste Wirtshaus 1743. Die Anzahl der Eintragungen stieg von 153 im Jahr 1753 auf 1000 im Jahr 1800 und auf 2000 Besucher im Jahr 1820. Heute besuchen den Brocken, der wie ein Magnet die Menschen anzieht, unvorstellbare 1 Million Besucher im Jahr. Hier auf dem Berggipfel kann man dies noch halbwegs gut zählen oder schätzen. Die Anzahl der Besucher, die jährlich in den niedersächsischen Wäldern spazieren gehen, lässt sich hingegen nur sehr grob schätzen. Wenn man alle Einzelbesuche aufaddiert, dann kommen mehrere 100 Millionen Waldbesuche im Jahr zusammen. Der Wald ist das Erholungsziel Nummer eins.

Die Liste der Dichter, Denker und Maler, die ihre Spuren im Harz hinterlassen haben, ist mehr oder weniger vollständig. Leibniz, Goethe, Novalis, Eichendorff, Caspar David Friedrich, Heine, Fontane,

Brockentourismus um 1850, Holzschnitt nach Hermann Lüders

Kafka, Feininger, die Liste ließe sich nahezu beliebig lang und nahtlos bis in die Moderne zu Grass und Handke fortsetzen. Sie alle haben auch ihren schöpferischen Fußabdruck hinterlassen. Nur wenige Regionen Deutschlands können einen derartig geistig-kulturellen Reichtum vorweisen wie der Harz. Ähnlich stark, aber mit deutlichem Abstand zog im Norden noch die Lüneburger Heide die Menschen an. Die Berichte der Denker hatten Wirkung, touristische Werbebroschüren können dies heute nicht besser. Man musste im Harz gewesen sein. Im Grunde hat sich bis heute daran wenig geändert.

„Harzreise im Winter". Der Brocken ist mit der Brockenbahn heute bequem erreichbar. Eine Million Besucher besuchen den höchsten Berg Norddeutschlands pro Jahr. Wie ein Magnet zieht er die Menschen an. Zu der Jubiläumsveranstaltung „300 Jahre Nachhaltigkeit" im Jahr 2013 haben sich auch die Mitglieder des Deutschen Forstvereins für einen Begegnungsabend im Brockenhaus getroffen.

Oberförster Arthur Ulrichs wurde am 8. Dezember 1838 in Fürstenberg im Solling geboren. 1879 wechselte er als Forstamtsleiter in den Harz und führte dort den Skisport ein. Oberförster Ulrichs hing sehr an seinem einzigen Sohn Hermann. Während dessen Fronteinsatz im Ersten Weltkrieg unterließ er aus Sorge um ihn jeglichen Frisörbesuch in dieser Zeit („Nicht verzagen"). Erst nach dessen Heimkehr ließ er sich wieder frisieren. Sein Freund Ferdinand Thomas porträtierte ihn daraufhin (Fotos aus dem Skimuseum Braunlage: li: mit seinem Sohn Hermann im Winter 1897/98. mi: Nicht verzagen, re: Porträt von Ferdinand Thomas 1921.)

Harzer Försteroriginal

An Erholung oder gar geistige Erbauung hatte Oberförster Arthur Ulrichs im Jahr 1883 nicht gedacht, als er den Skilauf im Harz einführte. Aber so läuft das nun manchmal im Leben: Aus einer Not heraus wird jemand erfinderisch – und plötzlich entsteht viel mehr daraus. Ein gewaltiger Schneesturm im Dezember 1883 hatte im Harz Hunderttausende von Stämmen umgeworfen und den Schnee meterhoch aufgetürmt. In solch einem Fall geht es zunächst darum, einen Überblick über das Ausmaß der Schäden zu bekommen. Das ist im Harzer Winter, wenn denn alles unter einer tiefen Schneedecke verborgen liegt, sogar mit heutigen technischen Hilfsmitteln nicht ganz einfach. Aber damals? Der Oberförster Arthur Ulrichs erinnerte sich an eine Abbildung in der Wochenillustrierten „Gartenlaube", auf der zwei norwegische Jäger scheinbar mühelos auf zwei langen Brettern über den Schnee glitten.

Dies schien ihm die Lösung seiner Probleme zu sein und er erteilte dem örtlichen Stellmacher den Eilauftrag, ihm anstelle der im Harz üblichen Schneereifen (sogenannte „Truger") zwei „Schneebretter" zu fertigen. Damit hatte er die Grundlage für den Einzug des Skilaufs im Harz gelegt. Der Siegeszug dieser winterlichen Fortbewegung wäre natürlich, wie wir heute wissen, auch ohne Förster Ulrichs nicht unterblieben, aber irgendwer muss ja anfangen und die anderen mitreißen. Ulrichs erkannte auch den gesundheitsfördernden Aspekt dieser Leibesübungen und gründete 1892 mit Gleichgesinnten den „Skiklub Braunlage". Und auch 1896 war er wieder maßgeblich an der Gründung des „Oberharzer Skiclubs" beteiligt. Heute ist das der Niedersächsische Skiverband. Ab 1916 sammelte er Exponate für ein Ski-Museum, das es heute noch als offizielles FIS-Skimuseum in Braunlage gibt. Der Wintersportverein Braunlage, als einer der ältesten Skiklubs Deutschlands, organisiert alljährlich den Oberförster-Ulrichs-Skilauf, um an diesen originellen Förster zu erinnern.

Wenn man es auch noch nicht Tourismus nannte, so nahm in der Folge der Wintersport als kommerzielles Freizeitvergnügen Fahrt auf. Wettkämpfe wurden veranstaltet, und das Material wurde immer besser. Der Langlauf wurde um den Abfahrtslauf und schließlich um das Skispringen von Natur-, später Holz-, Stahl- und auch Betonschanzen ergänzt, schließlich auch um die Königsdisziplin, den Biathlon. Neben der Sommerfrische war nun eine bessere Vermietung von Zimmern auch im Winter möglich. Kurhäuser, Hotels und Pensionen profitierten, Loipen und Abfahrtsrouten wurden angelegt und unterhalten. Der Wintertourismus wurde zum festen Bestandteil in den dafür geeigneten Gebieten und damit zur sicheren Einkommensquelle der heimischen Bevölkerung.

Die ersten „Schneebretter" wurden vor allem aus Fichte und Esche gefertigt. Sie waren anfangs noch sehr lang – um 250 cm – und hatten Lederriemen zum Festschnallen. Die Ausrüstung war eher auf einen Winterspaziergang auf Skiern als auf sportliche Leistungen ausgerichtet. So wurden denn Ausflüge auf Skiern auch als Therapie im Sanatorium Dr. Vogeler in Braunlage unternommen.

Um 1920 sehen Ausrüstung und Träger schon deutlich sportlicher aus. Auch der Abfahrtslauf ist in Mode gekommen.

Waldesruh und Waldeslust

Ähnlich wie der Skisport verändern sich auch andere Freizeitaktivitäten im Wald. Sowohl der Individual- als auch der Massentourismus sucht im Wald nach wie vor die Ruhe und Entspannung, hinzu kommt heute zunehmend der Wunsch nach Ablenkung und Erlebniswelten. Die Ausflugskultur im Wald hat sich diesen Ansprüchen folgend weiterentwickelt. Waren früher die Waldgaststätten, der Fernblick von den Bergspitzen oder auch einzelne markante Bäume, hier die „Kamelfichte" auf dem Achtermann, die Ziele der Wanderer, so locken heute zusätzliche speziele Walderlebnisangebote die Besucher an. Dazu zählen immer noch zünftige Waldgaststätten, aber auch Wildparks, Wipfel- oder Baumkletterpfade und historische Köhlerfeste. Das Wandern erlebt seit einigen Jahren eine neue Blütezeit. Kontinuierliche Bestandteile bleiben jedoch: Berge, Wälder, Gewässer, Wiesen, Bäume, Ruhe, frische Luft zum Atmen.

Heute werden in den Gebirgen im Winter kilometerlange Loipen mit Spezialfahrzeugen gespurt, wie hier bei Hahnenklee. „Schneesicherheit" ist die Voraussetzung dafür, dass Wintertouristen mit langer Vorlaufzeit ihre Hotelzimmer buchen. Dies schließt die künstliche Beschneiung mit ein. Auf dem Wurmberg ist im Januar 2014 eine erste derartige Anlage eröffnet worden.

Suderburger Bürger bei einem der üblichen Kletter-Ausflüge in den nahen Unterlüßer Urwald

Das Klettern auf Bäume oder in den Bäumen ist heute moderner denn je. Kletterwälder werden heute in ganz Niedersachsen betrieben und locken viele Besucher an.

Waldesruh und Waldeslust

Familien-Ausflug zu einer Köhlerhütte um 1930

Familienausflug in das Wisentgehege zum gemeinsamen Wolfsheulen mit der Familie Vogelsang, die dort Timberwölfe von Hand aufgezogen hat.

„Wie man die Witwen und Kinder … versorgen könnte"

1713 – Das Jahr einer ersten Sozialversicherung

Im Jahre 1713 – wir erinnern uns: Hans Carl von Carlowitz bringt in Freiberg seine „Sylvicultura Oeconimica" heraus – bewegen dessen Zeitgenossen und Berufskollegen im Oberharz, den Berghauptmann Heinrich Albert von dem Bussche (s. a. S. 47), andere Sorgen. In den beiden Jahrzehnten, in denen er hier seit 1695 die Verantwortung für das Gedeihen des Harzbergbaus und der gesamten Wohnbevölkerung des ihm unterstellten Oberharzes trug, traten infolge der Übervölkerung der Oberharzer Bergstädte und der Finanzierungsengpässe im Harzbergbau immer neue soziale Fragen an den Berghauptmann heran. Nach schweren Lohn- und Arbeitskämpfen um die Jahrhundertwende, die sogar zur Verlegung einer kleinen Garnison nach Clausthal-Zellerfeld geführt hatten, bemühte sich von dem Bussche um soziale Reformen. So schrieb er im Jahre 1713 von Hannover aus, wo er seinen Amtssitz hatte, an den Oberharzer Forstschreiber Christian Böse:

„Ich habe mir öfters darüber Gedanken gemacht, ob es nicht richtig sei, Mittel aufzufinden, wie man die Witwen und Kinder der Köhler und Holzhauer, wie auch der Fuhrleute, welchen von ihren Männern und Vätern nichts oder nur wenig hinterlassen wird und die selbst nicht in der Lage sind, etwas zu verdienen, mit dem, was sie zu ihrem Lebensunterhalt brauchen, versorgen könnte. Vor allem dann, wenn solche Leute bei ihrer Berufsarbeit ums Leben gekommen sind. Man müßte sie so versorgen, wie es unter den Bergleuten gehalten wird. Sollte man nicht dieserhalb eine gewisse Kasse anlegen, in welche diese Leute etwas zum Büchsengelde geben müssen? Es würde dann auf die Gnade der Herrschaft ankommen, ob dieselbe ebenmäßig vorerst und, falls die Kasse in gute Hände kommen sollte, etwas beizusteuern gewähren wolle. Es scheint dies ein gutes Werk zu sein, zumal Köhler und Holzhauer ihre Familien meist in einem armseligen Zustand hinterlassen."

Wenn in diesem Schreiben von einem Büchsengeld die Rede ist, so sind damit regelmäßige Sozialbeiträge gemeint, die von den Arbeitnehmern zu zahlen sind. Der Zeit vorauseilend wird hier eine Art Sozialversicherung auf den Weg gebracht. Auch wenn der Nachhaltigkeitsgedanke noch nicht formuliert war, so verfolgen die angestrebten Ansätze im Harz zeitgleich bereits im Kern mehr soziale Nachhaltigkeit.

Bevor die Idee allerdings umgesetzt werden konnte, zeigten sich mancherlei Schwierigkeiten, nicht zuletzt, weil der westliche Harz in verschiedene landesherrschaftliche Hoheitsgebiete aufgeteilt war. Man erfasste zunächst einmal die Fuhrleute, Köhler und Holzhauer nach Beitragsklassen. Die Harzbewohner, die im Walde arbeiteten, wurden nach Beiträgen für die Unterstützungskasse nach folgender Einteilung gestaffelt:

1. Fuhrherren. Diese Fuhrherren werden wieder in Berg-, Kohlen- (Holzkohlen), Röste- (Hüttenholz) und Treibholzfuhrherren eingeteilt.
2. Fuhrknechte
3. Köhlermeister. Die Leistungen der Köhlermeister waren gestaffelt nach ihrer Produktion, pro 20 Karren gelieferter Holzkohle zahlten sie z. B. wöchentlich einen Mariengroschen in die Unterstützungskasse.
4. Köhlerknechte
5. Köhlerjungen
6. Holzhauer (Schacht-, Treib-, Röste-, Kohlholzbauer, Nutzholzhauer für Berg-, Poch- und Hüttenwerke)
7. Holzhauerjungen
8. Wegearbeiter

Am 18. Juni 1718 wurde schließlich die Clausthaler Invalidenkasse gegründet. Sie hatte den Zweck, *„beschädigte, alte und unvermögende Fuhrleute, Köhler und*

Die Fotos aus den Jahren 1892 und 1916 von Harzer Waldarbeitern und Köhlern verdeutlichen, welch harte Arbeit die Waldarbeit auch zu dieser Zeit – immerhin etwa 200 Jahre nach der Gründung der Clausthaler Invalidenkasse – noch war. Dies zeichnet sich deutlich in den Gesichtern ab.
Rechtes Bild: „Köhlerknecht" Bertram aus Lerbach, „Köhlermeister" Hermann aus Zorge, „Schlittenläder" Pförtner und „Haijunge" Bertram, später Haumeister, beide aus Lerbach.

„Wie man die Witwen und Kinder … versorgen könnte"

Georg I. Ludwig, Kurfürst von Braunschweig-Lüneburg (Haus Hannover), seit 1714 in Personalunion König von England, stiftete zur Gründung der Clausthaler Invalidenkasse einen Finanzsockel in Höhe von 1000 Reichstalern. Zeitgleich zu dem für die Waldnutzung formulierten Prinzip verfolgen die Harzer Ansätze bereits ein Mehr an sozialer Nachhaltigkeit. Porträt um 1715

Holzhauer … zu unterstützen." König Georg I. von England, in Personalunion auch von Hannover, stiftete zur Gründung einen Finanzsockel in Höhe von 1000 Reichstalern. An Einnahmen standen der Kasse ein Viertel aller Strafgelder, der Beitrag des Arbeitgebers sowie ein fester, wöchentlicher Beitrag der Mitglieder zur Verfügung. Holzhauer und Wegearbeiter hatten zum Beispiel 4 Pfg. pro Woche, Köhlerjungen und Holzhauerjungen 2 Pfg. pro Woche in die Kasse zu geben. Diese Beträge behielten zunächst die Fuhrherren und die Köhlermeister ein, sonst waren die Forstschreiber und die Eisenhüttenpächter zuständig für die geregelte Abgabe der Sozialbeiträge. Die zu unterstützenden Arbeiter waren solche, *„die eine Zeit lang krank geworden sind, die bei der Arbeit selbst bzw. auf dem An- oder Rückmarsch zur Arbeitsstätte einen Unfall erlitten haben oder die unvermögsam alt und miserabel geworden sind."* Erst in zweiter Linie konnten *„Witwen und Kinder eines umgekommenen oder in Armut und Elend verstorbenen Mitglieds"* unterstützt werden.

Neben dieser Kasse wurde 1805 durch eine Berghauptmannschaftsverfügung eine weitere soziale Kasse ins Leben gerufen, die „Zellerfelder Invaliden- und Medikamentenkasse". Beide Kassen hatten mit andauernder Geldnot zu kämpfen. Am 17. September 1876 wurden sie schließlich zur „Forstarbeiter Unterstützungskasse zu Clausthal" zusammengelegt, heute würde man von einer Fusion mit Synergieeffekten sprechen. Diese Kasse blieb auch nach Gründung der allgemeinen Sozialversicherung im Zuge der Bismarck'schen Sozialreformen noch lange Zeit bestehen. Ab 1958 wurden jedoch keine neuen Mitglieder mehr aufgenommen und damit das Ende eingeleitet. 1995 trat das letzte aktive Mitglied, Haumeister Siegfried Pillach, in den Ruhestand. Kurz danach ist das Vermögen an die verbliebenen Mitglieder der Kasse ausgezahlt und die Kasse aufgelöst worden.

Waldarbeit war eine körperlich extrem verschleißende und zudem lebensgefährliche Arbeit, hier Windbruch- und -wurfaufarbeitung im Jahr 1904. Konnte einer dieser Männer seine Arbeit nicht mehr verrichten, stürzte nicht selten die ganze Familie in Armut. Vorn links stehen die beiden Förster mit Fernglas und Spazierstock, daneben offensichtlich die Vorarbeiter mit Kluppen zur Holzvermessung, während die anderen mit ihren Äxten, Sägen und Schäleisen bewaffnet sind.

Waldarbeit im Wandel

1884: Ein Förster mit seinen Waldarbeitern in der Försterei Eichelnberg im Südharz.

Pfeife, Flinte und Schweißhund zieren den Förster. Bei den Waldarbeitern fallen neben Axt, Säge und Kluppe Stöcke auf, die zum Messen des Holzes dienten. Alle Arbeiten wurden „von Hand" erledigt. Die Waldarbeiter bezogen auch im Wald Quartier, wenn die Forstorte, die es zu beernten gab, stundenlange An- und Abmärsche erforderten. Die Arbeit war ungemein gefährlich, Todesfälle waren häufig.

Links:
In die Hauung geht um 1930 die „Zweimann-Rotte", bepackt mit den Gerätschaften, die Keile im Stiefelschaft, ans Werk.

Rechts:
Die Zweimann-Motorsäge kommt in den 1930er-Jahren auf, hier noch vom dritten Mann mit gezogen. Der vierte schaut staunend zu. Erst dreißig Jahre später wird mit der Einmann-Motorsäge die Holzerntetechnik revolutioniert.

1984: Ein Förster mit seinen Waldarbeitern in der Försterei Eichelnberg

100 Jahre später arbeiten die Waldarbeiter schon seit längerem mit Motorsägen. Der Produktivitätsschub von der Axt über die Hand- zur Motorsäge hat enorme Rationalisierungen mit sich gebracht. Dies macht sich in einer stark reduzierten Arbeiterschaft bemerkbar. Auch wenn die Motorsäge die Arbeit erleichtert, bleibt die Waldarbeit aber – zudem im Akkord ausgeführt – einer der gefährlichsten und den Körper stark verschleißenden Berufe.

Oben:
Die Einmann-Motorsäge bedeutet einen riesigen Schritt vorwärts in der Arbeitstechnik. Seit den 60er-Jahren werden die Sägen kontinuierlich technisch verbessert und auch immer leichter im Gewicht. Die manuelle Holzernte bleibt eine der Kernaufgaben der Forstwirte. Trotz aller technischen Verbesserungen bleibt die Waldarbeit jedoch extrem kräftezehrend und zudem gefährlich für die Gesundheit der Forstwirte. Arbeits- und Gesundheitsschutz rücken in den Fokus der forstbetrieblichen Bemühungen.

Mitte:
Wieder 30 Jahre später wird die Arbeitstechnik in der Holzernte erneut revolutioniert. Etwa ab 1990 werden sogenannte Harvester bei der Holzernte eingesetzt. Ihr Anteil an den Holzerntearbeiten steigt innerhalb von 20 Jahren auf etwa 60 bis 70 %.
Diese Verlagerung bedeutet einen großen Mechanisierungs- und Rationalisierungsschub, aber vor allem auch einen großen Gewinn an Arbeitssicherheit und Gesundheitsvorsorge. Die Bedienung setzt hoch qualifizierte Mitarbeiter/innen voraus.

Unten links:
Das Berufsbild hat sich in 300 Jahren extrem verändert. Die jungen Forstwirte lernen heute in ihrer dreijährigen Ausbildung umfassende Kenntnisse und Fähigkeiten kennen. Eine verbesserte Ausrüstung legt großen Wert auf den Arbeits- und Gesundheitsschutz, Akkordarbeit ist in vielen Betrieben reduziert oder ganz eingestellt worden. Eine teilautonome Arbeitsorganisation nutzt die hohe Kompetenz der Forstwirte. Waldarbeit bleibt jedoch ein körperlich beanspruchender Beruf.

Unten rechts
Die Niedersächsischen Landesforsten haben im Jahr 2008 ein neues Programm mit dem Namen „Fit im Forst" entwickelt. Forstwirte der Landesforsten trainieren einmal in der Woche unter Anleitung von Physiotherapeuten mehrere Stunden lang ganz gezielt die Gesamtmuskulatur. Das Programm wird von der Universität in Göttingen medizinisch begleitet.
Ein großer Schritt zu einem zeitgemäßen Berufsbild, das mit modernen Verfahren eine Gesundheitsvorsorge betreibt, die den Mitarbeitern das Erreichen eines normalen Rentenalters ermöglichen soll.

Erd-Äpfel gegen die Armut im Harz

Karl-Günther Fischer

Eine Sozialversicherung hatten die Harzer Waldarbeiter nun immerhin schon. Der hannoversche Berghauptmann von dem Bussche hatte dafür gesorgt. Die allgemeinen Lebensverhältnisse waren für die Familien deshalb aber noch lange nicht gut. Ganz im Gegenteil. Landauf, landab, das galt nicht nur für die welfischen Lande, litt eine wachsende Bevölkerung unter einer schlechten Ernährung. Die barocke Lebensführung der Landesherren und die Kriege, die sie führten, erforderten hohe Abgaben und die Landwirtschaft war noch nicht an die gewachsenen Herausforderungen angepasst. Allerdings brachte der Geist der Aufklärung auch mit sich, dass die Fürsten sich zu „Landesvätern" entwickelten. „Der erste Diener seines Staates" sein zu wollen – und das „zum gemeinen Wohle" –, das umschreibt wohl diesen staatspolitischen Prozess im 18. Jahrhundert in Kurzform treffend.

Hart traf die nicht ausreichende Ernährungsgrundlage insbesondere die abgelegenen Gebiete mit wenig eigenen ackerbaulichen Möglichkeiten. Im Harz kam hinzu, dass einige Gruben ihren Betrieb einstellen mussten. Nachdem Wald, Bergbau und Hüttenbetrieb mehrere Jahrhunderte lang auskömmliche Existenzgrundlagen für die Braunlager Einwohner geboten hatten, breiteten sich hier nach der Stilllegung einiger Gruben Not und Armut aus, die schließlich so groß wurden, dass die Menschen nur die Möglichkeit sahen, den Ort zu verlassen, wenn sie nicht verhungern wollten. Dies konnte nicht im Sinne ihres Braunschweiger Landesherren, Herzog Carl I., sein, und so suchte er nach Lösungen, wie er seine „Landeskinder" halten konnte. Als tüchtiger Berater stand ihm in diesen Jahren sein Jägermeister Johann Georg von Langen im Solling zur Seite, der sich in den „unteren Forsten" des Fürstentums Blankenburg und besonders im Braunlager Revier noch bestens auskannte, weil er dort seine forstliche Laufbahn begonnen hatte.

Dieser erfahrene Fachmann veranlasste auf die Anfrage hin seinen Herzog zur „Aufhelfung des so sehr heruntergekommenen Ortes Braunlage eine Branntwein-Brennerey daselbst anzulegen und zu solchem Endzweck eine gewisse, dem Hof-Jäger-Meister von Langen bekannte Art von Erd-Aepfeln in dasiger Gegend anbauen zu lassen und aus solchen vermittelst des Torfes Brandtewein zu brennen" (Schreiben vom 3. November 1747). Herzog Carl befahl dem Vorschlag folgend, dafür zwölf Waldmorgen im Forstort Brand-Hey bereitzustellen und mit der Kultivierung zu beginnen.

Nicht immer freudig gingen die Einwohner Braunlages an die Arbeit, doch konnten im Mai 1748 die ersten Saatkartoffeln gelegt werden. Dies geschah nach einem ausgeklügelten System („Waldfeldbau"), indem zwischen die Kartoffelreihen abwechselnd Reihen junger Fichten gepflanzt wurden. Damit erfuhren die damals weit verbreiteten Kahlschläge des

Der Grundriss der Braunlager Forst, gezeichnet von Johann Georg von Langen, mit den Grenzen zu den verschiedenen Nachbarn Wernigerode, Hannover und Communion. Der Brand-Hey ist oben rechts zu erkennen.

CARL, Herzog etc. Wir haben den gnädigsten Entschluß gefasset, zur Aufhelfung des so sehr heruntergekommenen Orts Baunlage eine Brandtwein-Brennerey daselbst anlegen und zu solchem Endzweck eine gewisse, dam Hof-Jäger-Meister von Langen bekandte Art von Erdaepfeln in dasiger Gegend anbauen zu lassen und aus solchen vermittelst des Torfes Brandtwein zu brennen.

Gedachter Hof-Jäger-Meister, welchem Wir desfalls sein Gutachten abgefordert, ist nun des davorhaltens, daß gewisse abgetriebene Oerter in denen Forsten, welche in keinem Anwachs stehen, zu erwehnter Anbauung der Erd-Aepfel dergestalt zu aptieren, daß zugleich der Holz-Anwachs dabey geschehen ja dadurch befordert werden könne, wann so bald die jungen Tannen in solchen Anwachs kommen, daß sie vom Grase nicht mehr unterdrücket werden können, ein frischer Ort angewisen und denen Unterthanen zu besagter Absicht eingegeben würde. Gleich wie Wir sothane Vorschläge genehmiget; als befehlen Wir auch gnädigst hiemit, daß ihr zu mehr gedachtem Behuf 12 Morgen im Brand-Hey sofort anweisen lasset, und dem Amtmann zu Braunlage aufgebet, daß er dazu noch diesen Herbst das nötige veranstalte. Uebrigens habet ihr das weitere mit dem Hof-Jäger-Meister von Langen zu communiciren. Wolfenbüttel den 3ten Nov: 1747
Carl Herzog

Die Anordnung von Carl I. vom 3. November 1747, in der Braunlager Forst auf etwa 12 Waldmorgen mit dem Kartoffelanbau zu beginnen

Zwei Jahre später, am 8. Mai 1749, berichtet der Amtmann Fricke aus Braunlage über die unternommenen Schritte, aber auch Schwierigkeiten bei der Umsetzung der fürstlichen Anordnung zum Waldfeldbau:

Unterthänigster Bericht den Anbau der Kartoffeln und der Anpflanzungen junger Tannen im Braunlager Forst betreffend

(...) Es erfolgte die Ausmessung eines Reviers von 12 Morgen und zwar am Brand-Heye, damit diejenigen, so einen Platz in der Forst zum Anbau (und) auch Einerdung der Kartoffeln verlangten, sich melden könnten (...)

Wie nun niemand sich dazu (hat) anfinden wollen, so habe (ich) von den 30 allhier angesessenen Einwohnern nach der Reihe täglich 20, 30 bis 40 Personen genommen (...) um unter Aufsicht obigen Behut zu cultiviren (...) Von Seiten der Unterthanen werden viele Beschwerden vorgebracht:

1) Sie müßten ihre eigenen Hausgärten „und Wiesen" Arbeit übernachlässigen
2) Es wären noch viele Stuken und Wurzeln in der Erde befindlich, (...) mithin es noch eine langandauernde Arbeit wäre
3) Sie könnten eine so lang anhaltende mühsame Arbeit, in Hoffnung erst gegen den Herbst einen Nutzen von den Kartoffeln zu haben (...) wegen ihrer großen Dürftigkeit nicht übernehmen, (...) sie würden daher gezwungen, ihre Kinder zu schicken, so doch ihrer eigenen Ansicht nach zur Ausrodung von Stuken und Wurzeln zu schwach wären, (...)

Braunlage, den 8. Mai 1749
Heinrich Christian Fricke
(Amtmann)

Harzes eine erste gezielte Wiederaufforstung.

Die jungen Fichten profitierten von der guten Pflege des Bodens für die Kartoffeln und gaben diesen wiederum für einige Jahre Schutz. Die Kartoffelernten fielen je nach dem Verlauf der Witterung unterschiedlich aus. Sie machten aber, vor allem als man sie auch in den Hausgärten anbaute, die Leute und auch das Kleinvieh satt. Zu einer Branntweinherstellung und damit zu einer direkten Einnahmequelle für den Landesherren kam es jedoch nie, dafür wurde aber die Bevölkerung satt und blieb in Braunlage wohnen – auch ein Erfolg.

Für viele Jahrzehnte wurde der Kartoffelanbau, der sich rings um den Ort Braunlage auf dem sogenannten Forstzeitpachtland in schachbrettartig angelegten Ackerflächen vollzog, zu einem wesentlichen Faktor der Volksernährung, besonders in den schlechten Zeiten. So konnten 19 Nordhäuser Scheffel aus dem Boden am 24. September 1748 geholt werden bei einem Einsatz von nur einem Scheffel. Die geernteten Erdäpfel verbreiteten sich auf wundersame Weise in die Gärten und auf die Äcker und wurden rasch eine heimische Frucht. Noch heute erinnern drei Gedenksteine an das segensreiche Wirken der Brüder von Langen, die sowohl dem Raubbau im Wald als auch der Not der Braunlager Bevölkerung vor 250 Jahren Einhalt geboten. Aufgestellt wurden sie von dem Oberförster Hermann Langerfeldt aus Riddagshausen, der den beiden Forstleuten im Jahr 1885 auf eigene Rechnung diese Erinnerungssteine durch Oberförster Ulrichs setzen ließ.

DichterWald – Literarische Streifzüge

Georg Ruppelt

Gekürzte Fassung eines Vortrages in der Gottfried Wilhelm Leibniz Bibliothek anlässlich einer gemeinsamen Veranstaltung der Stiftung Zukunft Wald und der Bibliothek

 Bibliotheken und Wälder – wie passt das zusammen? Nun, es passt hervorragend zusammen. In unseren Bibliotheken stehen Tausende und Abertausende von Büchern, die sich unter vielfältigsten Aspekten mit dem Thema Wald beschäftigen. Viele dieser Bücher bestehen selbst aus ehemaligen Wäldern, jedenfalls solche, die seit Mitte des 19. Jahrhunderts erschienen sind: Blätterwälder aus genutztem Holz. Holz bildete auch die Voraussetzung für die sogenannten Blockbücher – das sind von Holzstöcken auf Papier gedruckte Bilder und Texte, die aus der Zeit überliefert sind, als Gutenberg Mitte des 15. Jahrhunderts das Drucken mit beweglichen Blei-Lettern erfand. Zu denken ist auch an die vielen tausend Holzschnitte und Holzstiche, die sich in Bibliotheken als Einzelblätter oder als Buchillustrationen finden. Nicht zu ver-

Johannes Gutenberg hatte um 1450 mit dem Einsatz beweglicher Lettern den Buchdruck revolutioniert. Bücher erfuhren seitdem eine starke Verbreitung und waren eine Voraussetzung für die Reformation. Und was für Bücher galt, übertrug sich auch auf andere Künste. Auch Gemälde konnten mit Druckerpressen, Holzschnitten und Kupferstichen in hoher Auflage vervielfältigt werden. Albrecht Dürer (hier seine Weltkarte) und Lucas Cranach gehörten zu jener Generation von Künstlern, deren Werke stark verbreitet wurden.

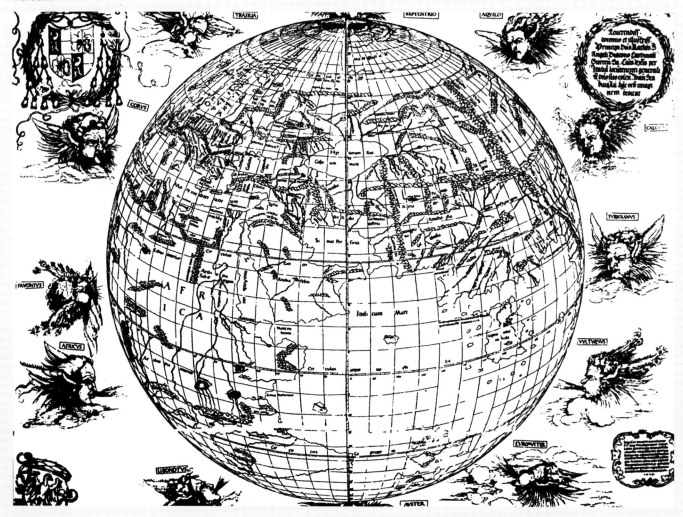

gessen die alten Bucheinbände aus Holz für Handschriften und Drucke.
Holz spielte auch für den Namensgeber der Bibliothek eine große Rolle, denn viele Jahre beschäftigte Gottfried Wilhelm Leibniz sich mit der Optimierung der Bergbautechnik im Harz. Es ist kaum glaublich, dass Leibniz (1646–1716), der mit 1500 Korrespondenten in aller Welt rund 16 000 Briefe wechselte, keinen Kontakt zu Hans Carl von Carlowitz (1645–1714) gehabt haben soll, denn die Interessen der beiden in Leipzig geborenen Zeitgenossen waren in Teilen durchaus ähnlich; beide studierten Rechtswissenschaften und widmeten sich naturwissenschaftlichen wie bergbaukundlichen Studien.

Die wichtigste Gemeinsamkeit nämlich, die Bibliotheken und kultivierte Wälder aufweisen, findet sich in dem von Hans Carl von Carlowitz in seinem Hauptwerk „Sylvicultura oeconomica" 1713 eingeführten Begriff der Nachhaltigkeit. Nachhaltig ist die vom Menschen kultivierte Natur, der Wald – Forstwirtschaft heißt über den eigenen Tod hinaus wirken für zukünftige Generationen. Nachhaltig ist auch die Fixierung des menschlichen Geistes in Büchern und Medien und ihre Aufbewahrung in Bibliotheken, und zwar, so der durchaus ernst gemeinte Anspruch, „für die Ewigkeit". Wälder und Bibliotheken weisen so über die eigene endliche Menschen-Existenz hinaus und sind damit bleibende Manifestationen der Hoffnung.

Märchen

„(Fast) kein Märchen ohne Wald. Die beliebtesten: Schneewittchen, Rotkäppchen, Hänsel und Gretel" – so kann man es in der ansprechend gestalteten Broschüre des Bundesministeriums für Ernährung, Landwirtschaft und Verbraucherschutz „Entdecken Sie unser Waldkulturerbe!" zum Internationalen Jahr der Wälder 2011 lesen, das die Vereinten Nationen ausgerufen haben.[1] Und in der Tat, das Ministerium hat recht: In den Kinder- und Hausmärchen der Brüder Grimm, die in der 1. Auflage 1812/1815 erschienen und dann bis zu ihrer 6. Auflage 1850 zahlreiche Erweiterungen erlebten, kommt das Wort „Wald" in 161 der insgesamt 210 Märchen vor. In einer Untersuchung von Wolfgang Baumgart „Der Wald in der deutschen Dichtung" werden sieben Märchen als „reine Waldmärchen" bezeichnet, „die, abgesehen von der schmalen Außenhandlung, nur aus der Waldhandlung bestehen".[2] Außerdem werden 39 sogenannte „zusammengesetzte Waldmärchen" aufgeführt, in denen die Waldhandlung den Kern bildet oder als Teil vorkommt.

Der Wald bildet im deutschen Volksmärchen eine eigene Welt, die der realen Welt der Menschen gegenübersteht. Er ist eine Zauber- und Wunderwelt, vor allem aber ist er eine fremde Welt, ähnlich der Welt unter dem Wasserspiegel oder der Welt im Innern der Erde – ebenfalls Orte des Märchens. Doch der Wald, zu dem die Menschen allein physisch leichteren Zutritt haben als zu den anderen fremden Gebieten, ist eindeutig die Heimat der meisten deutschen Volksmärchen.

Baumgart vergleicht in seiner auch heute noch lesenswerten Studie die deutschen Waldmärchen mit einer ganz anderen Völkergruppe, nämlich mit den Indianern Südamerikas: „Kein Land ist so stark von der Waldnatur geprägt wie die Heimat der Indianer des tropischen Südamerika; dennoch sind die Märchen, in denen der Wald am Stärksten hervortritt, die deutschen. [...] Für den Indianer ist die landschaftliche Natur, in der er lebt, aufgeteilt in die zwei Welten des Wassers und des Waldes, die nicht einmal scharf getrennt sind. Alles, was er an Erscheinungsformen des festen Erdbodens kennt, trägt das Zeichen der Waldvegetation. Sein Gewerbe ist vor allem das des Jägers, und der wenige Boden, den er als Pflanzer bebaut, ist dem Walde so mühselig abgerungen und stets von ihm so bedroht, dass er noch seiner Sphäre zugerechnet werden muss. Der Lebensraum des Indianers und die Waldwelt sind nicht (wenigstens nicht wesentlich) verschieden. Für den Menschen des deutschen Volksmärchens ist der Wald als Naturmacht zwar noch vorhanden, aber er bildet nur die äußerste Grenze eines kultivierten Raumes, in dem sich das menschliche Leben abspielt. Er ist also für den Menschen dieses Raumes eine fremde Welt, nicht mehr die einzige und eigene wie für den Indianer. Solange der Wald einzige Form der Naturwelt bleibt, fehlt ihm die Eigenschaft, die seinen einzigartigen Charakter unter allen vegetativen Erscheinungen bedeutet und ihn für den Menschen so wesentlich macht, die des abgeschlossenen, gegen ein anderes abgegrenzten Raumes [...]"[3]

NS-Wald

Die eben zitierte Untersuchung von Wolfgang Baumgart nähert sich ihrem Gegenstand, dem deutschen Wald in der Literatur, auf ganz nüchterne und faktenreiche Weise. Das ist erstaunlich angesichts des Zeitpunktes ihres Erscheinens, nämlich 1935.

Im Nazireich waren die schwülstige Rede oder das bedeutungsvolle, gern wagnermäßig alliterierende Geraune vom deutschen Wald, dem Lebensraum der Germanen, aus denen die Deutschen nahtlos hervorgegangen seien, in geradezu grotesker Weise allgegenwärtig – sei es in Politik, Wirtschaft, Wissenschaft oder Literatur.

Es ist darüber eine Menge geschrieben worden, und ich will hier nicht allzu viel sagen über das, was unsäglich ist. Als Geschmacksprobe nur ein Zitat aus dem Jahr 1934:
„In der Wildnis reckenhafter Baumgestalten hat sich der heldenhafte Geist germanischer Krieger immer aufs Neue gestählt und gefestigt. Eine gehärtete Rasse wuchs hier heran – Geschlechter von Führern, bestimmt und befähigt, die Geschicke der Welt zu leiten. In hartem Kampfe mit dem Walde schuf sich der deutsche Mensch mit zäher Entschlossenheit vorwärtsdringend, seinen Lebensraum. [...] Hier will uns der deutsche Wald mit seinen kühn in den Raum sich emporreckenden Säulen, mit seinen siegfriedhaften Heldengestalten erscheinen wie ein Sinnbild für das Dritte Reich deutscher Nationen."[4]

Von besonderem Interesse ist in diesem Zusammenhang ein von Alfred Rosenberg, dem „Chefideologen" der Nationalsozialisten, in Auftrag gegebener Film, der 1936 uraufgeführt wurde und den Titel „Ewiger Wald" trug.[5] Die rassistische Ideologie, die Blut- und Bodenmystik war in diesem Film ganz und gar auf den Wald übertragen worden. So heißt es darin etwa:

„Brecht auf den wartenden Boden!
Schlagt aus, was rassefremd und krank!
Aus der Vielheit der Arten schafft
Des ewigen Waldes neue Gemeinschaft!"[6]

Allerdings scheint der „Führer" Adolf Hitler nicht viel von dem Film gehalten zu haben, denn der war der Meinung, dass sich nur unterlegene Völker in den Wald zurückzögen.[7]

Tacitus

Der Mythos vom deutschen Wald hat seinen Ursprung in der um 98 n. Chr. entstandenen „Germania" des Tacitus, die von Jacob Grimm und von zeitgenössischen Historikern und Literaten als Quelle historischer Tatsachen rezipiert wurde. Schaut man allerdings einmal in die „Germania" hinein, die offenbar von Tacitus auch als Gegenbild zu dem seiner Meinung nach verkommenen und verderbten Rom in Szene gesetzt wurde, – liest man also direkt in dem Tacitus-Text, so kommt der Wald nicht allzu häufig darin vor. Ich zitiere aus der deutschen Übersetzung von Anton Baumstark aus dem Jahr 1876, dessen Name bei unserem Thema gleichsam eine Verpflichtung ist: „Alle diese Völker haben wenig flaches Land, sonst nur Rauhwälder inne und Gipfel und Höhen der Berge. [...] Das Land, obgleich in der besonderen Erscheinung etwas verschieden, ist doch im Allgemeinen entweder durch Wälder schauerlich oder durch Sümpfe wüst. [...] Haine und Wälder heiligen sie [die Germanen], und nennen mit den Namen persönlicher Gottheiten jenes geheimnißvolle, das sie allein durch fromme Anbetung schauen."[8]

Der Untergang des Varus und seiner römischen Legionen wo auch immer, aber jedenfalls in einem Wald und im Jahre 9 n. Chr., war die Grundlage des Hermann-Kultes, der sich vornehmlich gegen Frankreich wandte, wie auch der vom Wald umgebene gigantomanische Denkmalshermann bei Detmold sein Schwert nicht gen Süden, sondern gen Westen richtet. Das Geschehen um die Hermannsschlacht hat eine Fülle literarischer Produkte hervorgebracht, wenn auch nicht immer von der Qualität wie die Dramen Klopstocks, Kleists oder Grabbes.[9]

In Heinrich Heines „Deutschland, ein Wintermärchen" liest sich die Niederlage des Varus im (angeblich) Teutoburger Wald so:

„Das ist der Teutoburger Wald,
Den Tacitus beschrieben,
Das ist der klassische Morast,
Wo Varus stecken geblieben.

Hier schlug ihn der Cheruskerfürst,
Der Hermann, der edle Recke;
Die deutsche Nationalität,
Die siegte in diesem Drecke."[10]

„Der deutsche Wald", schreibt Viktoria Urmersbach in ihrer kleinen Kulturgeschichte des Waldes aus dem Jahr 2009, „hat einen zweifelhaften Ruf – ein bisschen wie der deutsche Schäferhund: Belastet durch den Nationalsozialismus, kann er kaum unbefangen genossen werden."[11] Ob dieser schlechte Ruf des deutschen Waldes – einmal abgesehen von bedrohlichen Zeckenplagen – heute noch auch nur bei wenigen Promille der Gesellschaft tatsächlich vorhanden ist, wage ich zu bezweifeln. Und auch das in der einschlägigen Literatur gern zitierte Wald-Heer-Gleichnis Elias Canettis von 1960 werden in unseren Tagen nur noch wenige nachvollziehen können. Canetti schreibt in „Masse und Macht":

„Das Massensymbol der Deutschen war das Heer. Aber das Heer war mehr als das Heer: es war der marschierende Wald. In keinem modernen Lande der Welt ist das Waldgefühl so lebendig geblieben wie in Deutschland. Das Rigide und Parallele der aufrechtstehenden Bäume, ihre Dichte und ihre Zahl erfüllt das Herz des Deutschen mit tiefer und geheimnisvoller Freude. Er sucht den Wald, in dem seine Vorfahren gelebt haben, noch heute gern auf und fühlt sich eins mit den Bäumen. [...] Der einzelne Baum aber ist größer als der einzelne Mensch und wächst immer weiter ins Reckenhafte. Seine Standhaftigkeit hat viel von derselben Tugend des Kriegers. Die Rinden, die einem erst wie Panzer er-

„Ich mochte mich wohl eigentlich verirrt haben. Man schlägt immer Seitenwege und Fußsteige ein und glaubt dadurch näher zum Ziele zu gelangen. Wie im Leben überhaupt, geht's uns auch auf dem Harze."
(Heinrich Heine, Harzreise, 1824)

scheinen möchten, gleichen im Walde, wo so viele Bäume derselben Art beisammen sind, mehr den Uniformen einer Heeresabteilung. Heer und Wald waren für den Deutschen, ohne dass er sich darüber im Klaren war, auf jede Weise zusammengeflossen. […] Man soll die Wirkung dieser frühen Waldromantik auf den Deutschen nicht unterschätzen. In hundert Liedern und Gedichten nahm er sie auf, und der Wald, der in ihnen vorkam, hieß oft ‚deutsch'."[12]

Übrigens hat bereits Christian Morgenstern zu Anfang des 20. Jahrhunderts in den ersten Zeilen des Gedichtes „Im Tann" eine ähnliche Assoziation zum Ausdruck gebracht:

„Gestern bin ich weit gestiegen,
Abwärts, aufwärts, kreuz und quer;
Und am Ende, gliederschwer
Blieb im Tannenforst ich liegen.
Weil' ich gern in heitrer Buchen
Sonnengrünen Feierlichte,
Lieber noch, wo Tann und Fichte
Kerzenstarr den Himmel suchen.
Aufrecht wird mir selbst die Seele,
Läuft mein Aug' empor den Stamm:
Wie ein Kriegsvolk, straff und stramm,
Stehn sie da, ohn' Furcht und Fehle […]"[13]

Der Mythos vom deutschen Wald ist eng mit der Zeit der Romantik und vor allem auch der Napoleonischen Kriege verknüpft. Jack Zipes schreibt darüber in seiner Studie „The Brothers Grimm" von 1988: „Es war, als seien in ‚altdeutschen Wäldern' die wesentlichen Wahrheiten über deutsche Sitten, Gesetze und Kultur zu finden – Wahrheiten, die zu einem tieferen Verständnis des gegenwärtigen Deutschland führen und im deutschen Volk Einheit fördern könnten, zu einer Zeit, da die deutschen Fürstentümer während der Napoleonischen Kriege geteilt und von den Franzosen besetzt waren. Das *Volk*, das durch eine gemeinsame Sprache verbunden, aber uneins war, musste, so dachten die Grimms, die altdeutschen Wälder betreten, um ein Gefühl für sein Erbe zu bekommen und die Bande, die es zusammenhielten, zu stärken."[14]

Waldeinsamkeit

So ist Mythos und Rede vom deutschen Wald auch immer die Rede von der Freiheit, die der Wald bietet. Und das konnte durchaus ganz persönliche Freiheit meinen. Einer der wichtigsten und bis weit in die erste Hälfte des

„Und doch haben sie sich zu jener gewaltigen Höhe emporgeschwungen, und mit den umklammerten Steinen wie zusammengewachsen, stehen sie fester als ihre bequemen Kollegen im zahmen Forstboden des flachen Landes." (Heinrich Heine, Harzreise 1824)

20. Jahrhunderts wirkenden „Waldideologen", auf den sich vor allem auch die Nazis beriefen, war Wilhelm Heinrich Riehl. In seinem Werk „Die Naturgeschichte des Volkes als Grundlage einer deutschen Social-Politik" heißt es in der 3. Auflage von 1856: „Der Wald allein läßt uns Culturmenschen noch den Traum einer von der Polizeiaufsicht unberührten persönlichen Freiheit genießen. Man kann da doch wenigstens noch in die Kreuz und Quere gehen nach eigenen Gelüsten, ohne an die patentirte allgemeine Heerstraße gebunden zu seyn. Ein gesetzter Mann kann da noch laufen, springen, klettern nach Herzenslust, ohne daß ihn die altkluge Tante Decenz für einen Narren hält. Diese Trümmer germanischer Waldfreiheit sind in Deutschland fast überall glücklich gerettet worden."[15] – Wir können dies wohl in unserer Zeit nur schwer nachvollziehen, in einer Zeit in der junge über 70-Jährige beim Joggen oder Nordic Walking in allen Wäldern unseres Landes anzutreffen sind – dies freilich in Gruppen beiderlei Geschlechts und ohne alle Dezenz.

In der Bemerkung von Riehl ist allerdings ein wichtiges Element enthalten, das auch in der Literatur eine große Rolle spielt: Im Wald ist man (hoffentlich) unbeobachtet, allein, und man kann Ruhe und Frieden genießen. Die mittelalterliche Einsiedelei im Walde ist noch Motiv in Goethes „Werther": „Ey, dies Wäldchen will ich mir zueignen und ein Einsiedler drinnen werden, sagte Kronhelm."¹⁶ Und in der Romantik wird daraus ein Begriff, der wie die „blaue Blume" geradezu als Synonym für diese Kunst- und Literaturepoche stehen kann: Waldeinsamkeit. Ludwig Tieck hat diesen Begriff geprägt. Hier sein gleichnamiges Gedicht:

„Waldeinsamkeit,
Die mich erfreut,
So morgen wie heut
In ewger Zeit,
Oh, wie mich freut
Waldeinsamkeit.

Waldeinsamkeit,
Wie liegst du weit!
Oh, Dir gereut
Einst mit der Zeit.
Ach einzge Freud,
Waldeinsamkeit!

Waldeinsamkeit,
Mich wieder freut,
Mir geschieht kein Leid,
Hier wohnt kein Neid.
Von neuem mich freut
Waldeinsamkeit."¹⁷

Erst um 1800 wird der Wald vor allem zu einem positiv besetzten Raum; das war jahrhundertelang anders. „Wald und Wildnis", so der Hannoveraner Literaturwissenschaftler Hubertus Fischer, „waren gleichbedeutend, waren Gleichnis auch für Bedrohung und Unheil, bedeuteten nicht nur Unwegsamkeit, sondern auch Menschenferne."¹⁸ Menschenferne aber wird in der Romantik zum erstrebenswerten Ziel. Der Dichter des deutschen Waldes schlechthin, Joseph von Eichendorff, ist auch der Dichter der Waldeinsamkeit, die gegen die übrige Welt herausgestellt wird. Hier nur zwei Beispiele aus seinen wunderschönen Gedichten, die heute vor allem noch als Lieder bekannt sind.

„O Täler weit, o Höhen,
O schöner, grüner Wald,
Du meiner Lust und Wehen
Andächt'ger Aufenthalt!
Da draußen, stets betrogen,
Saust die geschäft'ge Welt,
Schlag' noch einmal die Bogen
Um mich, du grünes Zelt! [...]"¹⁹

„Waldeinsamkeit!
Du grünes Revier.
Wie liegt so weit
Die Welt von hier! [...]"²⁰

Die Waldeinsamkeit ist präsent im gesamten 19. Jahrhundert und lässt sich weit bis in das 20. verfolgen. Die Einsamkeit, die der Mensch im Wald sucht und findet, steht fast immer als Gegensatz zur „geschäft'gen Welt" wie bei Eichendorff.
Ganz besonders deutlich wird dies in einem Gedicht von 1843, das Friedrich von Sallet schrieb:

„Welt, Wald
Welt – das gellt so hell und grell;
Wald – das schallt und hallt so hold;
Welt – das schnellt und prellt sich schnell;
Wald, da wallt und waltet Ruh;
Welt, so lasse mich,
Wald, umfasse mich!
Welt, so dreh und kräusle dich,
Wald, umweh, umsäusle mich!"²¹

Wald und Erotik

Der Wald und die Erotik – dies sei ein Thema, so hatte ich eigentlich vermutet, bei dem die Quellen auch der Lyrik nicht aufhören würden zu sprudeln. Das trifft – leider – nach meinem Eindruck jedenfalls für die deutsche Lyrik nach der Lektüre von zahlreichen Anthologien und Werkausgaben nicht zu. Wir wollen dennoch einige Verse, die schicklicherweise hier zitiert werden dürfen, wiedergeben und beginnen bei dieser Thematik freilich ganz unspektakulär und nüchtern mit einer Feststellung für die heutige Zeit, die von Albrecht Lehmann stammt. Sie ist in dessen Buch „Von Menschen und Bäumen. Die Deutschen und ihr Wald" zu finden. Im Kapitel „Der Ort der Liebe" schreibt er: „Zwar hat der Wald seine Bedeutung als wichtiger Ort für die ersten sexuellen Erfahrungen längst an das Auto, die elterliche Wohnung und Urlaubsstrände abgetreten. Die Heimlichkeit, die früher für die jungen Leute dazugehörte, ist der öffentlichen Toleranz und der großzügigen elterlichen Duldung gewichen. Aber der Wald ist immer noch ein Platz, an dem Liebes- und Ehepaare aller sexualtüchtigen Altersgruppen gelegentlich miteinander ‚schlafen'. Aber eben nur ein üblicher Platz neben vielen anderen. Das zeigt sich in der Offenheit und Selbstverständlichkeit, mit der über das Thema geredet wird. Schließlich gibt es nichts einzuwenden gegen ‚natürliche' Sexualität an diesem traditionsreichen Ort. Wer käme auf die Idee, ‚unnatürliche' ausgefallene Praktiken ausgerechnet im Wald zu inszenieren?
Als besonders romantisch wird die Liebe im Wald indes gegenwärtig nicht mehr empfunden. Wenn solche Töne bei den Erinnerungen unserer Informanten mitklingen, sind die wohl primär den nostalgischen Gefühlen geschuldet, die beim Rückblick auf schöne Erlebnisse in lange zurückliegenden Zeiten unverzichtbar sind."²²

Deutlich geht es in der dritten Strophe der „Waldhochzeit" von Ernst Moritz Arndt zu, die da lautet:

„Sei nicht bange, Mädel, es muß so sein,
Die Liebe sie brauchet Gewalt,
Fährt gern mit Donnern und Blitzen drein,
Und lustig zur Hochzeit schallt.
Dein Blümchen magst nimmer du retten,

Drum freu' dich der blumigen Betten
Im grünen, grünen Wald. [...]"²³

Das Lied von der „Vogelhochzeit", die im „grünen Walde" stattfindet, ist seit dem 16. Jahrhundert nachzuweisen und hat zahlreiche Umdichtungen, Parodien und Ergänzungen gefunden. Recht deftig ist die Umdichtung einer studentischen Fassung aus dem Jahr 1929, in der es etwa in der achten Strophe heißt:

„Der Marabu, der Marabu
spricht: ‚Kinder, laßt mich auch mal zu.'"

Oder in der elften:

„Der Kranich, der Kranich
setzt dreimal an und ka-hannicht."²⁴

Natürlich spielt gelegentlich auch ein einzelner Baum in der erotischen Dichtung eine Rolle. Wir wollen es aber bei einem Beispiel von Detlev von Liliencron belassen:

„Wie sich der Efeu rankt am starken Stamm,
Schmiegt sie sich an mich mit den vollen Brüsten.
Zum Boden schon fiel ihr der Perlenkamm,
Und aus den Augen spricht ein süß Gelüsten. [...]"²⁵

Goethe darf bei diesem Thema natürlich nicht ganz fehlen; nein, nicht des schönen „Über allen Gipfeln ist Ruh'" wollen wir uns erinnern, sondern wir wollen eines seiner schönsten Liebesgedichte zitieren:

‚Ich ging im Walde
So für mich hin
Und nichts zu suchen,
Das war mein Sinn.
Im Schatten sah ich
Ein Blümchen stehn,
Wie Sterne leuchtend,
Wie Äuglein schön.
Ich wollt es brechen,
Da sagt' es fein:
‚Soll ich zum Welken
Gebrochen sein?'

Ich grub's mit allen
Den Würzlein aus,
Zum Garten trug ich's
Am hübschen Haus.
Und pflanzt es wieder
Am stillen Ort.
Nun zweigt es immer
Und blühet fort."²⁶

Kahlschläge, Waldsterben und „Totes Holz"

Werfen wir noch einen Blick in die zweite Hälfte des 20. Jahrhunderts. Das nationalsozialistische Geraune vom germanischen oder deutschen Wald hatte mit Literatur nur wenig zu tun; ohnehin war das literarische Leben im Deutschen Reich einem Kahlschlag zum Opfer gefallen, dergestalt, dass aus rassistischen oder politischen Gründen missliebig gewordene Schriftsteller mit Publikationsverbot belegt, verfemt und in die Emigration getrieben wurden. Bereits im Mai 1933 hatte sich ja Heinrich Heines Prophezeiung auf das Schrecklichste bewahrheitet: „Das war ein Vorspiel nur. Dort, wo man Bücher verbrennt, verbrennt man auch am Ende Menschen."
Mit dem befreienden Kriegsende formierte sich eine neue Generation von Schriftstellern, die für die Literatur der Bundesrepublik große Bedeutung erlangen sollte. In der Gruppe 47 fanden sich junge Autoren zusammen, die von einem „Nullpunkt" in die Zukunft starten wollten. Ein eher brachiales Waldbild gab der Literatur dieses Aufbruchs den Namen: Kahlschlagsliteratur! So radikal wie das Waldbild war der Neuanfang gemeint. Alle Bäume auf einer Fläche werden abgeräumt, um einen neuen Wald zu pflanzen. Der neue Wald hat keine Verbindung mehr zu dem vorher dort wachsenden Waldbestand. Die Natur muss – sie kann – von vorn beginnen. Wolfgang Borchardt, Heinrich Böll, Siegfried Lenz, Arno Schmidt, Ingeborg Bachmann, Alfred Andersch, Ilse Aichinger, Martin Walser, Hans Magnus Enzensberger, Peter Handke und Günter Grass sind nur einige, die zumindest zwischenzeitig der Gruppe 47 angehörten. Im September 1961 tagte die Gruppe einmal auch im Jagdschloss in der Göhrde. Da war die Gruppe aber längst aus den anfänglichen Kahlschlägen hinausgewachsen. Sie erneuert sich fortlaufend mit nachwachsenden jungen Talenten, und es nahte die Zeit der Aufarbeitung, die Zeit der Politisierung, die Zeit der 68er Aufarbeitung und Abrechnung.
Günter Grass knüpft später noch einmal an die frühen Kahlschläge an zu einem Zeitpunkt, da die mediale Aufbereitung des Waldsterbens schon fast überwunden scheint und die Wiedervereinigung gefeiert wird. 1990 bringt er sein Buch „Totes Holz – Ein Nachruf" (Göttinger Steidl-Verlag) mit Zeichnungen und Texten heraus: Das Waldsterben wird im kollektiven Gedächtnis der Deutschen bleiben, die Wiedervereinigung auch. Im Oberharz zeichnet und dichtet Günter Grass zu beiden Motiven.
„Kahlschlag in unseren Köpfen. Was bringt Menschen dazu, Wälder sterben zu lassen? Unter Bedauern, gewiß, aber doch achselzuckend, als habe der Wald sich ohnehin überlebt, ein Fossil. Jemand, der vorgibt, in großen Zeiträumen zu denken, sagt: Die Natur wird sich schon zu helfen wissen. Außerdem hat sich der Wald in unserer Kultur konserviert: in Gedichten ungezählt, im deutschen Lied, in Gemälden, die in klimatisierten Museen hängen, in unseren Märchen [...] Hinsehen, wieder die Skizzen befragen.

Kahlschläge, Waldsterben und Totes Holz

Das „Waldsterben" bewegte in den 1980er-Jahren die deutsche Öffentlichkeit wie nur wenige andere Themen. Insbesondere an den Berghängen der Mittelgebirge starben Waldbestände auf großer Fläche aufgrund der Säureeinträge aus der Luftverschmutzung ab. Das „Waldsterben" ist im kollektiven Gedächtnis der Deutschen verankert geblieben.

Nur nicht abstrakt werden. Dinglich bleiben. Du bist Augenzeuge. Sonst ist hier niemand. Was knackt, lebt nicht mehr. Allenfalls Borkenkäfer, die sich wie du vom toten Holz nähren. Was von den Birken blieb: Scham. Fichten, die auswandern wollten, kamen nicht weit. Diese Buchen, wie sie leibhaftig über Kreuz liegen, hätte deinem Großvater, dem Tischlermeister, das kalkulierende Herz gebrochen. Was fällt dir noch ein lauthals gegen die Stille? Tannhäuser. Die Waldheimaffäre. Buchenwald. Im toten Wald ‚Waldeslust! Waldeslust' rufen."
(Günter Grass, „Totes Holz – Ein Nachruf". Göttingen: Steidl, 1990, S. 105.)

Kahlschläge, Waldsterben und Totes Holz

„Alles so offensichtlich. Hast du noch Worte? Wo Deutschland an Deutschland grenzt, zeichnet sich die Wiedervereinigung als Kahlschlag ab."
(Günter Grass, „Totes Holz – Ein Nachruf")

Dort, wo Günter Grass 1989 Waldsterben und Totes Holz zeichnete, verbinden seit 1994 der Nationalpark Harz und das Grüne Band die vorübergehend getrennten Teile Deutschlands.

„Quimburga"

Ein Orkan wütet 1972 über Niedersachsen

Rückblickend betrachtet ist 1972 ein besonderes Jahr für den Wald und die Nachhaltigkeit gewesen. Eine Studie zur Zukunft der Weltwirtschaft wird in diesem Jahr der Öffentlichkeit vorgestellt, die noch große Wirkung entfalten wird: Die „Grenzen des Wachstums". Während weltweit über diese Studie und die zunehmende Umweltzerstörung diskutiert wird, zieht am Vormittag des 13. Novembers 1972 einer der schlimmsten Orkane des 20. Jahrhunderts über Mitteleuropa hinweg: das Orkantief namens „Quimburga".

Die Zugbahn führte „Quimburga" über die Elbmündung und Hamburg nach Osten. Das Hauptsturmfeld reichte von Niedersachsen über Sachsen-Anhalt bis nach Brandenburg und Berlin. Nur vier Stunden genügten, um auf unvorstellbar großer Waldfläche die forstliche Aufbauarbeit von mehr als einem Jahrhundert zu vernichten. In Niedersachsen fielen dem Sturm etwa 15 Prozent des gesamten

Der 13. November 1972 ist ein Tag, der sich in den Köpfen der Forstleute eingebrannt hat. Der scheinbar schon abgeschlossene Wiederaufbau nach dem Krieg war jäh beendet und noch hinter den Anfang zurückgeworfen worden. Nun ging alles wieder von vorne los. Das Luftbild des Waldarbeitergehöftes Dwergter Sand im Forstamt Ahlhorn zeigt das Ausmaß der Verwüstung, das das Orkantief „Quimburga" hinterließ.

„Quimburga"

Waldbestandes zum Opfer. Auf einer Schadensfläche von 150 000 Hektar wurden etwa 50 Millionen Bäume umgeworfen. Vor allem traf es die hoch in den Luftraum ragenden vorratsreichen älteren Waldbestände, vorrangig die wintergrünen Nadelbäume, die diesem Sturm eine größere Angriffsfläche boten als die bereits winterkahlen Laubbäume. Der Orkan führte nicht nur zu schweren Schäden an Wäldern, Gebäuden, der Verkehrsinfrastruktur und Versorgungsanlagen, sondern forderte in Deutschland mindestens 73 Menschenleben. Besonders schwer betroffen waren die Regionen Niedersachsen und Bremen. Hinterher sprach von einem Sachschaden von etwa 1,34 Mrd. Euro.

Windwurf und viel Bruch im Forstamt Unterlüß in der zentralen Heide

Mit „moderner" Technik, aber vor allem dem lebensgefährlichen Einsatz der Waldarbeiter wurden die Orkanschäden aufgearbeitet. Österreichische und schwedische Holzerntetechnik wurde eingesetzt, die vor „Quimburga" in Niedersachsen noch unbekannt war, wie der Logma-Entaster (oben). Einige der Unternehmer blieben danach dauerhaft in Niedersachsen. Berufliche und private Perspektiven hatten sich neu gefügt.

Nach „Quimburga" 1972 vernichteten Waldbrände 1975 und 1976 weitere große Waldbestände. Einige Tage war die Stadt Celle ernsthaft in Gefahr. Die Katastrophen trafen besonders die homogenen Kiefern- und Fichtenbestände im Flachland. Ein Umdenken im Waldbau begann.

Ab etwa 150 km/h Windgeschwindigkeit wird die Biegefähigkeit der Bäume übertroffen und selbst das Stützgefüge, was mehrere Stämme miteinander bilden können, gibt seinen Widerstand auf. Dann knicken Bäume wie Streichhölzer. Im Harz wurden jedoch Windgeschwindigkeiten von über 200 km/h, im Flachland von ca. 160 km/h gemessen. Insgesamt fielen dem Sturm 17 Millionen Kubikmeter Holz zum Opfer, davon 16 Millionen alleine in Niedersachsen. Besonders im Oldenburger Land und in der Lüneburger Heide hinterließ Quimburga eine Spur der Verwüstung. Viele Dörfer waren von der Umwelt abgeschnitten. Über die Straßen und Wege lagen kreuz und quer Bäume und die Stromversorgung war vielerorts unterbrochen. Die Bewältigung der Katastrophe war für alle Beteiligten eine gewaltige Aufgabe.

In den folgenden Jahren waren bis zu 3600 Waldarbeiter im Einsatz. Dank der vielen Helfer, die aus ganz Europa kamen, gelang es, das Holz relativ schnell in nur wenigen Jahren aufzuarbeiten. Danach folgte die Wiederaufforstung. Allein im Landeswald mussten 25 000 Hektar Wald neu aufgeforstet werden. Damit aber nicht genug. Die 70er-Jahre hatten es in sich. Es folgten zwei spektakuläre Großwaldbrände in den Jahren 1975 und 1976, denen weitere 7500 Hektar meist jüngere Kiefernwälder zum Opfer fielen. Ein weiterer Sturm im Februar 1976 warf noch einmal rund 3 Millionen Festmeter Holz.

Ein Umdenken beginnt

Der 13. November 1972 ist ein Tag, der sich in den Köpfen der an diesem Tag aktiven Forstgenerationen eingebrannt hat. Der scheinbar schon abgeschlossene Wiederaufbau nach dem Krieg war jäh beendet und noch hinter den Anfang zurückgeworfen worden. Nun ging alles von vorne los. Sisyphos-Arbeit.

Noch heute sind die „Quimburga-Bestände" für das geschulte Auge landesweit gut zu erkennen. 40 Jahre nach dem Sturm sind sie etwa 25 Meter hoch. Mittlerweile weisen sie auch wieder einen hohen Holzvorrat auf, der dem vor 1972 nahekommt. Der Wiederaufbau der vernichteten Wälder war aber nur das eine. „Quimburga" hatte das waldbauliche Handeln hinterfragt. Auch wenn kein noch so strukturreicher Waldbestand einem Orkan dieser Stärke etwas entgegenzusetzen hätte, wurde doch klar, dass einer besseren Stabilität der Bestände künftig mehr Bedeutung zukommen musste. Aus der Lehre der 70er-Jahre wurden neue Waldbau-Grundsätze abgeleitet. Wie wir heute angesichts der zunehmenden Stürme wissen, zu Recht. Die Arbeiten an einem neuen – ökologisch ausgerichteten – Waldbauprogramm für Niedersachsen begannen.

Die schlimmsten Stürme Niedersachsens

– März 1876: Großer März-Orkan (über 170 km/h)
– November 1972: Quimburga (über 200 km/h)
– Januar 1976: Capella-Orkan (bis 145 km/h)
– Januar-Februar 1990: Orkantrio Daria, Vivian und Wiebke (bis 170 km/h)
– Dezember 1999: Lothar (mit Schwerpunkt in Süddeutschland)
– Januar 2007: Kyrill (bis 225 km/h)

Ein neues Stichwort – Natürliche Sukzession in den Wäldern

Nach den Naturkatastrophen war vor allem klar, dass unstrukturierte Nadelholz-Bestände den rohen Kräften der Natur stärker ausgesetzt waren als strukturierte Mischbestände. Einige der vernichteten Waldflächen wurden nicht aufgeforstet, sondern der natürlichen Sukzession überlassen. Gespannt wartete man ab, wie sich diese Flächen langfristig von selbst entwickeln würden.

1983: Die natürliche Ansamung und Wiederbesiedlung erfolgte mit Pionierbaumarten wie Birke und Kiefer.

1995: Zur Strategie von Pionierbaumarten gehört die Eroberung des Raumes durch schnelles Wachstum. Nur so können sie sich den benötigten Vorsprung vor den sogenannten Schattbaumarten verschaffen.

2009: Der Bestand hat sich geschlossen. Übrig geblieben sind vor allem Kiefern, die um Licht und Raum konkurrieren, darunter vereinzelt Fichten. Erste Bäume (Wacholder in der Mitte) bleiben zurück und scheiden aus dem natürlichen Wettkampf um Licht und Raum aus.

Die Foto-Zeitreise von Fritz Griese zeigt den gleichen Standpunkt.

1972 – „Die Grenzen des Wachstums"

Michael F. Jischa*

Zivilisationsdynamik

Die Geschichte der Menschheit ist ein evolutionärer Prozess. Nur der Mensch ist in der Lage, seine eigene Evolution durch Innovationen zu beschleunigen. Die Menschheitsgeschichte ist die Geschichte des sich durch Technik ständig beschleunigenden Einflusses auf immer größere Räume und immer fernere Zeiten. Waren die Kräfte der Veränderung größer als die Kräfte der Beharrung, dann traten Strukturbrüche ein. Die Menschheit hat so immer wieder Grenzen des Wachstums überwinden können. Die Zivilisationsdynamik ist durch drei „Revolutionen" gekennzeichnet. Die neolithische Revolution begann vor etwa 10 000 Jahren in verschiedenen Regionen der Welt. In Europa begann vor rund 400 Jahren die wissenschaftliche Revolution, die vor gut 200 Jahren in die industrielle Revolution überging. Vor wenigen Jahrzehnten startete die digitale Revolution, deren Folgen für die Arbeits- und Lebenswelt sich erst in Umrissen abzeichnen. Abb. 1 zeigt die Entwicklung in einer qualitativen Darstellung. Auf der horizontalen Achse sind die zentralen Ressourcen der bisherigen Gesellschaftstypen aufgetragen. Wir können sie als Zeitachse deuten, denn die Übergänge erfolgten in zeitlicher Abfolge. Auf der vertikalen Achse ist die Produktivität aufgetragen, dargestellt in heutiger Terminologie als Bruttoinlandsprodukt (BIP) pro Kopf und Jahr. Es gibt quantitative Auftragungen mit einem ähnlichen Verlauf. Wenn die Entwicklung der Weltbevölkerung in doppelt logarithmischer Auftragung dargestellt und dabei die Zeitachse rückwärts gezählt wird, so erreicht man eine Dehnung der jüngeren Vergangenheit und eine Stauchung der Urzeit. Die Entwicklung der Weltbevölkerung über der Zeitachse zeigt dann einen ähnlichen Verlauf (Jischa 2005, S. 43). Den Sättigungsprozessen bei der Produktivität entspricht ein Abflachen der Bevölkerungsentwicklung. Mit dem Einsetzen der drei geschilderten Revolutionen sind Produktivität, Bevölkerung sowie Verbrauch an Ressourcen jeweils signifikant angestiegen. Das ist ein typischer autokatalytischer Prozess. Derartige positive Rückkopplungen haben zu großen Problemen in der Welt geführt.

Die Verläufe in Abb. 1 sind eng verknüpft mit vier informationstechnischen Revolutionen, auch Gutenberg-Revolutionen genannt. Am Beginn der Menschwerdung stand die Innovation der Sprache vor einigen 100 000 Jahren. Die erste Gutenberg-Revolution war die Voraussetzung dafür, dass unsere Vorfahren sich in Stämmen organisieren konnten. Die Gesellschaft der Jäger und Sammler entstand, ihre entscheidende Ressource war die Natur. Die Produktivität war gering, der Anstieg der Weltbevölkerung ebenso. Vor etwa 10 000 Jahren setzte eine erste durch Technik induzierte strukturelle Veränderung der Gesellschaft ein, die neolithische Revolution. Sie kennzeichnet den Übergang von der Welt der Jäger und Sammler zu den Ackerbauern und Viehzüchtern. Pflanzen wurden angebaut und Tiere domestiziert, die Menschen begannen sesshaft zu werden. Die Agrargesellschaft entstand. Die Unterwerfung der Natur durch Be- und Entwässerungsanlagen sowie durch Dammbau war die erste große technische und soziale Leistung der Menschheit. Ein derartiges organisatorisches Problem konnte nicht von überschaubaren Stämmen gelöst werden, es bildeten sich feudale Strukturen aus. Mündliche Anweisungen wurden ineffizient und mussten durch neue Medien wie Schrift, Zahlen und Maße ersetzt werden. Das war die zweite Gutenberg-Revolution. Acker- und Weideland waren die entscheidenden Ressourcen in der Agrargesellschaft.

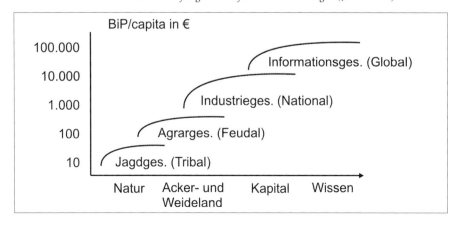

Abb. 1: Technischer Wandel als Motor für gesellschaftliche Veränderungen (Jischa 2005)

*Prof. Michael F. Jischa ist Ehrenvorsitzender der Deutschen Gesellschaft Club of Rome. Der Text bezieht sich in weiten Teilen auf Bücher des Vortragenden, auf das Studienbuch „Ingenieurwissenschaften" (2004) und verstärkt auf das Sachbuch „Herausforderung Zukunft" (2005, 2. Auflage), das 2014 als Paperback Version und E-Book bei Springer/Spektrum erschienen ist. Darin sind die hier angeführten Literaturstellen zu finden.

Vor gut 500 Jahren begann jenes große europäische Projekt, das mit den Begriffen Aufklärung und Säkularisierung beschrieben wird. „Das Wunder Europa" (Jones 1991) führte zur Verwandlung und Beherrschung der Welt durch Wissenschaft und Technik. Die wissenschaftliche Revolution wäre ohne den Buchdruck, die dritte Gutenberg-Revolution, nicht denkbar gewesen. In der sich anschließenden industriellen Revolution wurde das Kapital zur entscheidenden Ressource. Der Buchdruck induzierte ungeahnte Veränderungen in der Gesellschaft. Vermutlich wäre es ohne den Buchdruck nicht zur Reformation gekommen, Luthers Flugschriften waren die ersten Massendrucksachen in der Geschichte. Unsere Generation ist Zeuge der vierten Gutenberg-Revolution, der digitalen Revolution. Die Industriegesellschaft war mit der Bildung von Nationalstaaten verknüpft, die Informationsgesellschaft erzwingt faktisch globale Strukturen. Wissen ist zur entscheidenden Ressource geworden. Im Laufe der Menschheitsgeschichte sind Produktivität und Weltbevölkerung in einem positiv rückgekoppelten Prozess ständig gewachsen, wobei die durch technische Innovationen induzierten Revolutionen die entscheidenden Treiber gewesen sind. Die gesellschaftlichen Strukturen haben sich den jeweils neuen Erfordernissen angepasst, die dabei dominierenden Ressourcen für die weitere Entwicklung haben sich verändert. In welcher Weise die heute zentrale Ressource Wissen die Gesellschaft weiter verändern wird, ist Gegenstand vieler Diskussionen. Es gibt eine Reihe von Vorschlägen, mit denen die postindustrielle Gesellschaft charakterisiert wird: Informationsgesellschaft, Dienstleistungsgesellschaft oder Wissensgesellschaft. Die Geschichte wird zeigen, welcher Begriff sich hierfür einbürgern wird. Der Metabegriff Globalisierung ist untrennbar mit der räumlichen und zeitlichen Verdichtung durch die Digitalisierung der Informationstechnologien verbunden. Das

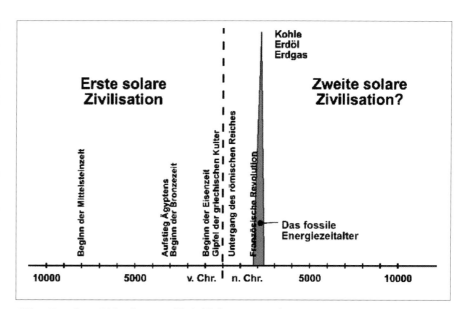

Abb. 2: Energiegeschichte der Menschheit (Jischa 2004, 2005)

gilt nicht nur wirtschaftliche Prozesse, sondern gleichfalls für alle gesellschaftlichen und politischen Prozesse.

Menschheitsgeschichte als Energie- und Waldgeschichte

In Abb. 2 ist die Geschichte der Menschheit als Energiegeschichte dargestellt. Damit wird auch ein Bezug zur Beanspruchung des Waldes hergestellt. Verschiedene Energieträger und Energieformen sowie Fortschritte in Wandlung, Transport und Speicherung von Energie kennzeichnen die Entwicklung bis zum heutigen Tag.

In der Welt der Jäger und Sammler waren das Feuer und die menschliche Arbeitsleistung die einzigen Energiequellen. In der Agrargesellschaft kam zunächst die Arbeitsleistung der Tiere hinzu, im Mittelalter folgten Wassermühlen und Windmühlen. Die Köhlerei wandelte ganze Wälder in Holzkohle um, eine entscheidende Energiequelle des Berg- und Hüttenwesens. Und die Salinen verbrannten das herangeschaffte Holz häufig ohne vorherige Aufbereitung. Die industrielle Revolution leitete Ende des 18. Jahrhunderts den Eintritt in das fossile Energiezeitalter ein. Erst dadurch konnten die Wälder und die aus ihnen vorher unbegrenzt angeforderten Holzlieferungen wirksam entlastet werden. Beginnend mit der Nutzung der Steinkohle zur Verhüttung von Erzen traten Erdöl Ende des 19. und Erdgas Mitte des 20. Jahrhunderts als Primärenergieträger hinzu, Erdgas etwa zeitgleich mit der Nutzung der Kernenergie. Ohne an dieser Stelle auf die Definitionen von Ressourcen, wahrscheinlichen und sicheren Reserven einerseits sowie auf statische und dynamische Reichweiten andererseits einzugehen, sei kurz gesagt: Kohle, Erdöl und Erdgas stehen uns nur noch für einen Zeitraum zur Verfügung, der etwa der bisherigen Nutzungsdauer entspricht. Es ist daher berechtigt, das gut 200 Jahre währende fossile Zeitalter als „Wimpernschlag" in der Geschichte der Menschheit zu bezeichnen.

Unser heutiges Energiesystem ist weder aus Versorgungsgründen noch aus Entsorgungsgründen zukunftsfähig. Es basiert global und national zu über 80 % auf den fossilen Primärenergieträgern, die ebenso wie Uran aus der Erde gewonnen werden. Über entsprechende Aufbereitungs- und Umwandlungsprozesse wird daraus Sekundärenergie für verschiedene Anwendungen. Anschließend werden die Rest- und Schadstoffe nach geeigneter

Weiterbehandlung wieder in die Umwelt abgegeben. Trotz beachtlicher Erfolge in Techniken des Umweltschutzes bleibt es ein offenes System, das keine Zukunft haben kann.

Bewusstseinswende

Seit wann und warum denken wir über die Gefährdung der Zukunftsfähigkeit nach? Bis vor wenigen Jahrzehnten war der Fortschrittsglaube überall in der Welt ungebrochen. Insbesondere die Aufbauphase in unserem Land nach dem Zweiten Weltkrieg wurde davon getragen. Die Erde schien über nahezu unerschöpfliche Ressourcen zu verfügen. Die Aufnahmekapazität von Wasser, Luft und Boden für Schadstoffe und Abfälle schien unbegrenzt zu sein. Die Segnungen von Wissenschaft und Technik verhießen geradezu paradiesische Zustände. Alles schien machbar. Ironischerweise bedurfte es erst des Wohlstands, damit die im Wohlstand lebenden Gesellschaften die Technik und deren Segnungen zunehmend skeptisch beurteilten. In den Wohlstandsgesellschaften der westlichen Welt wurde in

Verleihung des Friedenspreises des Börsenvereins des Deutschen Buchhandels für 1973 durch Ernst Klett (li.) an den Club of Rome (vertreten durch Aurelio Peccei und Eduard Pestel als Mitglieder des Exekutiv-Komitees). Der Niedersächsische Wissenschaftsminister Edurad Pestel hatte mit der Volkswagenstiftung die finanziellen Mittel für die Studie bereitgestellt und damit von Hannover aus eine wichtige Rolle gespielt.

den 1960er-Jahren eine Bewusstseinswende sichtbar. Mit dem Kürzel „1968er Bewegung" bezeichnen wir in unserem Land eine Reihe von ineinandergreifenden gesellschaftlichen Prozessen. Dazu gehörten Friedensbewegungen, Frauenbewegungen, massive Proteste gegen die Kernenergie, gegen die Ordinarienuniversität und nicht zuletzt gegen die Um-

weltzerstörungen. Das Waldsterben ist im kollektiven Gedächtnis der Deutschen haften geblieben. Die Bewusstseinswende manifestierte sich in unterschiedlicher Weise.

1968 wurde der Club of Rome gegründet. Die Initiative hierzu ging von dem Fiat-Manager Aurelio Peccei und dem OECD-Wissenschaftsmanager Alexander King aus. Sie setzten sich zum Ziel, gleich gesinnte Persönlichkeiten aus Wirtschaft und Politik zu gewinnen, um gemeinsam über die für die Zukunft der Menschheit entscheidenden Herausforderungen und Lösungsansätze zu diskutieren. Hierfür prägten sie die Begriffe „World Problematiques" und „World Resolutiques". Ihre erste Analyse war erstaunlich weitsichtig, sie betraf drei Punkte: Die Bedeutung eines ganzheitlichen Ansatzes zum Verständnis der miteinander vernetzten Weltprobleme, die Notwendigkeit von langfristig angelegten Problemanalysen und die Aufforderung „global denken und lokal handeln". Der Club of Rome stellte 1972 seine erste Studie „Die Grenzen des Wachstums" (Meadows et al 1972) vor.

Die Mittel hierfür hatte die Volkswagen-Stiftung zur Verfügung gestellt. Das war

Seit die ersten Raumfahrten Fotos des „Blauen Planeten" „von außerhalb" ermöglichten, haben sie das Bewusstsein für eine verletzlich im Raum schwebende und zu schützende Erdkugel geschärft.

Eduard Pestel, Professor für Mechanik an der Universität Hannover und Minister für Wissenschaft und Kunst in Niedersachsen, zu verdanken. Er schloss sich kurz nach der Gründung dem Club of Rome an und initiierte sowie bearbeitete weitere Berichte. Bereits 1962 hatte die amerikanische Biologin Rachel Carson mit ihrem zum Kultbuch der Ökologiebewegung avancierten Band „Der stumme Frühling" (Carson 1962) ein aufrüttelndes Signal gesetzt. Knapp zehn Jahre nach den „Grenzen des Wachstums" wurde der von James Carter, dem damaligen Präsidenten der USA, initiierte Bericht „Global 2000" (1980) vorgestellt. Im Jahr 1987 erschien der Brundtland-Bericht der Weltkommission für Umwelt und Entwicklung mit dem Titel „Our Common Future" und zeitgleich die deutsche Version „Unsere gemeinsame Zukunft" (Hauff 1987). Dieser Bericht hat entscheidend dazu beigetragen, das Leitbild Sustainable Development (kurz Sustainability = Nachhaltigkeit) bekannt zu machen. Die Diskussion erreichte einen vorläufigen Höhepunkt mit der „Agenda 21", dem Abschlussdokument der UN-Konferenz für Umwelt und Entwicklung 1992 (BMU 1992).

Die Internationalisierung des Leitbildes Nachhaltigkeit

Der Begriff Nachhaltigkeit ist keine Erfindung unserer Tage. Konzeptionell wurde er Anfang des 18. Jahrhunderts in Deutschland unter der Bezeichnung des nachhaltigen Wirtschaftens eingeführt, als starkes Bevölkerungswachstum und zunehmende Nutzung des Rohstoffes Holz (als Energieträger und als Baumaterial) eine einschreitende Waldpolitik erforderlich machten. Alle Definitionen von Nachhaltigkeit beziehen sich auf den Brundtland-Bericht (Hauff 1987). Danach ist eine Entwicklung nur dann nachhaltig, wenn sie „die Bedürfnisse der gegenwärtigen Generation befriedigt, ohne zu riskieren, dass zukünftige Generationen ihre eigenen Bedürfnisse nicht befriedigen können". Was darunter einvernehmlich verstanden wird, kann einem frühen Positionspapier des Verbandes der Chemischen Industrie entnommen werden (VCI 1994): „Die zukünftige Entwicklung muss so gestaltet werden, dass *ökonomische*, *ökologische* und *gesellschaftliche* Zielsetzungen gleichrangig angestrebt werden. *Sustainability* im *ökonomischen* Sinne bedeutet eine effiziente Allokation der knappen Güter und Ressourcen. *Sustainability* im *ökologischen* Sinne bedeutet, die Grenze der Belastbarkeit der Ökosphäre nicht zu überschreiten und die natürlichen Lebensgrundlagen zu erhalten. *Sustainability* im gesellschaftlichen Sinne bedeutet ein Höchstmaß an Chancengleichheit, Freiheit, sozialer Gerechtigkeit und Sicherheit."

Die Überzeugungskraft des Leitbildes Nachhaltigkeit ist offensichtlich groß. Mindestens so groß ist dessen Unverbindlichkeit, da jede Interessengruppe jeweils „ihrer Säule" (Wirtschaft, Umwelt oder Gesellschaft) eine besondere Priorität zuerkennt. Zielkonflikte sind vorprogrammiert, politische und gesellschaftliche Auseinandersetzungen belegen dies. Als Fazit sei festgehalten: Das Leitbild Nachhaltigkeit ist allseits akzeptiert, aber diffus formuliert. Die fällige Umsetzung leidet sowohl an ständigen Zielkonflikten als auch an fehlender Operationalisierbarkeit. Entscheidend ist die Frage, wie Nachhaltigkeit in wirtschaftliches und politisches Handeln umgesetzt werden kann. Das unscharfe Leitbild Nachhaltigkeit wird greifbar erst aus gesellschaftlichen und politischen Auseinandersetzungen bezüglich der Zielprioritäten. Also müssen gerade bei diffus formulierten Zielvorgaben folgende Probleme transparent und nachvollziehbar behandelt werden (Jischa 1999): Es sind unterschiedliche Szenarien (was wäre wenn?) zu vergleichen; das erfordert quantifizierbare Aussagen; dazu müssen relevante Indikatoren entwickelt werden; Quantifizierung verlangt Messbarkeit und Vergleichbarkeit verlangt Bewertung; zur Bewertung werden schließlich Kriterien benötigt, diese sind zeitlich und räumlich veränderlich.

Was dies für die zukünftige Entwicklung der Wälder bedeutet, dafür gibt es keine abschließende Antwort, auch wenn wir dem Wald seit 1713 ja immerhin die Vision von einer nachhaltigen Entwicklung verdanken. Die Grenzen des Wachstums in den Wäldern – und ihre jahrhundertlange Ignorierung – haben ja schließlich zur Formulierung des Nachhaltigkeitsprinzips geführt. Die ökonomischen, ökologischen und sozialen Anforderungen der Gesellschaft an den Wald wandeln sich aber. Deshalb sind die Förster und die Waldwissenschaften aufgefordert, sich immer wieder neu mit der Frage einer nachhaltigen Entwicklung auseinanderzusetzen, am besten anhand messbarer und bewertbarer Kriterien und Indikatoren.

„Die ökonomischen, ökologischen und sozialen Anforderungen der Gesellschaft an den Wald wandeln sich. Deshalb sind die Förster und die Waldwissenschaften aufgefordert, sich immer wieder neu mit der Frage einer nachhaltigen Entwicklung auseinanderzusetzen, am besten anhand messbarer und bewertbarer Kriterien und Indikatoren."
Prof. Michael F. Jischa, Ehrenvorsitzender der Deutschen Gesellschaft Club of Rome.

Seit 1991 verfolgen die Niedersächsischen Landesforsten eine langjährige Waldentwicklung auf ökologischer Grundlage. Ein Bestandteil dieses Programms besteht darin, sogenannte Habitbäume einzeln oder in Gruppen in allen Altbeständen zu erhalten.

LÖWE – die „Langfristige Ökologische Waldentwicklung"

Ein Programm für die Niedersächsischen Landesforsten

Hartmut Kleinschmit

Der uns heute überlieferte Wald spiegelt in seiner Zusammensetzung die wechselvolle Natur-, Wirtschafts- und Kulturgeschichte der letzten ein bis zwei Jahrhunderte wider. Anders als im jährlich neu startenden Landbau erntet im Wald keine Generation das, was sie sät. Heute nutzen wir zum Beispiel Eichen, die um 1820 gepflanzt wurden, als durch den Raubbau an der Natur 45 % des Königreichs Hannover aus „kulturunfähigen" Blößen, Heiden, Flugsanden und Torfmooren bestanden. Und die von uns heute angebauten Bäume werden von unseren Nachfahren gepflegt, bis sie in den Jahren 2100 bis 2200 reif zur Nutzung sind, wenn die Menschheit fast alles Erdgas und Erdöl verschwendet haben wird. In diesen Zeiträumen haben sich auch die Ansprüche an den Wald und damit an die Inhalte forstlicher Nachhaltigkeit gewandelt beziehungsweise werden sie sich weiter wandeln. „Auch dem Forstmann ist es nicht gestattet, sein Leben und Wirken unabhängig von den Bedingungen und Gesetzen seiner Zeit zu führen. Andererseits steht er nicht außerhalb der ewigen Naturgesetze des Waldes. In ihnen muss er sich einrichten und bewähren" (W. Kremser 1990).

Die Vorgeschichte von LÖWE

Nicht nur in der bis etwa 1820 währenden „hölzernen Zeit" wurden die niedersächsischen Wälder übernutzt. Auch nach deren Wiederaufbau sowie ihrer nachhaltigen Pflege und Nutzung zwang die Not die Bevölkerung während und nach den beiden Weltkriegen zu über den Zuwachs hinausgehenden Holzernten. Zudem griffen nach 1945 in einem heute kaum mehr vorstellbaren Ausmaß die sogenannten Reparationshiebe der englischen Besatzung vor allem in die staatlichen niedersächsischen Wälder ein.

Den Wiederaufbau aus Ruinen schaffte das „deutsche Wirtschaftswunder". Nadelbauholz wurde in großen Mengen benötigt und dennoch gelang es, die Holzvorräte in den Wäldern allmählich wieder anwachsen zu lassen. Um dem Anspruch der Volkswirtschaft nach Holz in großen Mengen gerecht zu werden, wurden die eingeschlagenen Flächen schnell wieder aufgeforstet. Die großen Kahlflächen insbesondere im Harz und in der Heide waren jedoch schnell vergrast. Die sich im Gras massenhaft vermehrenden Mäuse und der häufige Spätfrost auf diesen großen Freiflächen erschwerten den Laubholzanbau. So entstanden als eine Art Pionierbestockung – wie bei der Wiederbewaldung der Heide um die Mitte des 19. Jahrhunderts – erneut vor allem ausgedehnte Kiefern- und Fichtenreinbestände. Dies kam dem ungeheuer wichtigen Bedarf an Nadelbaumholz dieser Zeit entgegen – oft auf Kosten der Laubbäume. Allerdings wurde schon seit 1950 in einigen niedersächsischen Forstämtern versuchsweise naturgemäß mit Mischwald ohne Kahlschlagnutzung gewirtschaftet. Die dort gemachten Erfahrungen flossen in das spätere LÖWE-Konzept ein.

Eine weitere Zäsur im Umdenken und Handeln der niedersächsischen Förster brachten dann die zwei großen Waldkatastrophen in den 1970er-Jahren hervor: „Quimburga" 1972 und die beiden Groß-

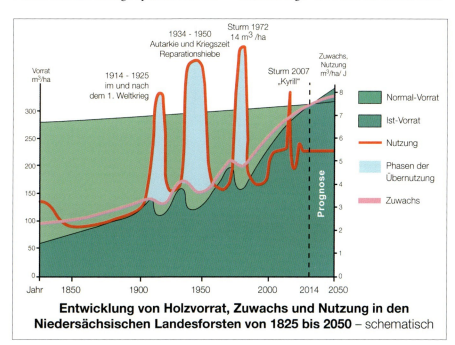

Entwicklung von Holzvorrat, Zuwachs und Nutzung in den Niedersächsischen Landesforsten von 1825 bis 2050 – schematisch

In einem forstlichen Bericht von 1949 heißt es: „Die große Aufgabe ist die Aufforstung der entstandenen ungeheuren Kahlflächen von fast 140.000 Hektar (knapp 50 % des Staatswaldes)."
Großen Anteil an der Wiederaufforstung der sogenannten „Engländerhiebe", die im Rahmen der Reparationsleistungen entstanden waren (hier in Harz und Heide sowie im Ith bei Hameln), hatten die „Kulturfrauen". An deren Leistung erinnerte noch bis zur Umstellung auf den Euro im Jahr 2000 das alte 50 Pfennig-Stück.

Ob im Harz, im Solling oder in der Lüneburger Heide, die sogenannten „Engländer-Bestände" sind heute in der Landschaft deutlich an ihrem Alter zu erkennen. Wer sie als strukturarm und monoton empfindet, möge in seine Abwägung die ungeheure Leistung einbeziehen, die mit dem Wiederaufbau aus den Trümmern der Nachkriegszeit zu bewältigen war. Auf großer Fläche sind die Aufforstungen heute etwa 70 Jahre alt geworden und wachsen allmählich ihrer Ernte entgegen.

waldbrände in den Jahren 1975 und 1976. Dadurch wurde der seit über 150 Jahren erfolgende Wiederaufbau vorratsreicher Wälder mit nachhaltig hoher Holznutzung erneut massiv zurückgeworfen, wie nachstehende Darstellung für den Landeswald zeigt (s. Grafik S. 191).

Da von Naturkatastrophen immer wieder vor allem die gleichaltrigen Reinbestände aus Fichten und Kiefern betroffen waren, begann ein forstliches Umdenken. Zudem wuchs seit Ende der 1960er-Jahre auf Grund verbreiteter Umweltschäden auch außerhalb des Waldes das allgemeine Umweltbewusstsein und damit der Wunsch nach naturnäherem Waldbau und mehr Naturschutz im Wald. Bereits 1969 schrieb ein Landespflegeerlass für die niedersächsischen Landesforsten die systematische Berücksichtigung der Schutz- und Erholungsfunktionen im Wald vor. Seit 1970 wurden in den Landesforsten repräsentative Teile der verschiedenen niedersächsischen Waldgesellschaften als sogenannte Naturwaldreservate zur wissenschaftlichen Beobachtung der natürlichen Waldentwicklung dauerhaft aus der Nutzung genommen.

Gemeinsam arbeiteten Walter Kremser und Hans-Jürgen Otto in dieser Zeit bereits an den „Grundlagen für die langfristige regionale waldbauliche Planung in den niedersächsischen Landesforsten". Das Programm – seit 1973 für die Wiederaufforstung der *Quimburga*-Fächen praktiziert und 1974 veröffentlicht – war von der Erkenntnis geprägt, dass ein Waldbau ohne Respektierung der ökologischen Beziehungen der Baumarten zum Boden, Klima und der Pflanzengesellschaft schon von Natur aus zum Scheitern verurteilt ist und dass die waldbaulichen Ziele auf dieser Grundlage langfristig anzusetzen sind, um die Entwicklung des Waldes dem Spiel blinder Zufälligkeiten zu entziehen. Damit verbunden wurde auch die Kartierung der Waldflächen mit besonderen Schutz- und Erholungsfunktionen.

Anfang der 1980er-Jahre bewegte das sogenannte „Waldsterben" die breite Öffentlichkeit. Die sauren Schadstoffeinträge der industriellen Emissionen schädigten die Wälder und ihre Eigentümer. Betroffen waren vor allem die den schadstoffbelasteten Luftmassen ausgesetzten Oberhänge des Berglandes. Die Forstleute versuchten durch Waldkalkung und waldbauliche Maßnahmen die Waldökosysteme zu stabilisieren. Der danach vorgeschriebene Einbau von Filteranlagen zeigte sich als geeignete Maßnahme, weil damit nicht an den Symptomen, sondern an den Ursachen gearbeitet wurde.

Das LÖWE-Programm

Ende der 80er-Jahre erweiterte Hans-Jürgen Otto die Langfristige regionale Waldbauplanung von 1974 auf Grund der Erfahrungen der vergangenen Jahre und Jahrzehnte, der neuesten wissenschaftlichen Erkenntnisse und gesamtgesellschaftlichen Anforderungen zum umfassenden Konzept der „Langfristigen Ökologischen Waldentwicklung" (kurz „LÖWE") für die Niedersächsischen Landesforsten.

Das Regierungsprogramm haben 1991 alle im Landtag vertretenen Parteien mitgetragen. Mit ihm ist eine naturnahe Waldwirtschaft für den niedersächsischen Landeswald verbindlich eingeführt worden. Es betont, dass nur ein Waldbau auf ökologischer Grundlage auch ökonomisch erfolgreich sein kann. Auf geradezu ideale Weise werden im Mehrzweck-LÖWE-Wald gleichzeitig und dauerhaft alle Nutz-, Schutz- und Erholungsziele auf der gleichen Waldfläche weitgehend erfüllt (s. a. Schaubild). Dabei können die Zielgewichte von Fläche zu Fläche je nach ihrer Funktion verschieden sein. Ausschlaggebend ist der Gesamtnutzen aus allen Teilzielen, nicht die Maximierung des Erfüllungsgrades eines Teilzieles unter weitgehendem Ausschluss aller ande-

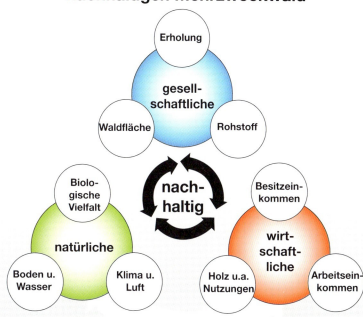

Gleichzeitig und dauerhaft verfolgte Ziele im nachhaltigen Mehrzweckwald

ren, etwa durch die Trennung der Ziele auf verschiedene Waldflächen. Das widerspräche auch dem Grundsatz einer Nachhaltigkeit aller Waldfunktionen über viele Jahrzehnte, innerhalb deren sich die Gewichte der einzelnen Teilziele wie in der Vergangenheit deutlich verschieben können. So wird zum Beispiel bewusst auf die höchste Holzproduktion und -nutzung verzichtet, um dadurch im gleichen Waldbestand die biologische Vielfalt deutlich zu erhöhen.

Seit nunmehr annähernd 25 Jahren arbeiten die Niedersächsischen Landesforsten kontinuierlich und erfolgreich nach diesen Grundsätzen. Neben der standortgemäßen Baumartenwahl werden in den Grundsätzen auch alle anderen Kriterien eines naturnahen Waldbaus und nachhaltigen Mehrzweckwaldes bestimmt:

Prof. Dr. Hans-Jürgen Otto, Waldbaureferent der Niedersächsischen Landesforstverwaltung, „Geistiger Vater" der ökologischen Waldentwicklung auf standörtlicher Grundlage

Die langfristige ökologische Waldentwicklung orientiert sich seit 1991 an 13 waldbaulichen Grundsätzen:

1. Bodenschutz und standortgemäße Baumartenwahl
2. Laubwald- und Mischwaldvermehrung
3. Ökologische Zuträglichkeit von Anbauten
4. Bevorzugung natürlicher Waldverjüngung
5. Verbesserung des Waldgefüges
6. Zielstärkennutzung
7. Erhaltung alter Bäume und Schutz seltener und bedrohter Pflanzen- und Tierarten
8. Konzept von Waldschutzgebieten und Sonderbiotopen
9. Gewährleistung besonderer Waldfunktionen
10. Waldrandgestaltung und -pflege
11. Ökologischer Waldschutz
12. Ökosystemverträgliche Wildbewirtschaftung
13. Ökologisch verträglicher Einsatz der Forsttechnik

LÖWE-Grundsatz 2: Die Überführung der Nachkriegsaufforstungen in Mischbestände beginnt mit der Pflanzung von Laubbäumen (hier Buchen). Aufgrund des langsamen Wachstums wird es jedoch eines weiteren Jahrhunderts bedürfen, bis sich diese Bestände wieder von selbst auf natürlichem Wege als Mischbestände verjüngen können.

Ein zentrales Ziel von LÖWE ist der kontinuierliche Aufbau von Laub- und Nadelmischwäldern. Die großen Reinbestände aus Kiefer, Fichte, aber auch aus Buche werden auf den entsprechenden Standorten zu Mischwäldern mit dauerwaldartigen Strukturen entwickelt. Hierbei wird grundsätzlich auf Kahlschläge zugunsten von Einzelbaumnutzungen verzichtet und der Wald soweit möglich durch natürliche Ansamung der Bäume statt durch Pflanzung verjüngt. Dieser Waldumbau auf einem großen Teil der Fläche wird noch Jahrzehnte in Anspruch nehmen.

Die angestrebte Vielfalt in vertikaler und horizontaler Mischung verschiedener Baumarten und -alter fördert eine artenreiche Tier- und Pflanzenwelt und beugt gleichzeitig größeren Waldschäden durch Sturm, Frost, Insekten, Mäusen und Schalenwild zukünftig besser vor. Sie bietet zudem mehr Optionen bei der Anpassung an den Wandel der Umwelt, insbesondere an die befürchtete Klimaerwärmung.

LÖWE integriert auch die Naturschutzziele in verschiedenen Intensitätsstufen in die forstliche Bewirtschaftung: Mit einem naturnahen Waldbau werden Arten- und Biotopschutzziele auf ganzer Fläche verfolgt. Einen Naturschutzschwerpunkt bildet das Habitatbaumkonzept. Während die meisten Bäume selektiv nach Erreichen der Zielstärke, also vor der beginnenden Fäulnis und Holzentwertung, genutzt werden, sollen möglichst über die gesamte Waldfläche verteilt einige alte und starke Bäume in Gruppen oder Kleinflächen dauerhaft zum Uraltwerden und natürlichen Zerfall erhalten bleiben. Hierdurch werden insbesondere holzzersetzende Pilz- und Insektenarten, die auf stehendes und liegendes Alt- und Totholz spezialisiert und entsprechend selten sind, gefördert.

Ein weiterer Schwerpunkt für den Naturschutz ist ein Netzwerk von Waldschutzgebieten: Es besteht aus Naturwäldern (18 700 ha einschließlich Nationalpark Harz), die ihrer natürlichen Entwicklung überlassen bleiben ohne jede menschliche Nutzung. In Naturwirtschaftswäldern (61 300 ha) wird dauerhaft nur mit natürlicherweise auf dem jeweiligen Standort vorkommenden Baumarten gewirtschaftet. In lichten Wirtschaftswäldern (5700 ha) werden vor allem aus Artenschutzgründen Lichtbaumarten, insbesondere die Eiche, dauerhaft gegen die natürliche Sukzession erhalten. Kulturhistorische Wirtschaftswälder (500 ha) sollen aus Naturschutz- und geschichtlichen Gründen als Nieder-, Mittel-, Schneitel- oder Hutewälder wie zu Zeiten unserer Vorfahren behandelt werden. Schließlich umfasst das Waldschutzgebietskonzept unzählige Sonderbiotope im Wald, wie beispielsweise Feuchtgebiete, Quellen, Fließgewässer, Moore, Wiesen, Heiden, Trockenrasen und seltene Waldgesellschaften auf Extremstandorten sowie für die Generhaltung wichtige Baum- und Strauchbestände.

25 Jahre LÖWE werden sichtbar

Der Landeswald wird seit etwa 25 Jahren kontinuierlich nach den LÖWE-Grundsätzen entwickelt. Innerhalb eines Baumlebens eine relativ kurze Zeit, für das Wirken der Natur eine lange. In diesen Jahren wurden fast 150 Millionen Bäume gepflanzt, vorrangig Laubbäume wie Eiche und Buche. Der Holzvorrat hat sich seit 1991 um rund 30 % auf knapp 300 m^3 pro Hektar erhöht, trotz temporärer Einbrüche wie durch den Sturm Kyrill im Jahr 2007. Kaum vorstellbar, wenn man den Blick an das Ende der „hölzernen Zeit" um 1800 zurückschweifen lässt. Nach jahrzehntelangem Raubbau und vor Entdeckung und industrieller Nutzung der Kohle betrug der durchschnittliche Holzvorrat pro Hektar damals nur noch etwa 60 m^3, also 20 % des heutigen. Seit 1991 stieg der Mischwaldanteil von 45 % auf 67 %, langfristig und dauerhaft soll er 90 % betragen. Mischwälder mit Laubbaumbeteiligung nahmen von 31 % auf 56 % zu, sie sollen langfristig etwa 85 % der Landesforsten bedecken. Drei eingebürgerte Baumarten, Douglasie, Japanische Lärche und Roteiche, haben sich nach 150-jährigem Versuchsanbau unter über 50 anderen geprüften Arten in Niedersachsen als ökologisch zuträglich herausgestellt. Ihrem Anbau bleibt eine vergleichsweise geringe Fläche vorbehalten und erfolgt immer in Mischung mit heimischen Baumarten, vor allem mit der Buche.

Die Waldverjüngung auf der Freifläche nach Kahlschlag oder Sturmwürfen ging seit 1975 von 80 % auf unter 5 % der Verjüngungsfläche zurück. Nur für den Umbau in die sehr lichtbedürftige Eiche sind Kleinkahlschläge bis ein Hektar Größe waldbaulich notwendig. Im gleichen Zeitraum stieg der Anteil der Naturverjüngung unter dem Schirm der „Mutterbäume" von 10 % auf über 60 %. Er wird nach dem erfolgten Bestockungsumbau auf über 80 % anwachsen.

Im Gegensatz zu den 1960–70er Jahren werden heute im LÖWE-Wald fast keine Pestizide mehr ausgebracht. Der Verbiss an den jungen Bäumen durch Reh-, Rot- und Damwild übersteigt im Vergleich zu den 1960er-Jahren nur noch regional oder zeitlich begrenzt das waldbaulich nicht mehr tragbare Maß. Der Zaunschutz verbissempfindlicher Bäume bildet heute die Ausnahme. Die Waldbestände werden zur Holzernte und -bringung nicht mehr ganzflächig, sondern nur noch auf Rückelinien befahren und auf zur Verdichtung neigenden Böden in der Regel nur noch in trockenem oder gefrorenem Zustand.

Für den Klimawandel vorbereitet

Mit dem prognostizierten Klimawandel kommt im 21. Jh. eine große neue Herausforderung auf die Wälder der Erde zu, auch auf den Wald in Niedersachsen. Die Prognose einer Erwärmung um etwa 2,5 – 4° der Jahresdurchschnittstemperatur in den nächsten 100 Jahren erfordert von allen Waldbesitzern, ihre Wälder rechtzeitig darauf vorzubereiten, ohne jedoch in kurzfristig ausgelöste Panik- oder Modeerscheinungen zu verfallen. Für Bäume als langlebige Arten gilt allerdings in stärkerem Maße als für kurzlebige Pflanzen- und Tierarten, dass eine Anpassung Zeit erfordert. Das Grundprinzip, das der LÖWE-Waldbau dabei verfolgt, lautet: „Je vielfältiger ein Wald aufgebaut ist, desto mehr Optionen werden gewahrt."

Die weltweiten Bemühungen um die Erhaltung der Biodiversität finden hier im LÖWE-Wald ihren Ausdruck. LÖWE hat dazu geführt, dass die Wälder vielfältiger, artenreicher und damit auch stabiler geworden sind. Die Wunden von Raubbau, bewussten Übernutzungen und Naturkatastrophen sind heute weitgehend verheilt, auch wenn die Wälder noch nicht am Ziel sind. Aber dazu wachsen sie einfach zu langsam – Geduld ist erforderlich. Seit der Frühen Neuzeit um 1800 hat es in Niedersachsen zu keinem Zeitpunkt jedoch so viel Wald, so hohe Holzvorräte, so viel stehendes und liegendes Totholz, eine solche Artenvielfalt gegeben wie heute. Auf ihre Pionierleistungen blicken mehrere Förstergenerationen mit einigem Stolz zurück und mit großer Zuversicht nach vorne.

LÖWE-Grundsatz 5: Vertikal gestaffelte und kleinflächig abwechselnde Waldformen bieten die höchste Strukturvielfalt. Um dies zu erreichen, sollen aus den Reinbeständen strukturierte Waldgefüge unterschiedlicher Arten und Altersklassen entwickelt werden.

Nachhaltigkeitskriterien für die Wälder in Europa

Hermann Spellmann

Das Buch „Die Grenzen des Wachstums" von Dennis Meadows et al. 1972 markierte einen bedeutenden Meilenstein für die Umweltpolitik. Mit diesem Bericht wurde das Bewusstsein der Menschen für die Endlichkeit der Naturgüter vor dem Hintergrund der rasant steigenden Weltbevölkerung geweckt bzw. geschärft. Der anschließende Brundtland-Bericht „Unsere gemeinsame Zukunft" führte 1987 den Begriff „Sustainable Development (nachhaltige Entwicklung) in die internationale öffentliche Diskussion ein (The World Commission of environment and development 1987, Hauff 1999). 1989 beschloss die UNO-Generalversammlung, eine Konferenz über Umwelt und Entwicklung in Brasilien abzuhalten. Diese Konferenz war das bisher größte internationale politische Ereignis zu globalen ökologischen und damit auch forstlichen Fragen.

Auf dem sogenannten „Erdgipfel" in Rio de Janeiro 1992 strebten Vertreter aus 187 Staaten nach gemeinsamen Wegen zur Lösung globaler Umweltfragen. Die Waldgrundsatzerklärung und die waldbezogenen Kapitel der Agenda 21 haben weltweit Folgeprozesse ausgelöst, die sich auf die internationale und nationale Forstpolitik auswirkten.

Den Gedanken der multifunktionalen Forstwirtschaft greift auch der Helsinki-Prozess zum Schutz der Wälder in Europa auf. In der Helsinki-Resolution H1 von 1993 wird Sustainable Forest Management – Nachhaltige Waldbewirtschaftung – wie folgt definiert:

> „Nachhaltige Waldbewirtschaftung ist die Pflege und Nutzung von Wäldern und Waldflächen auf eine Weise und in einem Ausmaß, das deren biologische Vielfalt, Produktivität, Verjüngungsfähigkeit und Vitalität erhält sowie deren Potenzial sichert, jetzt und in Zukunft die entsprechenden ökologischen, wirtschaftlichen und sozialen Funktionen auf lokaler, nationaler und globaler Ebene zu erfüllen, ohne anderen Ökosystemen Schaden zuzufügen."

Dieses Nachhaltigkeitsverständnis eint bisher alle Waldbesitzarten in Deutschland. Es wird versucht, auf dem Wege des Kompromisses die vielfältigen Ansprüche an den Wald in unserer dicht besiedelten Kulturlandschaft angemessen zu berücksichtigen. Dazu sollen i. d. R. auf der gleichen Fläche Nutz-, Schutz- und Erholungsfunktionen gleichzeitig verfolgt, die Eigentümerinteressen beachtet, die waldbaulichen Ziele und Methoden mit den ökologischen Erfordernissen und den ökonomischen Möglichkeiten in Übereinstimmung gebracht werden. Es wird angestrebt, den nachfolgenden Generationen wenigstens ebenso viel Nutzen aus dem Wald zu sichern, wie er der derzeitigen Generation zur Verfügung steht. Anspruch und Umsetzung stimmen aber nicht immer überein.

Umsetzen lässt sich dieses Prinzip einer multifunktionalen Nachhaltigkeit erst dann, wenn konkret angegeben wird, für welche Zustände, Wirkungen und Leistungen des Waldes Kontinuität bzw. Verbesserung gefordert werden. Einen wesentlichen Anhalt für eine solche Konkretisierung bietet der Katalog der gesamteuropäischen Kriterien und Indikatoren einer nachhaltigen Forstwirtschaft, der erstmals in Lissabon 1998 und in verbesserter Form im Jahre 2003 auf der 3. Ministerkonferenz zum Schutz der Wälder in Europa in Wien verabschiedet wurde.

Kriterien und Indikatoren einer nachhaltigen Forstwirtschaft

Der Katalog der gesamteuropäischen Kriterien und Indikatoren einer nachhaltigen Forstwirtschaft umfasst sechs Kriterien und 35 quantitative Indikatoren. Sie lassen sich ganz oder größtenteils auf nationaler, regionaler oder forstbetrieblicher Ebene anwenden. Bei den Kriterien handelt es sich um Merkmalsbündel zur Beschreibung der verschiedenen Aspekte einer multifunktionalen Nachhaltigkeit, die von den Forstlichen Ressourcen über die Gesundheit und Vitalität, die Produktionsfunktion, die Biodiversität und die Schutzfunktionen bis hin zu den sozioökonomischen Funktionen reichen. Die 35 Indikatoren dienen der konkreten quantitativen Beschreibung einzelner Nachhaltigkeitsaspekte. Sie decken ein sehr breites Spektrum an Sachzielen ab, die zwangsläufig zueinander komplementär, indifferent, konkurrierend oder konträr sein können. Folglich müssen sie inhaltlich geordnet und in einem Zielsystem strukturiert, durch quantitative Zielvorgaben konkretisiert und in ihrer Bedeutung eigentümerspezifisch gewichtet werden, um in operative Handlungsan-

Nachhaltigkeitskriterien für die Wälder in Europa

Kriterium I FORSTLICHE RESSOURCEN	Kriterium II GESUNDHEIT UND VITALITÄT	Kriterium III PRODUKTIONS-FUNKTION	Kriterium IV BIOLOGISCHE DIVERSITÄT	Kriterium V SCHUTZ-FUNKTIONEN	Kriterium VI SOZIO-ÖKONOMISCHE FUNKTIONEN
Waldfläche nach Waldgesellschaften	Deposition aus der Luft	Zuwachs und Nutzung	Baumarten-zusammensetzung	Schutzwälder (Boden, Wasser)	Eigentümerstruktur
Holzvorrat	chem. Bodenzustand	Rundholz (Wert und Menge)	Anteile versch. Verjüngungstypen	Schutzwälder (Klima, Lärm, Immissionen, Sicht)	Anteil am Brutto-Inlandsprodukt
Alters- bzw. Durchmesserstruktur	Nadel-/Blattverluste	Nichtholzprodukte (Wert und Menge)	Naturnähe der Wälder		Reinertrag der Forstbetriebe
Kohlenstoffvorrat	Waldschäden (abiotisch, biotisch; Bewirtschaftung)	vermarktungsfähige Dienstleistungen	Anbaufläche fremdl. Baumarten		Investitionen in die Forstwirtschaft
		Fläche mit FE-Planung	Totholz (Vorrat stehend / liegend)		Beschäftigte in der Forstwirtschaft
			Genressourcen		Arbeitsunfälle im Wald
			Landschafts-diversität		Holzverbrauch pro Kopf
			Anzahl gefährdeter Waldarten		Holzhandel (Import / Export)
			Vorrangflächen Naturschutz		Energiegewinnung aus Holz
					Erholungswald
					Kultur- und Naturdenkmale

Seit 1998 bietet ein von den europäischen Forstministern verabschiedeter Katalog von Kriterien und Indikatoren eine konkrete Definition für eine umfassende forstliche Nachhaltigkeit. Wenn für die jeweiligen Indikatoren konkrete Ziele definiert werden, ermöglicht dies eine Steuerung im gemeinwirtschaftlichen Sinne auf den verschiedenen Ebenen in den europäischen Mitgliedstaaten bis auf die Ebene einzelner Forstbetriebe.

weisungen umgesetzt werden zu können. Dies ist eine anspruchsvolle und nicht immer konfliktfreie Aufgabe. Sie kommt für den einzelnen Waldbesitzer einem Spagat zwischen den vielfältigen Waldfunktionen gleich, während bestimmte Interessengruppen häufig nur eine Waldfunktion besonders in den Vordergrund stellen.

In diesem Widerstreit der Interessen ist die multifunktionale Forstwirtschaft gefordert, tragfähige Kompromisse zu finden, denn weder im Kielwasser der Rohholzerzeugung noch im Kielwasser des Naturschutzes lassen sich alle Waldfunktionen angemessen erfüllen.

Strategische Planung der Nachhaltigkeit

Nachhaltige Forstwirtschaft muss sich den Herausforderungen von heute und morgen stellen. Die Treiber der sich ändernden Rahmenbedingungen sind der Klimawandel, der demografische Wandel und die Globalisierung der Märkte. Zu den regionalen Folgen des globalen Wandels zählen veränderte Produktionsgrundlagen, Produktionsrisiken und Ertragsaussichten durch die Klimaänderungen und die Stoffeinträge aus der Luft.

Die globalisierten Märkte haben zu einem Ausbau der Produktionskapazitäten in der Holzindustrie, dem Aufbau neuer energetischer und chemischer Produktionslinien und zu einer steigenden Rohholznachfrage geführt. Forstbetrieblich hat dies zu steigenden Nutzungsintensitäten, einer zunehmenden Flächenkonkurrenz zwischen den Produktionslinien und mit dem Naturschutz, Interessenkonflikten mit anderen Landnutzern um die Ressource Wasser sowie zu Beeinträchtigungen des Lebensraumangebotes und der Artenvielfalt geführt.

Angesichts dieser Veränderungen ist es wichtig, im Rahmen einer strategischen Planung frühzeitig und systematisch die richtigen Weichen zu stellen, um künftige Erfolgspotenziale zu sichern und den Betrieben bzw. Regionen ihre Entwicklungsfähigkeit zu erhalten. Mithilfe der gesamteuropäischen Kriterien und Indikatoren lassen sich die Leitbilder der Gegenwart konkretisieren und Visionen für die Zukunft entwerfen, indem aktueller Handlungsbedarf durch den Vergleich der Ist-Zustände mit den angestrebten Soll-Zuständen identifiziert wird.

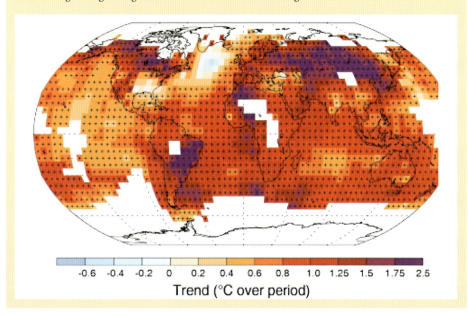

Die beobachteten Temperaturveränderungen auf der Welt zwischen 1901 und 2012 in einer Darstellung des IPPCC (weiße Flächen bedeuten Datenlücken). Der Klimawandel hat die Rahmenbedingungen für eine nachhaltige Bewirtschaftung der Wälder weltweit bereits verändert. Die derzeitigen Prognosen gehen von einer weiteren Veränderung aus.

Leitbilder von LÖWE sind Mischwälder, die durch vertikale und horizontale Struktur stabil und zugleich elastisch reagieren können. Mit ihrer Vielfalt sind sie auf alle Herausforderungen der Zukunft wie zum Beispiel den Klimawandel am besten vorbereitet.

WÄLDER VON MORGEN

„Es ist ein Fehler, sich die Zukunft als bloße Verlängerung der Gegenwart vorzustellen."
(Ralph Fücks, Heinrich-Böll-Stiftung, in „Intelligent wachsen", 2013)

Waldland Niedersachsen

Niedersachsen ist zu einem Drittel seiner Fläche mit Wald bedeckt, das sind 1,2 Millionen Hektar. Dieser Wald gehört 70 000 vorwiegend privaten Eigentümern. Der größte einzelne Waldbesitzer sind die Niedersächsischen Landesforsten, die den 335 000 Hektar großen Landeswald bewirtschaften. Die häufigsten Baumarten sind Buche, Fichte, Kiefer und Eiche, der gesamte Holzvorrat beträgt etwa 340 Millionen Kubikmeter. Alljährlich wachsen 12,3 Millionen Kubikmeter Holz hinzu, wovon 9,2 Millionen Kubikmeter geerntet und für verschiedene Produkte verwendet werden oder aber abgestorben als Totholz im Wald verbleiben. Die genutzte Menge entspricht einem Holzwürfel von knapp 2 Kilometer Kantenlänge, der von Sägewerken, Tischlern, Zimmerleuten und vielen anderen heute und in Zukunft in jedem Jahr verarbeitet werden kann (Angaben nach Bundeswaldinventur 2014).

Die Farbe des Wachstums

„*Eine nachhaltige ‚green economy' setzt auf die Potentiale der Sonne und die Kraft des Chlorophylls statt auf die Energie fossiler Brennstoffe. Chlorophyll ist der Farbstoff, der von Organismen gebildet wird, die Fotosynthese betreiben. Er absorbiert das Sonnenlicht und leitet es weiter zu den Zentren, in denen sich die anschließenden Stufen der Fotosynthese vollziehen und die Energie für Leben, Wachstum und Fortpflanzung von pflanzlichen Organismen erzeugt und bereitgestellt wird.*"

(Ulrich Grober, 2014)

An der Schwelle zum solaren Zeitalter

Wenn die Weltbevölkerung auf 10 Mrd. Menschen anwächst, dann wirft dies nicht nur Ernährungsfragen auf. Allen regenerativen Energien aus Wind, Wasser, Sonne kommt eine große Bedeutung zu. Sie zu speichern und zum richtigen Zeitpunkt zu mobilisieren, wird eine Herausforderung sein. Auch Holz ist ein Energiespeicher. Holzwärme heizt nicht lediglich die Raumtemperatur, sie strahlt zudem Gemütlichkeit und Behaglichkeit aus. Nach der aktuellen Feuerstättenzählung 2012 gibt es in den Haushalten Niedersachsens 1,284 Millionen Feuerstätten < 1 MW, meistens Schwedenöfen und Kamine. Hinzu kommen etwa 30 000 Scheitholz-Zentralheizungen und einige Holzheizkraftwerke.

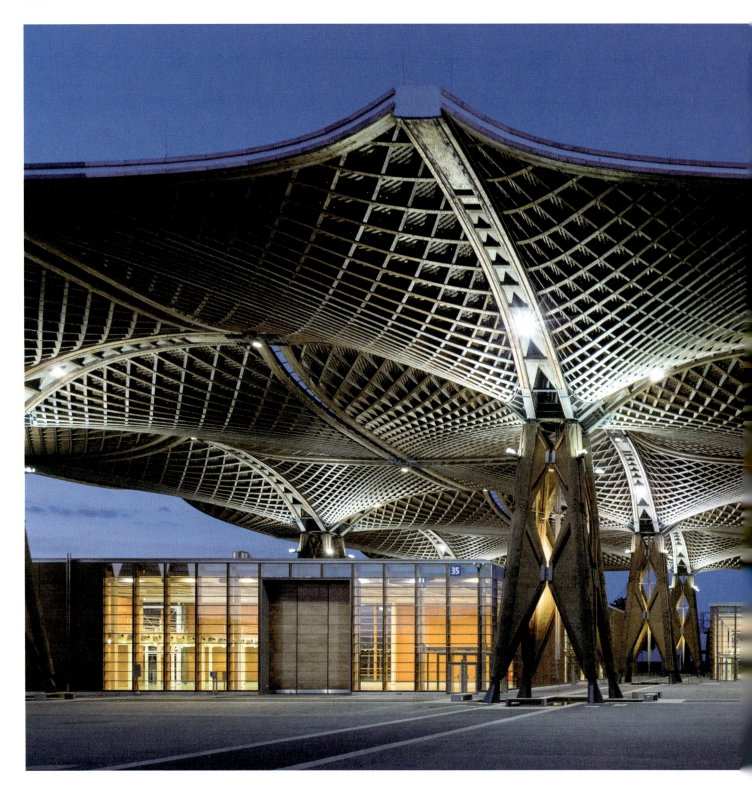

„Mensch – Natur – Technik"

Mensch – Natur – Technik

Die Expo 2000 in Hannover hat mit ihrem Motto „Mensch – Natur – Technik" weltweit Menschen begeistert. Das Expo-Holz-Dach steht seither symbolisch für diese Symbiose. So bindet der niedersächsische Wald etwa 85 Mio. Tonnen Kohlenstoff in seinen Holzvorräten. Wichtiger noch entwickelt sich der Holzspeicher. Die Erwartung dabei: Mit der langfristigen Verwendung von Holz als ökologischer Rohstoff-Alternative lässt sich wirksamer Klimaschutz betreiben. Neben dem unterirdischen „fossilen Wald" und dem lebenden Waldspeicher entsteht ein zusätzlicher oberirdischer „Holz-Speicher". Zusammen mit dem sogenannten Substitutionseffekt, wenn Holz nämlich als Ersatz für fossile Brennstoffe eingesetzt wird, leisten Wald und Holzverwendung wichtige ökologische Ansätze zum Klimaschutz.

Nicht erst seit der Expo 2000 zeigen einige herausragende Beispiele, wie mit dem nachwachsenden Rohstoff Holz heute modern und intelligent gebaut wird.
So wurde 2013 der deutsche Holzbaupreis an die Hannoveraner Firma Timbertower verliehen. Holz wird hier in technisch hoch anspruchsvollen Konstruktionen eingesetzt, um regenerative Energie zu erzeugen.

Mensch – Natur – Technik

1. Einfamilienhaus
2. Hausboot
3. Torfhaus Harzresort
4. Baumhaushotel Solling
5. Eine-Welt-Kirche Schneverdingen
6. Holzachterbahn
7. Woodcube Hamburg
8. bis 10. Timbertower

Die Intelligenz der Bäume

Um tagsüber optimal Fotosynthese betreiben zu können, berechnen Bäume mit Hilfe eines internen Weckers den Zeitpunkt des Sonnenaufgangs im Voraus. So können sie sich optimal vorbereiten und mit ihrem Blätterdach die allerersten Sonnenstrahlen für eine effiziente Fotosynthese nutzen. Eine 100-jährige Buche trägt etwa 600 000 Blätter, das sind etwa 1200 m² Blattfläche, die einer Zelloberfläche zum Gasaustausch von ca. 15 000 m² entsprechen. An jedem „Arbeitstag" verarbeiten diese Blätter 18 kg Kohlendioxid aus der Luft, um Holz zu bilden und decken zugleich den Sauerstoffbedarf von 10 Menschen. In Formeln ausgedrückt: 1,44 kg Kohlendioxid (CO_2) + 0,56 kg Wasser (H_2O) + 18,5 MJ Sonnenenergie = 1 kg Biomasse Holz + 1 kg Sauerstoff (O_2) + 18,5 MJ Heizwert.

Den Nachwuchs sichern

Die Wälder von morgen entstehen aus dem natürlichen Nachwuchs der Bäume. Von der riesigen Nachkommenschaft einiger Millionen Samen bleiben im Zuge eines Waldlebens nach Jahrzehnten der Konkurrenz um Licht, Raum und Nährstoffe nur wenige Einzelbäume übrig, um alt und dick zu werden. Bäume werden dort nachgepflanzt, wo die natürliche Verjüngung ausbleibt und wo die Waldbesitzer ihren Wald planvoll entwickeln. Die Sorge um das Ausmaß der Klimaveränderung und die Anpassung ihrer Wälder gewinnt hierbei immer mehr an Bedeutung. Waldböden werden nur dann gekalkt, wenn der natürlichen und der zivilisationsbedingten Bodenversauerung langfristig entgegengewirkt werden muss.

Bildung für Nachhaltige Entwicklung

Kinder für den Wald und seine existenzielle Bedeutung für den Menschen zu sensibilisieren, beginnt heute in allen vorschulischen Einrichtungen. Die Niedersächsischen Landesforsten bieten in ihren 10 Waldpädagogik- und 7 Walderlebniszentren in Zusammenarbeit mit über 100 zertifizierten Waldpädagogen Kindern wie Erwachsenen ein umfängliches Angebot hierzu an. Aus den frühen Jugendwaldheimen wurden moderne außerschulische Lernstandorte entwickelt. Zwischen eintägigen Themen-Klassenfahrten bis zu zweiwöchigen Arbeitseinsätzen ist alles dabei.

„Schulwälder gegen Klimawandel"

Mit Unterstützung der Stiftung Zukunft Wald pflanzen niedersächsische Schulen neue Wälder. Nach dem Start dieses Projektes 2011 sind innerhalb von nur drei Jahren bereits über 30 Schulwälder in allen Regionen Niedersachsens gepflanzt worden. Über 30 000 Schüler/innen haben ihren Wald auf Flächen angelegt, die von den Eigentümern unentgeltlich zur Verfügung gestellt wurden. In den selbst gepflanzten Wäldern erleben die Schüler/innen nun, wie ein Wald heranwächst. Wie viel Holz produziert er, wie viel Kohlenstoff nimmt er dabei auf, um Sauerstoff wieder abzugeben, welche Tier- und Pflanzenarten finden sich ein, welche Gefahren drohen ihm? Nachhaltigkeit wird auf diese Weise ganz praktisch vermittelt.

Arbeitsplatz Wald

Wer die Arbeit unter freiem Himmel an der frischen Luft liebt, für den ist der Forstwirtberuf genau richtig. Etwa eine Million Arbeitsplätze werden in Deutschland in wald- und holzbezogenen Berufen angeboten, vor allem im ländlichen Raum. Der Beruf des Forstwirtes wie auch der des Försters verlangt Verantwortungsbewusstsein für den Umgang mit dem Wald. Dies macht auch zukünftig den Zauber dieser Berufe aus. Und man sieht es den Gesichtern an. Wald ist unsere Leidenschaft, Förster auch weiterhin ein Traumberuf.

Mensch – Natur – Technik

Auch wenn im Wald immer zugleich Naturliebe und Romantik mitschwingen, so hat doch auch hier innovative Technik Einzug gehalten. Sie sichert moderne und technisch herausfordernde Arbeitsplätze. Besonders im ländlichen Raum bietet der Wald vielen Unternehmen Arbeit und Auskommen. Trotz aller Verbesserungen bleibt die Arbeit im Wald aber gefährlich.

Der Alltag aus Holz

Es sind vor allem die alltäglichen Dinge aus heimischen Wäldern, die Teil eines natürlichen Kreislaufes bleiben. Am Ende ihres Gebrauchs können die Alltagsgegenstände aus Holz wieder in den Naturkreislauf zurückgeführt werden. Bis dahin binden sie in Summe mehr CO_2, als man denkt.
Der Wald, dessen Holzzuwachs nachhaltig entnommen wird, ohne die Vorräte der Nachfolgegenerationen aufzubrauchen, wirkt wie eine Stiftung.

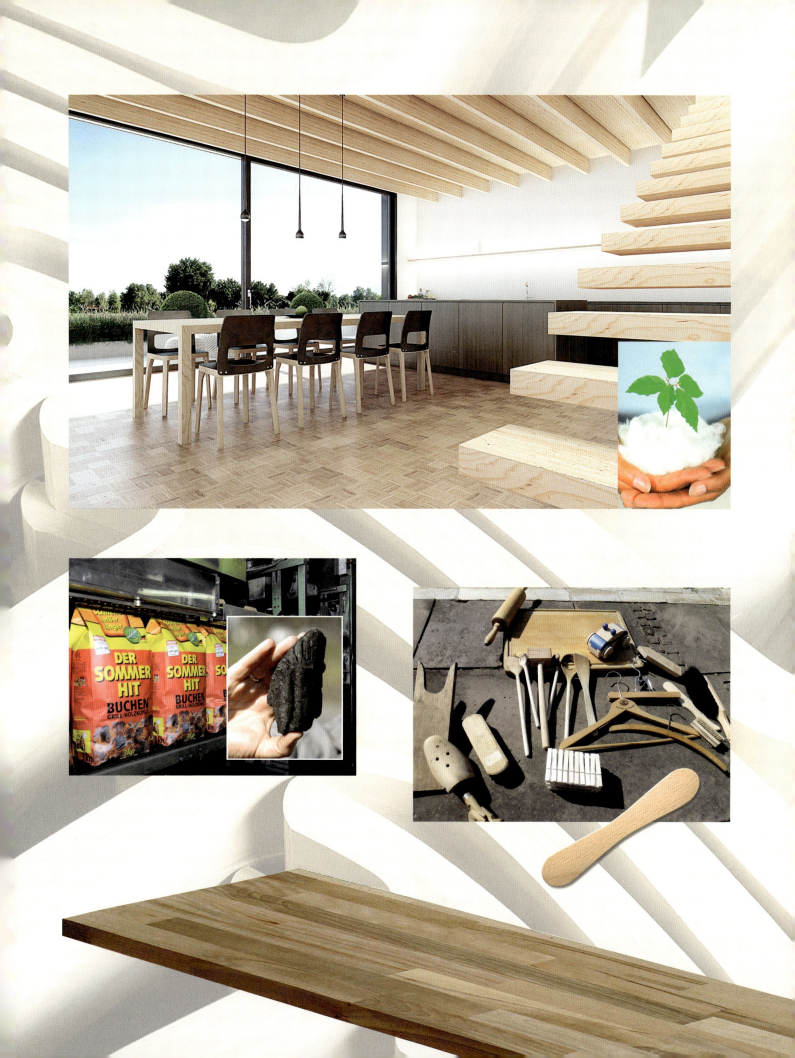

Indian Summer in Niedersachsen

Treffen die internationalen Klimaprognosen zu, nach denen die durchschnittliche Jahrestemperatur bis zum Jahr 2100 um etwa 4 °C ansteigen wird, so verändert dies die Umweltbedingungen der heimischen Wälder grundlegend. Vielfalt und Strukturreichtum bieten langfristig die beste Vorbereitung auf eine Klimaveränderung, deren Ausmaß niemand genau vorhersagen kann. Die Wälder werden deshalb auch bunter. Baumarten wie die Douglasie oder die Roteiche profitieren vom Klimawandel, weil sie besser mit den Bedingungen zurechtkommen. Zudem liefern sie mehr Holzzuwachs und binden dadurch mehr Kohlenstoff. Im „Weltwald Harz" bei Osterode brennen über 600 verschiedene Baum- und Straucharten aus allen Kontinenten im Herbst ein Feuerwerk für die Besucher ab.

Der Wald der Individualisten

Den einen Wald, der allen Ansprüchen optimal gerecht wird, gibt es nicht. Zu verschieden sind die Wünsche der Waldbesucher. Sie reichen vom traditionellen Pilgern und Wandern bis zu immer neuen Trendsportarten. Nach der Wanderstudie des Deutschen Wanderverbandes sind 69 % der deutschsprachigen Bevölkerung aktive Wanderer. Der Anteil der „Nicht-Wanderer" ist auf 29 % gesunken. Alle anderen Menschen wandern zumindest gelegentlich. (Quelle: Der deutsche Wandermarkt, 2014)

Waldwege für die Gesundheit

Wandern erlebt seit Jahren eine Renaissance. „Stress abbauen", „etwas für die Gesundheit tun" und ein „positives Lebensgefühl" stehen an der Spitze der Motive wie auch „die Natur erleben". Neben den klassischen Trends erschließen jedoch auch moderne Massentrends den Wald als Lebens- und Freizeitraum, wie zum Beispiel das Geocaching, die Down Hill-Monsterroller oder der alpine Wintersport im Harz.

Zurück in die Zukunft – Urwälder von morgen

Im Zuge internationaler und nationaler Konventionen zum Erhalt einer natürlichen Vielfalt sollen bis zum Jahr 2020 5 % des gesamten deutschen Waldes – das sind etwa 500 000 Hektar – einer natürlichen Entwicklung ohne jede Holznutzung überlassen werden, sodass sie sich langfristig wieder zu Urwäldern oder Wildnis entwickeln können. Was im 20. Jahrhundert mit einigen Naturwaldreservaten begann, wird auf größerer Fläche ausgeweitet.

Moore und Moorwälder

Vor allem in der norddeutschen Tiefebene haben die Moore und Moorwälder eine besondere Bedeutung. Häufig lassen sich intakte Moore aus den vorhandenen Relikten erst mit technischer Unterstützung wiederherstellen. Die Gestaltung von typischen Naturlandschaften erfolgt deshalb häufig im Rahmen von sogenannten Ausgleichs- und Ersatzmaßnahmen.

Trinkwasserqualität sichern

Für zukünftige Generationen ist der Wald vor allem auch als Reservoir und Filter für ein sauberes Grundwasser von unschätzbarem Wert. Durch ein professionelles Management der Waldbäche und von Trinkwasserlandschaften übernehmen die Waldbesitzer eine häufig unterschätzte Verantwortung. Der Anspruch der Gesellschaft an diese besonders wichtige Waldfunktion wird erst noch Niederschlag finden müssen in einem angemessenen Ausgleich für die Waldbesitzer.

Ressourcen naturnah nutzen

Auf der Suche nach geeigneten Flächen für eine Teichanlage stieß man im Großherzogtum Oldenburg 1898 auf Ahlhorn. In der Waldlandschaft wurden auf etwa 200 Hektar künstliche Teiche angelegt. Innerhalb von 100 Jahren hat sich eine moderne naturnahe Teichwirtschaft entwickelt. Als FFH-Gebiet steht das Gebiet heute unter europäischem Schutz und erfreut sich gleichzeitig als Erholungsgebiet einer besonderen Beliebtheit in der Region. Kultur und Natur – Ökonomie und Ökologie – in enger und vorbildlicher Verzahnung.

Auch die Bestattungskultur unterliegt Veränderungen. In Friedwäldern und Ruheforsten finden heute in ganz Niedersachsen Bestattungen im Wald statt.

Der Solling an der Weser wurde 2013 in einer bundesweiten Online-Umfrage des Bundes Deutscher Forstleute (BDF) zum „Waldgebiet des Jahres" gewählt. Es war gerade der Zuspruch der verschiedenen Interessensgruppen, die den Ausschlag dafür gaben. Forst- und Holzwirtschaft, Kommunen und Landkreise, Tourismus und Naturschutz – verschiedene Interessen lassen sich unter einen Hut bringen, wenn die Partner an einem Strang ziehen und Kompromisse suchen. Das ist der Sinn einer zukunftsfähigen multifunktionalen Forstwirtschaft, wie sie gerade in einer mitteleuropäischen Kulturlandschaft unabdingbar ist.

Anmerkungen

Die Vermessung der Welt – und ihrer Wälder

1 H. Großcurth und Z. H. Ernst, 1680: Forsttaxation im Communionshartz. Nieders. Forstplanungsamt
2 Ein Braunschweiger Waldmorgen zu 160 Ruten ergab 3.335,4 m². Ein Fuder entsprach ungefähr 3,78 m³.
3 J. von Langen, 1731/32: Atlas der Unteren Blanckenburgischen Forsten. NLA-StA Wolfenbüttel K 20025
4 Peter-Michael Steinsiek: Nachhaltigkeit auf Zeit. Waldschutz im Westharz vor 1800. Münster 1999 (Cottbuser Studien zur Geschichte von Technik, Arbeit und Umwelt 11).
5 Das Sollingische Forstbereitungsprotokoll 1735–1736. Sollinger Heimatschriften. Hrsg. Sollingverein Uslar e.V.
6 W. Kremser, 1990: Niedersächsische Forstgeschichte. Bd. 32, 932 S., Heimatbund Rotenburg/Wümme
7 Niedersächsische Landesforstverwaltung 1989: Langfristige, ökologische Waldentwicklung für die Niedersächsischen Landesforsten. Aus dem Walde 42, Band 1
Niedersächsische Landesforstverwaltung 1991: Langfristige, ökologische Waldentwicklung für die Niedersächsischen Landesforsten. Aus dem Walde 43, Band 2
Niedersächsische Landesforstverwaltung 2004: Langfristige, ökologische Waldentwicklung – Teil Fortschreibung der Richtlinie zur Baumartenwahl. Schriftenreihe Waldinformation, Bd. 54
8 Niedersächsische Forstliche Versuchsanstalt, Niedersächsisches Forstplanungsamt, 2002: Indikatoren nachhaltiger Forstwirtschaft – Bericht über das deutsche Teilprojekt. Schriftenreihe Waldentwicklung in Niedersachsen, 10, Wolfenbüttel
9 S. Winter, A. Kayser, T. Kolling, D. Pflugmacher, J. Puumalainen und W.-H. von der Wense, 2004: Ein Ansatz zur Einbeziehung von Biodiversität und Naturnähe in die Waldinventur und -planung. Forst und Holz, 59, S. 22–26.
10 J. Nieschulze, Th. Böckmann, J. Saborowski und J. Nagel, 2005: Herleitung von einzelbestandesweisen Informationen aus Betriebs-inventuren für die Zwecke der Forsteinrichtung, Allg. Forst- und Jagdzeitung, 176, 9/10, S. 169–176.

„De Wind, de weiht …" – Eine alte Ehrhorn-Sage

1 Auszug aus der Ehrhorn-Sage. Nach Emil Stender, Wanderungen um Hamburg. 1925.
2 Beschreibung der Amtsforsten nach der Forstbereitung 1744, NSA Hann. 76a, Nr. 981

Dichter Wald – Literarische Streifzüge

1 Entdecken Sie unser Waldkulturerbe! Hrsg. vom Bundesministerium für Ernährung, Landwirtschaft und Verbraucherschutz (BMELV). Berlin 2011. S. 15.
2 Wolfgang Baumgart: Der Wald in der deutschen Dichtung. Berlin, Leipzig 1936. (Stoff- und Motivgeschichte der deutschen Literatur. Hrsg. von Paul Merker u. Gerhard Lüdtke; Bd. 15.) S. 36.
3 Ebd., S. 34/35.
4 Walther Schoenichen: Urwaldwildnis in deutschen Landen. Bilder vom Kampf des deutschen Menschen mit der Urlandschaft. Berlin 1934. Zitiert nach Viktoria Urmersbach: Im Wald da sind die Räuber. Eine Kulturgeschichte des Waldes. Berlin 2009. S. 92.
5 Ulrich Linse: Der Film „Ewiger Wald" – oder: Die Überwindung der Zeit durch den Raum. Eine filmische Umsetzung von Rosenbergs „Mythus des 20. Jahrhunderts". In: Formative Ästhetik im Nationalsozialismus. Intentionen, Medien und Praxisformen totalitärer ästhetischer Herrschaft und Beherrschung. Hrsg. von Ulrich Herrmann und Ulrich Nassen. Weinheim, Basel 1993 (Zeitschrift für Pädagogik; 31. Beiheft.). S. 57–75.
6 Ebd., S. 70.
7 Ebd., S. 73.
8 Anton Baumstark: Die Germania des Tacitus. Deutsche Uebersetzung. Freiburg im Breisgau 1876. Zitiert nach Wikisource (6. August 2011).
9 Friedrich Gottlieb Klopstock: Hermanns Schlacht. Ein Bardiet für die Schaubühne, 1769. Heinrich von Kleist: Die Hermannsschlacht. Drama in fünf Akten, 1821. Christian Dietrich Grabbe: Die Hermannsschlacht, 1838.
10 Heinrich Heine: Deutschland. Ein Wintermährchen, 1844. Zitiert nach Hamburger Lesehefte Verlag, Heft Nr 164.
11 Urmersbach, wie Anm. 4, S. 91.
12 Elias Canetti: Masse und Macht. Hamburg 1960. S. 195/196.
13 Zitiert nach Karl Kreitmair: Der Baum in der deutschen Lyrik des 20. Jahrhunderts. In: Pädagogische Welt. Bd. 14. 1960. S. 436–445, S. 438.
14 Zitiert nach Robert T. Harrison: Wälder. Ursprung und Spiegel der Kultur. Aus dem Amerikanischen von Martin Pfeiffer. München, Wien 1992. (Originalausgabe: Forests. The Shadow of Civilization. Chicago, London 1992.) S. 202.
15 Wilhelm Heinrich Riehl: Land und Leute. 3. Aufl. Stuttgart, Augsburg 1856. (W. H. Riehl: Die Naturgeschichte des Volkes als Grundlage einer deutschen Social-Politik. Bd. 1). S. 50.
16 Baumgart, wie Anm. 2, S. 30.
17 Zitiert nach freiburger-anthologie.ub-freiburg.de (12. Oktober 2011).
18 Hubertus Fischer: „Draußen vom Walde …" Der Wald im Spiegel der Literatur und der Geschichtsschreibung. In: Waldfacetten. Begegnungen im Wald. Hrsg. vom Deutschen Forstverein. Leinfelden-Echterdingen 1998. S. 74–91, S. 228–230, S. 77.

19 Zitiert nach Klaus Lindemann: Deutscher Dichter Wald. Waldgedichte. Paderborn, München, Wien, Zürich 1985. S. 45.
20 Ebd., S. 48.
21 Zitiert nach Urmersbach, wie Anm. 3, S. 75.
22 Albrecht Lehmann: Von Menschen und Bäumen. Die Deutschen und ihr Wald. Reinbek bei Hamburg 1999. S. 248.
23 Lindemann, wie Anm. 19, S. 42.
24 Rolf W. Brednich (Hrsg.): Erotische Lieder. Texte mit Noten und Begleit-Akkorden. Frankfurt a. M. 1979. S. 41.
25 Zitiert nach: Lutz Görner (Hrsg.): Lyrik für alle. Eine kleine gesprochene Geschichte der Lyrik vom Barock bis heute. Teil 2. Weimar o. J. S. 241.
26 Zitiert nach www.staff.uni-mainz.de (12. Oktober 2011). Erster Eintrag in Google bei der Eingabe „Goethe Gefunden".

Literaturverzeichnis

Politik und Ressourcen im niedersächsischen Raum zwischen 1200 und 1600.

Deutsche Übersetzung: Die Geschichte Dietrichs von Bern. Übertragen von Sine Erichson. Düsseldorf 1967, S.157–162.

Verwendete Literatur:
Handbuch der Geschichte Niedersachsens. Band 2, 1. Hrsg. von Ernst Schubert. Hannover 1997; Band 3, 1. Hrsg. von Christine van den Heuvel und Manfred von Boetticher. Hannover 1998.
Die Braunschweigische Landesgeschichte. Jahrtausendrückblick einer Region. Hrsg. von Horst-Rüdiger Jarck. 2. Aufl. Braunschweig 2001.
Die Wirtschafts- und Sozialgeschichte des Braunschweigischen Landes vom Mittelalter bis zur Gegenwart. Hrsg. von Claudia Märtl, Karl Heinrich Kaufhold und Jörg Leuschner. Band I-III. Hildesheim 2008.

Meine Zeit mit Unruhe – Der „wilde Heinze" von Wolfenbüttel.

Verwendete Literatur:
Forstleute. Wolfenbütteler Forschungen, HAB, Band 43, 1989. Christa Graefe.
Spuren Noe Meurters und einiger süddeutscher Forstordnungen in der welfischen Forstpolitik des 16. und 17. Jahrhunderts. Aus dem Walde 37, 1983, Walter Kremser.
Beziehungen zwischen Forstwirtschaft und Berg- und Hüttenwesen im Kommunionharz. Ein Beitrag zur Wirtschaftsgeschichte des Harzes. 1933, Wilhelm Baumgarten.
Der berühmte Herr Leibniz. Beck'sche Reihe. 2007, Eicke Christian Hirsch.

Die Evolution des Nachhaltigkeitsgedankens in der Bewirtschaftung des Harzes.

1. „Da Wir gnädigst gern sehen, daß die Unterthanen in dem Amte Gandersheim zur willigen Annehmung der neuen Forst-Einrichtung an Erkenntniß, daß ihr eigener Vortheil und die Conservation der Holtzungen dadurch intendiret werde, gebracht werden; so haben Wir Unserm Hofjäger-Meister von Langen aufgegeben, sich … dahin zu begeben und den Unterthanen dieserhalb diensame Bedeutung zu thun."
2. In diese Tradition gehört der Entwurf einer Dannenberger Forstordnung des Wildmeisters Daniel Schnorr von 1654, die das Ziel einer „immerwährenden beständigen Holzung" formuliert und erklärt, es dürften die Holzungen nicht „über den Ertrag" angegriffen werden.

Verwendete Literatur:
Clamor Neuburg: Der Einfluss des Bergbaus auf die erste Entwicklung der Forstwirtschaft in Deutschland. In: Festschrift … der Universität Erlangen. IV. I.: Philosophische Fakultät. I. Sektion. Erlangen 1901, S. 235–270.
Peter-Michael Steinsiek: Nachhaltigkeit auf Zeit. Waldschutz im Westharz vor 1800. Münster 1999 (Cottbuser Studien zur Geschichte von Technik, Arbeit und Umwelt 11).
Ulrich Grober: Die Entdeckung der Nachhaltigkeit. Kulturgeschichte eines Begriffs. München 2010.
Brage Bei der Wieden: Bemerkungen zur „Entdeckung der Nachhaltigkeit". In: Abhandlungen der Braunschweigischen Wissenschaftlichen Gesellschaft 64 (2012), S. 125–145.

Autorenverzeichnis

Dr. Brage Bei der Wieden, geb. 1963 in Cuxhaven, ist Leiter des Standorts Wolfenbüttel im Niedersächsischen Landesarchiv. Zudem ist er Vorsitzender des Braunschweigischen Geschichtsvereins.

Dr. Hermann Janson, Jahrgang 1931, wuchs in Hannover auf und lebt heute in Zürich. Nach dem Studium der Rechts- und Wirtschaftswissenschaften als Kaufmann und Unternehmer tätig, schrieb er mehrere Romane vor allem mit historischem Hintergrund, u. a. den hier in Auszügen zitierten Roman „Meine Zeit mit Unruhe – Herzog Heinrich der Jüngere von Braunschweig-Wolfenbüttel", erschienen im appelhans-Verlag.

Dr. Thomas Böckmann, Jahrgang 1961, Studium der Forstwissenschaften in Göttingen und Canberra, Australien; Promotion in Göttingen, anschließend Entwicklungsconsulting in Bad Homburg, seit 1994 in den Nieders. Landesforsten, praktische Forsteinrichtung und Verfahrensentwicklung; seit 2001 Verantwortlicher für Inventur und Planung im Niedersächsischen Forstplanungsamt, seit 2006 Leiter des Niedersächsischen Forstplanungsamtes.

Dr. Volker Stüber, geb. 1954; seit 1983 Beamter in den Niedersächsischen Landesforsten: 1984 bis 1988 Dezernent für forstliche Standortskartierung, NFP; 1988 bis 1991 Referent am Niedersächsischem Ministerium für Ernährung, Landwirtschaft und Forsten, Referat 403 (Waldbau); 1991 bis 1997 Assistent am Institut für Forsteinrichtung und Ertragskunde, Universität Göttingen; 1998 Promotion; seit 1997 Dezernent am Niedersächsischen Forstplanungsamt in Wolfenbüttel mit unterschiedlichen Verwendungen, derzeit Dezernatsleiter Forstliche Standortskartierung und Forst GIS.

Dipl.-Ing. Elmar Arnhold, geb. 1964, hat sein Architekturstudium 1993 an der TU Braunschweig mit dem Diplom abgeschlossen. Bis 2003 Mitarbeiter in der „Arbeitsgruppe Altstadt" (Architekturbüro für historische Bauforschung und Sanierung), seit 2003 freiberuflicher Bauhistoriker in der „Arbeitsgemeinschaft gebautes Erbe", Braunschweig. Arbeitsfelder: bauhistorische Untersuchungen und Gutachten (Auftraggeber: Denkmalämter, Baubehörden und Stiftungen), Erarbeitung von rechnergestützten, virtuellen Rekonstruktionen historischer Bauten (Auftraggeber: Museen), Autor der Architekturführer „Arnhold & Kotyrba", darunter vier Titel zur regionalen Fachwerkbaukunst (Baunschweig, Goslar, Hildesheim und Quedlinburg), Architekturvermittlung durch Vorträge, Führungen und Exkursionen.

Karl-Günther Fischer, Jahrgang 1933, studierte Biologie, Geschichte und Pädagogik und war bis zu seiner Pensionierung an der Realschule Braunlage tätig. Ehrenamtlich engagierte er sich auf kommunalpolitischer Ebene und als Kreisheimatpfleger. Sein besonderes Interesse galt der Entwicklung des Braunlager Heimatmuseums zu einem vom internationalen Skiverband zertifizierten Fachmuseum und forstwissenschaftlich dem Lebenswerk der Gebrüder von Langen.

Dr. Georg Ruppelt ist seit 2002 Direktor der Gottfried Wilhelm Leibniz Bibliothek in Hannover. Doktorarbeit über „Schiller im nationalsozialistischen Deutschland" 1977. Führungspositionen an wissenschaftlichen Bibliotheken in Hamburg und Wolfenbüttel. Präsident IFLA 2003 Berlin. Initiierung von vier internationalen Kongressen zum Thema „NS-Raubgut" in Hannover. Berufs- und kulturpolitische Ämter bis 2011: u. a. Vorsitzender Deutscher Bibliotheksverband, Präsident Bibliothek Information Deutschland, Vorsitzender der Stiftung Lesen, Vizepräsident Deutscher Kulturrat, Zweiter Sprecher Deutsche Literaturkonferenz. Bundesverdienstkreuz 2005. Publikationen zu buch-, regional- und kulturhistorischen Themen sowie journalistische und literarische Texte.

Autorenverzeichnis

Professor Dr. Hansjörg Küster, geb 1956, studierte Biologie an der Universität Stuttgart-Hohenheim. Seit 1998 Universitätsprofessor für Pflanzenökologie am Institut für Geobotanik der Leibniz Universität Hannover. Seine Arbeitsgebiete sind die Grundlagen der Ökologie sowie die Vegetations- und Landschaftsgeschichte. Er leitete mehrere Forschungsprojekte mit Förderung von EU, DFG, Volkswagen Stiftung und anderen. Er ist Präsident des Niedersächsischen Heimatbundes und Vorsitzender des Vorstandes der Stiftung Naturschutzgeschichte in Königswinter.

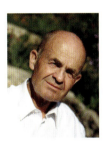
Hartmut Kleinschmit, geb. 1941, Studium der Forstwissenschaften in Göttingen und München, in der Niedersächsischen Landesforstverwaltung Forstamtsleitung, danach als Landschafts- und Forstplaner Entwicklung der Waldfunktionenkartierung, der forstlichen Rahmen- und Waldbauplanung sowie forstlicher Naturschutzkonzepte, von 1986 bis 2006 Leitung des Niedersächsischen Forstplanungsamtes. Autor des Buches „Menschen im Wald", erschienen im Husum Verlag.

Prof. Dr.-Ing. Michael F. Jischa, geb. 1937 in Hamburg; lernte, forschte und lehrte an den Universitäten Karlsruhe, Berlin (TU), Bochum, Essen und Clausthal in den Bereichen Strömungsmechanik, Thermodynamik, Mechanik, Systemtechnik und Technikbewertung. Gastprofessuren an Universitäten in Haifa (Technion), Marseille, Shanghai und Danzig. Emeritierung im März 2002. Ehrenpräsident der Deutschen Gesellschaft Club of Rome.

Prof. Dr. Hermann Spellmann, geb. 1954 in Osnabrück, studierte Forstwissenschaften in Göttingen und promovierte dort auch 1984. Seit 1978 ist er für die Niedersächsische Landesforstverwaltung tätig, seit 2004 zudem als Honorarprofessor an der Universität Göttingen in den Fächern Waldbau, Waldinventur und Waldwachstum. Als Leiter der Nordwestdeutschen Forstlichen Versuchsanstalt in Göttingen arbeitet er seit 2006 mit den Arbeitsschwerpunkten Klimaschutz und Anpassungsstrategien an veränderte Klimabedingungen, Sicherung bzw. Steigerung des Rohholzangebotes, Risikomanagement, Sicherung der Biodiversität, Forstbetriebliche Steuerung. Ehrenamtlich ist er Vorsitzender des Wissenschaftlichen Beirats für Waldpolitik auf Bundesebene sowie Vizepräsident des Deutschen Verbandes Forstlicher Forschungsanstalten.

Der 1963 geborene Dr. Peter Meyer ist langjähriger Mitarbeiter der Nordwestdeutschen Forstlichen Versuchsanstalt (NW-FVA) in Göttingen und leitet dort das Sachgebiet Waldnaturschutz und Naturwaldforschung. Nach dem Studium der Forstwissenschaften und seiner Promotion in Göttingen lag sein Forschungsschwerpunkt in der Entwicklung von Naturwäldern. Für seine Naturwaldforschungen hat er 2012 den mit 25 000 EURO dotierten Europäischen Preis für zukunftsgerechte Landnutzung (CULTURA-Preis) der Alfred Toepfer Stiftung erhalten.

Carsten-Friedrich Streufert, geb. 1952 in Neumünster / Schleswig-Holstein. Nach Schulabschluss: Praktikum im Forstamt Bersenbrück 1971; anschließend Besuch der Forstschule Düsterntal. Ableistung der Wehrpflicht 1974–75, dann Anwärterzeit in den Forstämtern Rotenburg/Hann. und Lingen. Nach drei Jahren Büroleitertätigkeit in Osterholz-Scharmbeck Übernahme der Rfö. Upjever im Jahr 1980.

Dr. Klaus Merker, geb. 1961, ist seit 2005 Präsident der Niedersächsischen Landesforsten (AöR). Nach Abitur und Bundeswehr absolvierte er zunächst eine Schreinerlehre. Dem Studium der Forstwissenschaften und der Promotion in Göttingen folgten verschiedene berufliche Stationen im Niedersächsischen Forstplanungsamt in Wolfenbüttel und bei der Klosterkammer Hannover.

Michael Rudolph, geb. 1965 in Göttingen, ist seit 2010 regionaler Pressesprecher der Niedersächsischen Landesforsten für die Forstämter im Harz, Solling und Südniedersachsen. Nach Abitur und Zivildienst studierte er Forstwirtschaft in Göttingen. Nach dem Abschluss als Diplom-Forstingenieur (FH) war er mit verschiedenen Funktionen im Harz tätig. Seit 2005 arbeitet er im Niedersächsischen Forstamt Clausthal.

Abbildungsnachweis

Eine hölzerne Zeit

S. 8–9, 10	Fotos: Pia Handke; Freunde des Hasbruch
S. 11	Gemälde Robert Zünd; Wikimedia, Eichenwald (1882) und Buchenwald (1886/1887), Gemälde von Robert Zünd http://upload.wikimedia.org/wikipedia/commons/c/c4/Zünd_Buchenwald_1887.jpg
S. 11 unten	Kupferstich von SADELER, A. um 1620 aus Kleinschmit, 2006, Menschen im Wald, Husum Verlag
S. 12	Holzschnitt: Kolorierter Holzschnitt von 1630 aus einer Straßburger Ausgabe des Kräuterbuchs von Hieronymus Bock (1498–1554), Museum Wald und Umwelt, Ebersberg, Inv.-Nr. ebe2387
S. 12	Foto: Reinhard Ferchland, Niedersächsische Landesforsten.
S. 13	Wikimedia, Lüneburg um 1740 Wikimedia, Die Saltzpan zu Hallstätt http://de.wikipedia.org/wiki/Datei:Die_Saltzpan_zu_Hallst%C3%A4tt_(Merian).jpg
S. 14	Gemälde: Wikimedia, Kaiser Karl der Große, Ölgemälde von Albrecht Dürer um 1512 http://de.wikipedia.org/wiki/Datei:Albrecht_D%C3%BCrer_-_Emperor_Charlemagne.jpg
S. 15 oben	Foto: Wikimedia, Otto-Adelheid-Pfennig http://de.wikipedia.org/w/index.php?title=Datei:Sachsen_ab_983,_Otto-Adelheid-Pfennig,_Hatz_IV,_5g,_mcsearch.jpg&filetimestamp=20140409132953&
S. 15 unten	Foto: Fußfall Kaiser Friedrich I. vor Heinrich dem Löwen 1176 (Sächsische Weltchronik, Staats- und Universitätsbibliothek Bremen, msa 0033, fol.88 va.)
S. 16	Reproduktion: Moralia in Job des hl. Augustinus. Citeaux, Anfang 12. Jh. – Dijon, Bibl. munic, Ms. 173 fol. 41.
S. 17	Foto: Niedersächsische Landesforsten
S. 17	Stich: Vorlage: Verein für Heimatgeschichte Walkenried/Bad Sachsa. Kupferstich Caspar Merian (1627–1686)
S. 18	Foto-Repro: Wikimedia, Friedrich II. mit seinem Falken aus seinem Buch De arte venandi cum avibus (Über die Kunst mit Vögeln zu jagen), spätes 13. Jahrhundert http://de.wikipedia.org/wiki/Datei:Frederick_II_and_eagle.jpg
S. 19	Kleinschmit, 2006, Menschen im Wald, Husum Verlag
S. 20	Ausschnitt aus einer Kartenzeichnung von Johannes Krabbe 1591. Geobasisdaten der Niedersächsischen Vermessungs- und Katasterverwaltung.
S. 21 oben	Undatierter Kupferstich von Jeremias Wolff Erben, Augsburg, mit der Ansicht von Schloss Zeil und Unterzeil aus der 1. Hälfte des 18. Jh., © Waldburg-Zeil'sche Kunstsammlung Schloss Zeil, Leutkirch im Allgäu
S. 21 unten	Reproduktion: A. von Kortzfleisch nach einem Merian-Stich
S. 22	Gemälde: Herzog Julius, Öl auf Leinwand, Albert Mirsalis (1824–1909), Kopie nach einem Gemälde des 16. Jahrhunderts; Museum Schloss Wolfenbüttel
S. 23 links	Foto: Zwölf Artikel der Bauern Flugschrift von 1525 http://de.wikipedia.org/wiki/Datei:Titelblatt_12_Artikel.jpg
S. 23 rechts	Karte: Niedersächsische Landesforsten
S. 24	Gemälde: Herzog Heinrich „der Jüngere", Öl auf Leinwand, Albert Mirsalis (1824–1909), Kopie nach einem Gemälde des 16. Jahrhunderts; Museum Schloss Wolfenbüttel
S. 26	Karte: Auszug aus den Geobasisdaten der Niedersächsischen Vermessungs- und Katasterverwaltung.
S. 28	Foto: „Belagerung Wolfenbüttel"; Städtisches Museum Braunschweig, Foto: Dirk Scherer. Gemälde eines unbekannten Künstlers um 1600 nach einem Holzstich von Lucas Cranach
S. 29	Foto: Schautaler von 1545 http://www.coingallery.de/Schmalkalden/Sch_D.htm
S. 29 unten	Foto: Portrait des Karl V. im Lehnstuhl, Öl auf Leinwand 1548, http://de.wikipedia.org/wiki/Datei:Tizian_066.jpg
S. 30	Niedersächsisches Landesarchiv, STA Wolfenbüttel
S. 31 oben	Niedersächsisches Landesarchiv, STA Wolfenbüttel, V I HS 2 Nr. 34
S. 31 unten	Kupferstich vom Titelblatt: Johann Jodocus Beck, Von der forstlichen Obrigkeit, Forstgerechtigkeit und Wildbann; Nürnberg 1737, aus Kremser: „Niedersächsische Forstgeschichte" Privatsammlung Rozsnyay
S. 32 links	Foto: Wikimedia; Herzog Julius von Braunschweig-Lüneburg, Bildnis von 1590 http://de.wikipedia.org/wiki/Datei:Herzog_Julius_von_Braunschweig.jpg
S. 32 rechts	Gemälde: Herzog Heinrich Julius, Öl auf Leinwand, Künstler unbekannt, Kopie nach einem Gemälde von 1609, Museum Schloss Wolfenbüttel
S. 33	3 Stiche: Wikimedia http://de.wikipedia.org/wiki/Georg_Engelhard_von_L%C3%B6hneysen
S. 34	akg-images / Erich Lessing
S. 35 links	Foto: Historisches Museum Hannover
S. 35 rechts	Gemälde: Gottfried Wilhelm Leibniz Bibliothek, Leibniz nach Scheits, nach Kopie von La Bonte 1788
S. 35 unten	Foto: Gottfried Wilhelm Leibniz Bibliothek
S. 36	aus: Kremser: „Niedersächsische Forstgeschichte"
S. 37	Foto: Hansjörg Hörseljau
S. 38/39	Fotos: Niedersächsische Landesforsten

Abbildungsnachweis

Die Entdeckung der Nachhaltigkeit

S. 40/41	Daniela Düker, Niedersächsische Landesforsten
S. 42	Stich: F. P. Florinus: Francisci Philippi Florini prudens et legalis oder: Allgemeiner klug- und Rechtsverständiger grosser Herren Stands und Adelicher Haus-Vatter/ mit rechtlichen Anmerkungen versehen durch Johan Christoph Donauern (Nürnberg, Frankfurt, Leipzig 1705, Seite 826)
S. 43	Karte: Abbildung mit freundlicher Genehmigung von Wilfried Ließmann
S. 44/45	Karte: Aus Sammlung Körber-Einbeck , Karte Harz 01; mit freundlicher Genehmigung von Karl-Otto Körber
S. 47	Niedersächsisches Landesarchiv (Wolfenbüttel), K 20025
S. 48 oben li.	Gemälde: Wikimedia; August der Jüngere, Öl auf Leinwand, 1666 http://de.wikipedia.org/wiki/Datei:August_d.J..jpg
S. 48 oben re.	Foto: Wikimedia; http://de.wikipedia.org/wiki/Datei:August_II-Marktplatz_Wolfenbuettel.jpg
S. 48 unten	Gemälde: Wikimedia; Gemälde von Josef F. Heydendahl, 1906, Öl auf Leinwand
S. 49	Gemälde: Ölgemälde nach 1714 von Georg Balthasar von Sand (1650–1718). Stadt – und Bergbaumuseum Freiberg, Inv.-Nr. 49/11. Foto: Rene Jungnickel
S. 50 oben li.	Foto: Kupferrelief von Bertrand Freiesleben am Wohnhaus von Carlowitz, Bildquelle: Kollaxo
S. 50 oben re.	Foto: Stadtarchiv Freiberg, FAV-HS Ai 121(2), Unterschrift Carlowitz vom 3. Juli 1710
S. 50 unten	Foto: Abbildung mit freundlicher Genehmigung vom Verlag Kessel, www.forstbuch.de
S. 51	Foto: Abbildung mit freundlicher Genehmigung vom Verlag Kessel, www.forstbuch.de
S. 52	Fotos: Hansjörg Hörseljau
S. 53	Abbildung: Mit freundlicher Genehmigung des Landesamts für Bergbau, Energie und Geologie
S. 54/55	Kupferstich: Historisches Museum Hannover
S. 56 oben	Foto: Hansjörg Hörseljau
S. 57	Fotos: 3 Abbildungen © Harzwasserwerke GmbH
S. 58 links	Gemälde: Wikimedia http://de.wikipedia.org/wiki/Datei:Carl_Friedrich_Gauss.jpg
S. 58 rechts	Foto: SLUB Dresden/ Deutsche Fotothek
S. 59	Karte: Mit freundlicher Genehmigung des Instituts für Historische Landesforschung der Universität Göttingen
S. 60	Foto: Michael Rudolph, Niedersächsische Landesforsten
S. 61	Karten: Niedersächsisches Landesarchiv, STAWO K 20025 BI 3
S. 62	Foto: aus Kleinschmit, 2006, Menschen im Wald, Husum Verlag
S. 63	Stich: aus Kleinschmit, 2006, Menschen im Wald, Husum Verlag nach Kremser: „Niedersächsische Forstgeschichte"
S. 63	Hintergrund: Michael Rudolph, Niedersächsische Landesforsten
S. 64	Foto: Foto von Kändler in Freiburg im Breisgau, aus Kleinschmit, 2006, Menschen im Wald, Husum-Verlag
S. 65:	Abbildung: Das Modell des Normalwaldes (nach Gerhard Speidel, Forstliche Betriebswirtschaftslehre, Paul Parey, 1967, verändert.)
S. 67 oben	J. B. Larsen, A. B. Nielsen; Forest Ecology and Managment, University of Copenhagen
S. 67 Mitte	Abbildung aus Reininger, 2000, Das Plenterwaldprinzip, Leopold Stocker Verlag
S. 67 unten	Fotomontage: Thomas Böckmann, Niedersächsische Landesforsten, 2009: Technische Anweisung zur Betriebsinventur. NFP, Selbstverlag
S. 68	Gemälde: Heimat- und FIS-Skimuseum Braunlage, Reproduktion (Signatur: A. Strohmeyer 1900) vom Bildnis des Braunschweigischen Oberjägermeisters Johann Georg von Langen, Ölgemälde um 1750, Original im Herzog Anton-Ulrich-Museum, Braunschweig
S 68 unten	Abbildung: Michael Rudolph, Niedersächsische Landesforsten
S. 69	Gemälde: Wikimedia http://de.wikipedia.org/wiki/Datei:Louis_Rudolph_duke_of_Brunswick-Wolfenb%C3%BCttel.jpg
S.71 links	Gemälde: Wikimedia http://de.wikipedia.org/w/index.php?title=Datei:1713_Karl.jpg&filetimestamp=20071208115051&
S. 71 rechts	Foto: Schloss Wolfenbüttel, Hauptfassade, Foto Jutta Brüdern; Museum Schloss Wolfenbüttel
S. 72 oben	Foto: Heimat- und FIS-Skimuseum Braunlage
S. 72 unten	Foto: Niedersächsisches Landesarchiv, STAWO K 5975 Teil 1
S. 73 oben	Foto: Porzellanmanufaktur Fürstenberg GmbH
S. 73 unten	Gemälde: Reproduktion Schloss Wehrden, Sammlung Alexander Duncker. Zentral- und Landesbibliothek Berlin / Historische Sammlung
S. 74	Fotos: Porzellanmanufaktur Fürstenberg GmbH
S. 75 oben	Stich: aus Kleinschmit, 2006, Menschen im Wald, Husum Verlag nach Kremser: „Niedersächsische Forstgeschichte"
S. 75 unten	Foto: Kurt Hapke, Niedersächsische Landesforsten
S. 76 oben	Foto: Bildquelle: Kunstpostkarte http://www.goethezeitportal.de
S. 76 Mitte	Gemälde: © Klassik Stiftung Weimar, Museen, Inv.-Nr.: KGe/00897; Künstler: Heinsius, Johann Ernst (1731–1794) Künstler der Vorlage: Ziesenis, Johann Georg (1) (1716–1776); Gegenstand: Sachsen-Weimar-Eisenach, Anna Amalia Herzogin von geb. Prinzessin von Braunschweig-Lüneburg (1739-1807) Technik: Öl auf Leinwand
S. 76 unten	Gemälde: GG 723: Friedrich Georg Weitsch, Der Vater des Künstlers, Pascha J. F. Weitsch, mit Zeichenmappe, Herzog Anton Ulrich Museum Braunschweig; Museumsfotograf
S. 77 links	Gemälde: aus Kleinschmit, 2006, Menschen im Wald,

	Husum Verlag; Niedersächsisches Landesmuseum Hannover
S. 77 rechts	Foto: Franz Hüsing, Niedersächsische Landesforsten
S. 77 unten	Gemälde: Herzog August Bibliothek Wolfenbüttel: Top.App.2:321 unten
S. 78/79	L6: Pascha Johann Friedrich Weitsch: Brockenpanorama vom Kleinen Fallstein, um 1775, Herzog Anton Ulrich Museum Braunschweig; Museumsfotograf
S. 80/81	Ingrid Beitzen-Heineke, Niedersächsische Landesforsten

Säulen der Nachhaltigkeit

S. 82/83	Niedersächsische Landesforsten
S. 84 links	Stich: Johann Karl von Carlowitz 108.711; bpk
S. 84 rechts	Foto: Wikimedia; http://de.wikipedia.org/wiki/Dennis_Meadows
S. 85	Fotoagentur laif, Bild-Nr. 18578183 / T. Haugersveen
S. 86/87	Foto: Thomas Gasparini, Niedersächsische Landesforsten
S. 88	Stich: Niedersächsisches Landesarchiv; STAWO; Bibl.Zg.76-2011TAB LIII
S. 89 oben	Foto: Gefügemodell: Studienarbeit am Institut für Tragwerkslehre an der TU Braunschweig, Seminar Anne Börrnert, Modellbau: Meike Middelberg, Benjamin Schellmann, Anne-Katrin Uhle, Rekonstruktion: E. Arnhold (2006)
S. 89 Mitte:	Foto: Südostansicht Ackerhof 2, Arne Herbote, Braunschweig 2004
S. 89 unten	Foto: Inschrift, E. Arnhold
S. 90/91	Fotos: Alle Fotos Wikimedia
S. 92 links	Zeichnung: aus Kleinschmit 2006, Menschen im Wald, Husum Verlag; nach Federzeichnung von 1792, Bomann-Museum Celle
S. 92 rechts	Stich: aus Fleischer, Geschichte der Holzernte in Handarbeit, aus DU HAMEL DU MENCEAU, 1766. Bild 104, S. 131
S. 93	Radierung: „Schloss Salzdahlum von der Gartenseite", Peter Schenk d. J. nach Johann Jacob Müller, Radierung Amsterdam um 1715; Museum Schloss Wolfenbüttel Z05426
S. 94 oben	Stich: „Das fürstl. Schloss in der Vestung Wolfenbüttel", Schloss, Schlossplatz und Zeughaus um 1650, Caspar Merian nach Conrad Buno, Kupferstich,1654, Museum Schloss Wolfenbüttel Z 08687
S. 94 unten	Stich: Aus Kleinschmit 2006, Menschen im Wald, Husum Verlag
S. 94 unten	Foto: Aus Kleinschmit 2006, Menschen im Wald, Husum Verlag
S. 95	Alle Darstellungen: Dictionarium Forestale von Leopold Schaumburg, 1706. Niedersächsisches Landesarchiv (Wolfenbüttel). Transkriptionen mit freundlicher Genehmigung von Ulrich Meyer
S. 96	Fotos: Mit freundlicher Genehmigung von Elmar Arnhold
S. 97 links	Foto: Wikimedia
S. 97	2 Bilder: © Institut für Botanik der Universität Hohenheim
S. 98	Zeichnung: Grundriss Fachwerkhaus nach Elmar Arnhold
S. 99:	Alle Darstellungen: Dictionarium Forestale von Leopold Schaumburg, 1706. Niedersächsisches Landesarchiv (Wolfenbüttel). Transkriptionen mit freundlicher Genehmigung von Ulrich Meyer
S. 100 oben	Stich: Niedersächsisches Landesarchiv; STAWO; Bibl.Zg.76-2011 TAB LVI
S. 100 unten	Stich; Kolorierter Frontispiz von: C. J. von Sierstorff, Über die forstmässige Erziehung … der vorzüglichsten inländischen Holzarten. 1. Band , Hannover 1796. Bildrechte: Museum Wald und Umwelt, Ebersberg
S. 101	Fotos: Rainer Städing, Niedersächsische Landesforsten
S. 102/103	Foto: Thomas Gasparini, Niedersächsische Landesforsten
S. 104 links	Foto: Michael Rudolph, Niedersächsische Landesforsten
S. 104 rechts	Foto: © Mit freundlicher Genehmigung der Firma community playthings, www.communityplaythings.de
S. 105	Fotos: Mit freundlicher Genehmigung der Firma Becker KG, Brakel
S. 106/107	Alle Darstellungen: Dictionarium Forestale von Leopold Schaumburg, 1706. Niedersächsisches Landesarchiv (Wolfenbüttel). Transkriptionen mit freundlicher Genehmigung von Ulrich Meyer
S. 108	Farblitho: akg-images 770, Beethoven am Bache; Beethoven-Haus Bonn
S. 109	Fotos: Reiner Baumgart, Niedersächsische Landesforsten
S. 110	Foto: Naturpark Solling-Vogler
S. 111	Foto: Thomas Gasparini, Niedersächsische Landesforsten
S.112/113	Foto: Reiner Baumgart, Niedersächsische Landesforsten
S. 114/115	Foto: Hans-Jürgen Kelm, Niedersächsische Landesforsten
S. 116 oben	Foto: Reproduktion mit freundlicher Genehmigung von Jens Tönnießen, Breloh
S 116 unten	Foto: Niedersächsische Landesforsten
S.116/117	Karte: „Die Lüneburger Heide 1652" aus Lüneburger Blätter Nr. 3
S. 118	Foto: Foto von einem Gemälde (Kunstmaler Hermann de Bruycker) Quelle: Stiftung Genossenschaftliches Archiv, 21271 Hanstedt
S. 119	Fotos: Wikimedia, http://de.wikipedia.org/wiki/L%C3%BCneburger_Heide
S. 120 oben	Foto: Wikimedia http://de.wikipedia.org/wiki/Datei:Stamps_of_Germany_(Berlin)_1990,_MiNr_862.jpg
S. 120 unten	Foto: www.ebay.de

Abbildungsnachweis

S. 122	Foto: Thomas Gasparini, Niedersächsische Landesforsten
S. 123	Fotos: Wikimedia
S. 124	Abbildung: Aus: Urwald Zeit Wildnis zum Anfassen, 2011. Niedersächsische Landesforsten
S. 125/126	Fotos: aus Urwald Zeit Wildnis zum Anfassen, 2011. Niedersächsische Landesforsten
S. 128–133:	Fotos: Aus der Broschüre „Der Hasbruch, ein Kleinod unter den alten Wäldern Nordeuropas"; Schriftenreihe der Biologischen Schutzgemeinschaft Hunte Weser-Ems
S. 129 oben	Foto: Postkarte von 1908, Archiv Museumsdorf Hösseringen
S. 129 unten	Foto: Rainer Städing, Niedersächsische Landesforsten
S. 134/135	Karte: Aus: Karl-Otto Körber: Niedersachsen. Landkarten und Geschichte von den Anfängen in die Gegenwart. Sammlung Körber-Einbeck, Karte Nordsee 02
S. 136	Gemälde: Aquarell von Kunstenbach, 1785, mit freundlicher Genehmigung von Carsten-Friedrich Streufert
S. 137–139	Abbildungen: Mit freundlicher Genehmigung von Carsten-Friedrich Streufert
S. 140/141	Foto: Thomas Gasparini, Niedersächsische Landesforsten
S. 142	Foto: Thomas Henning, Niedersächsische Landesforsten
S. 143 oben	Foto: Thomas Henning, Niedersächsische Landesforsten
S. 143 unten	Foto: Niedersächsische Landesforsten
S. 144 oben	Foto: Stefan Grußdorf, Niedersächsische Landesforsten, Wald im Blick, Husum Verlag
S. 144/145	Fotos: Niedersächsische Landesforsten
S. 146 oben	Foto: © movit GmbH, Hardegsen
S. 146 links	Foto: Thomas Henning, Niedersächsische Landesforsten
S. 146 rechts	Foto: Sven Kästner, Niedersächsische Landesforsten
S. 147 oben li.	Foto: Stefan Meyer
S. 147 oben re.	Foto: Detlef Tolzmann, Niedersächsische Landesforsten, Wald im Blick, Husum-Verlag
S. 147 unten	Foto: Hans-Jürgen Kelm, Niedersächsische Landesforsten
S. 148 links	Foto: Hans-Jürgen Kelm, Niedersächsische Landesforsten
S. 148 rechts	Foto: Hans-Jürgen Kelm, Niedersächsische Landesforsten
S. 148 unten	Foto: Thomas Henning, Niedersächsische Landesforsten
S. 149 oben	Foto: Lutz Petersen, Niedersächsische Landesforsten, Wald im Blick, Husum Verlag
S. 149 unten	Foto: Lutz Petersen, Niedersächsische Landesforsten, Wald im Blick, Husum Verlag
S. 150/151	Foto: Stefan Grußdorf, Niedersächsische Landesforsten
S.152/153	Thomas Gasparini, Niedersächsische Landesforsten
S. 154/155	Alle Abbildungen: Aus Goethezeitportal: http://www.goethezeitportal.de/index.php?id=433 mit freundl. Genehmigung von Georg Jaeger, München
S.156/157	Abbildung: Niedersächsisches Landesarchiv, STA Wolfenbüttel
S. 158 oben	Holzschnitt: Auf dem Brocken. Holzschnitt nach einer Zeichnung von H. Lüders in der Leipziger Illustrierten. Um 1850. Hier nach Dennert: Geschichte des Brockens, Abb. 16. Aus: www.geothezeitportal.de
S. 158 unten	Dirk Reuper, Fotowettbewerb der Niedersächsischen Landesforsten 2006
S. 159	Fotos: Alle drei Fotos mit freundlicher Genehmigung des Skimuseums Braunlage
S. 160 oben	Mit freundlicher Genehmigung des Skimuseums Braunlage
S. 160 unten	Klaus Matwijow, aus Kleinschmit 2006, Menschen im Wald, Husum Verlag
S. 161	Foto: Mit freundlicher Genehmigung des Harzer Tourismusverbandes
S. 162 oben	Foto: Aus Kleinschmit 2006, Menschen im Wald, Husum Verlag
S.162 unten	Foto: Aus Kleinschmit 2006, Menschen im Wald, Husum Verlag. Foto Susanne Illgner
S. 163 oben	Foto: Aus Kleinschmit 2006, Menschen im Wald, Husum Verlag. Foto Ristau
S. 163 unten	Foto: Niedersächsische Landesforsten, Wisentgehege, Thomas Hennig
S. 164	Fotos: Aus Kleinschmit 2006, Menschen im Wald, Husum Verlag. (Fotos: Matwijow und Bertram, von Weinreis)
S. 165 oben	Gemälde: Öl auf Leinwand. Offizielles Staatsportrait von 1715, Wikimedia http://de.wikipedia.org/wiki/Datei:Georg_I._Kr%C3%B6nung_01.JPG
S 165 unten	Foto: Aus Kleinschmit 2006, Menschen im Wald, Husum-Verlag, Foto E. Spellerberg
S. 166	3 Fotos: Aus Kleinschmit 2006, Menschen im Wald, Husum Verlag
S. 166 unten	Foto: Aus Museum Schloss Herzberg, Foto Klaus Matwijow
S. 167 oben	Foto: Aus Kleinschmit 2006, Menschen im Wald, Husum Verlag, Foto U. Neumann
S. 167	2 Fotos: Niedersächsische Landesforsten
S. 167 unten re.	Foto: Mit freundlicher Genehmigung von Sabrina Rudolph, Universität Göttingen, Institut für Sportwissenschaften
S. 168	Foto: Mit freundlicher Genehmigung des Skimuseums Braunlage
S. 169	Foto: Mit freundlicher Genehmigung des Skimuseums Braunlage
S. 170	Gemälde: Repro eines Gemäldes von Johannes Stabius und Albrecht Dürer, Nürnberg 1515 http://wwwdh.cs.fau.de/IMMD8/Services/textfarm/image/35-3.jpg
S. 173	Repro: Repro eines Kupferstichs aus Zimmermann, Christian: Das Harzgebirge in besonderer Beziehung auf Natur- und Gewerbskunde geschildert. Ein Handbuch für Reisende und Alle, die das Gebirge näher kennen zu lernen wünschen, mit Nachweisungen über Natur-

	schönheiten. Zwei Teile in einem Band. Darmstadt 1834; Heinrich Heine, Die Harzreise, Husum Verlag, 14. Auflage 2013, S. 27
S. 174	Foto: Niedersächsische Landesforsten, D. Tolzmann; Heinrich Heine, Die Harzreise, Husum Verlag, 14. Auflage 2013, S. 36
S. 177	Foto: Niedersächsische Landesforsten
S. 178/179	Zeichnung: Wir danken dem Steidl Verlag Göttingen für die Abdruckgenehmigung der Texte und Zeichnungen von Günter Grass. Günter Grass: Totes Holz. Ein Nachruf. Göttingen: Steidl, 2002, (Erstausg. erschien 1990, S. 105)
S. 180/181	Foto: Fotograf Stefan Sobotta
S. 182	Foto: Niedersächsische Landesforsten, Klaus Hoffmann
S. 183	Fotos: Alle Fotos Archiv Niedersächsische Landesforsten
S. 184	Foto: Archiv Niedersächsische Landesforsten
S. 185	3 Fotos: Niedersächsische Landesforsten, Fritz Griese
S. 188 oben	Foto: Wikimedia
S. 188 unten	Foto: © best-wallpaper.net
S. 189	Foto: Jischa, privat
S. 190	Foto: Stefan Grußdorf, Niedersächsische Landesforsten
S. 191	Abbildung: Aus Kleinschmit 2006, Menschen im Wald, Husum Verlag, verändert 2014
S. 192/193	Foto: Archiv Niedersächsische Landesforsten
S. 193	Fotos: Archiv Niedersächsische Landesforsten
S. 193 unten	Foto: Klaus Jänich, Privatbesitz.
S. 194/195	Foto: Fotograf Stefan Sobotta
S. 196	Foto: Archiv Niedersächsische Landesforsten
S. 197 oben	Abbildung: Aus Kleinschmit 2006, Menschen im Wald, Husum Verlag, verändert 2014
S. 197 unten	Foto: Hartmut Kleinschmit
S. 198	Foto: Niedersächsische Landesforsten, Fritz Griese
S. 199	Foto: Archiv Niedersächsische Landesforsten
S. 200	Abbildung: www.amazon.de
S. 201 oben	Abbildung: Überarbeiteter Katalog der paneuropäischen Kriterien und quantitativen Indikatoren einer nachhaltigen Forstwirtschaft. Hermann Spellmann, Sicherung einer nachhaltigen Waldentwicklung auf überbetrieblichen Ebenen. Forstwiss. Cbl.; 2003, S. 250–257
S. 201 unten	www.IPPCC.de. Joachim Müller-Jung. Das Kleingedruckte, Zum Weltklimabericht, FAZ vom 2. Oktober 2013
S. 202/203	Foto: Archiv Niedersächsische Landesforsten

Wälder von Morgen

S. 204–209	Fotos: Thomas Gasparini, Niedersächsische Landesforsten
S. 210/211	Hintergrund: Foto Reinhard Ferchland, Niedersächsische Landesforsten
S. 210 oben li.	G. Dziallas, „Harte Arbeit", Fotowettbewerb Niedersächsische Landesforsten 2006
S. 210 oben re.	Mit freundlicher Genehmigung von Verena Sohns
S. 210 unten	2 Fotos: © Hase Kaminofenbau
S. 211 oben	Foto: Christoph Weiler; http://www.dnr.de/presse/archiv-2011/presseinformation-20092011.html
S. 211 unten li.	Foto: Thomas Böhl, Niedersächsische Landesforsten
S. 211 unten re.	Foto: Pumpspeicherwerk Wendefurth, © Vattenfall
S. 212/213	Foto: © Deutsche Messe
S. 214	Foto Nr. 1: Mit freundlicher Genehmigung von Holzbau Deutschland
S. 214	Foto Nr. 2, 6: Mit freundlicher Genehmigung von Cordes Holzbau, Foto Toma Babovic (Hausboot)
S. 214	Foto Nr. 3: Michael Rudolph, Niedersächsische Landesforsten
S. 214	Foto Nr. 4: Mit freundlicher Genehmigung vom Baumhaushotel Solling
S. 214	Foto Nr. 5: Wikimedia
S. 214	Foto Nr. 7: © Woodcube
S. 215	Fotos: Alle Firma Timbertower.
S. 216/217	Foto: Thomas Gasparini, Niedersächsische Landesforsten
S. 218	3 Fotos: Archiv Niedersächsische Landesforsten
S. 218/219	Foto: Thomas Böhl, Niedersächsische Landesforsten
S. 220/221	Fotos: Archiv Niedersächsische Landesforsten
S. 222/223	Fotos: Stiftung Zukunft Wald, Niedersächsische Landesforsten
S. 224/225	Foto: Reinhard Ferchland, Niedersächsische Landesforsten
S. 226/227	3 Fotos: Archiv Niedersächsische Landesforsten
S. 228	2 Fotos: Gewinner Gesellenprüfungsstücke beim Nachhaltigkeitspreis der deutschen Forstwirtschaft 2013, Deutscher Forstwirtschaftsrat
S. 228/229	2 Fotos klein: © Zellstoff Lenzing
S. 228/229	Hintergrund: © Becker AG Brakel
S. 229	Fotos: Mit freundlicher Genehmigung von Pollmeier, Schäferwerk; Karl Otto Knauf; Christian Mühlhausen/Landpixel, Ingrid Beitzen-Heineke
S. 230/231	Foto: Thomas Gasparini, Niedersächsische Landesforsten
S. 230	Fotos: Dietmar Mann, Niedersächsische Landesforsten
S. 232/233	Fotos: Mit freundlicher Genehmigung vom Harzer Tourismusverband
S. 234/235	Foto: Michael Rudolph, Niedersächsische Landesforsten
S. 234 oben li.	Thomas Gasparini, Niedersächsische Landesforsten
S. 234 oben re.	Mit freundlicher Genehmigung vom Harzer Tourismusverband
S. 234 unten li.	Winterbild: Wurmbergseilbahn
S. 236/237	Foto: Hans-Jürgen Kelm, Niedersächsische Landesforsten
S. 238/239	Foto: Thomas Gasparini, Niedersächsische Landesforsten
S. 240/241	Foto: Stefan Grußdorf, Niedersächsische Landesforsten
S. 242/243	Foto: Gemeinde Emstek
S. 242	Rainer Städing, Niedersächsische Landesforsten
S. 244/245	Reiner Baumgart, Niedersächsische Landesforsten
S. 246/247	Foto: „Weserschleife" von Otto Müller; Fotowettbewerb Niedersächsische Landesforsten 2013